2024年北京经济管理职业学院优质教材遴选培育与建设
新编21世纪高等职业教育精品教材·经贸类通用系列

个人理财实务

主　编　刘莹莹
副主编　李多全　刘雅丽

中国人民大学出版社
·北京·

图书在版编目（CIP）数据

个人理财实务 / 刘莹莹主编. -- 北京 : 中国人民大学出版社，2025.8. --（新编 21 世纪高等职业教育精品教材）. -- ISBN 978-7-300-33509-4

Ⅰ. F830.59

中国国家版本馆 CIP 数据核字第 2025M3A111 号

2024 年北京经济管理职业学院优质教材遴选培育与建设

新编 21 世纪高等职业教育精品教材·经贸类通用系列

个人理财实务

主　编　刘莹莹

副主编　李多全　刘雅丽

Geren Licai Shiwu

出版发行	中国人民大学出版社		
社　　址	北京中关村大街 31 号	**邮政编码**	100080
电　　话	010－62511242（总编室）		010－62511770（质管部）
	010－82501766（邮购部）		010－62514148（门市部）
	010－62511173（发行公司）		010－62515275（盗版举报）
网　　址	http://www.crup.com.cn		
经　　销	新华书店		
印　　刷	北京七色印务有限公司		
开　　本	787 mm×1092 mm　1/16	**版　　次**	2025 年 8 月第 1 版
印　　张	14.25	**印　　次**	2025 年 8 月第 1 次印刷
字　　数	322 000	**定　　价**	42.00 元

PREFACE | 前 言

随着经济的快速发展和居民财富的持续增长，个人理财已经成为现代社会不可或缺的一部分。它不仅关乎个人及家庭的财务健康与幸福，更是社会稳定与经济发展的重要基石。因此，我们编写了本教材，旨在为读者提供一个全面、系统、实用的理财知识体系。

本教材分为两篇：个人理财基础篇和个人理财规划设计篇。在个人理财基础篇中，我们深入探讨了个人理财的基本概念、原理及在家庭财务管理中的重要性。个人理财不仅是对个人及家庭财富的简单管理，更是一种科学、合理的财务规划与设计。通过掌握基础工具，家庭可以随时随地进行理财活动，在满足当前需求的同时，平衡一生的财务收支，满足更多的理财需求。货币时间价值、家庭生命周期、家庭风险特征以及家庭财务分析等基础理财知识，为后续理财规划设计的开展提供了坚实的理论基础。

在个人理财规划设计篇中，我们进一步探讨了如何根据家庭的具体情况和需求，进行个性化的理财规划设计。需要使用到货币时间价值理论测算理财需求额度，进行资产配置。同样会使用到个人理财基础篇中的基础理财理论，专业化地开展理财规划工作。本篇结合家庭阶段的实际需求，设置了现金规划、消费规划、教育规划、保险规划、投资规划、养老规划、财产分配与传承规划多个子规划项目。每个规划项目不仅设置了案例引入，在介绍了规划设计需求与设计工具的专业内容后，还设置了相关案例分析，旨在帮助读者全面、系统地掌握专项规划的实操技能。希望本教材能够成为广大读者学习理财知识的良师益友，帮助大家实现财务自由与幸福人生。

本教材配有课程标准、教学大纲、电子课件、微课、教学视频、习题库等丰富的教学资源。同时，具有以下几个特点：

1. 内容全面系统。本教材不仅涵盖了个人理财的基础理论，还深入探讨了各种具体的理财规划设计方法和技巧，为读者提供了一个完整的理财知识体系。

2. 注重实用性和可操作性。本教材通过大量案例分析和实战训练，帮助读者将理论知识转化为实际操作能力，提高理财技能。

3. 知识能力素养一体化设计。针对项目内容提炼了知识目标、能力目标和素养目标，更好地促进读者综合素养的养成。

4. 适合不同层次的读者。本教材语言通俗易懂，案例典型精练，既适合财经商贸大类专业学生作为教材使用，也适合理财工作者和家庭理财需求者自学参考。

本教材由北京经济管理职业学院刘莹莹担任主编，负责拟定教材大纲，对全书内容进行统稿和定稿，北京经济管理职业学院李多全和刘雅丽担任副主编，对部分项目进行审核与修改。全书编写工作的具体分工为：项目一、项目二、项目三、项目四、项目五、项目六、项目七、项目十和项目十一由刘莹莹编写；项目八由刘雅丽编写；项目九由李多全编写。

在编写过程中，我们得到了许多行业专家学者的大力支持，参阅了各种有关文献、著作、论文和网上资料，吸收了很多前辈及同行有价值的成果。在此，我们表示衷心的感谢。

由于编者学识有限，不足之处在所难免，恳请同行专家和广大读者批评指正。

编者

CONTENTS | 目 录

个人理财基础篇

个人理财规划设计篇

个人理财基础篇

个人理财是对个人及所在家庭进行的理财设计与规划。在进行专业的理财设计与规划之前，需要了解基本的理财知识，掌握基础工具。通过理财活动的整体化设计，让财务能够满足当前的需求，并能平衡一生的财务收支以支持更多的理财需求。家庭自身要树立正确的理财观，因地制宜、审时度势地选择合适的理财工具、理财手段完成理财规划。

个人理财是针对家庭展开的，是为家庭成员一生的理财需求服务的，所以家庭生命周期的基本理论和家庭自身的风险特征分析是理财的基础。在进行专业化的理财设计与规划时，少不了理财计算工具的运用，进行精确的资金测算。在基本货币时间价值理论的加持下，能合理利用现值、终值、年金、内部报酬率等理财计算指标完成精确的资金测算，服务于家庭的理财需求安排。在进行专业化的理财设计与规划时，还少不了对家庭自身财务状况的了解，家庭的财务报表可以直观地将家庭财务数据呈现出来，通过家庭的财务比率可以得出财务分析结论。在掌握基本的理财知识和理财计算工具的基础上，才能更好地开展专业的理财规划工作。

项目一　走进个人理财

项目目标

知识目标

1. 树立个人理财意识，培养正确的理财观念
2. 理解个人理财的现实意义，掌握基本理财原则
3. 掌握个人理财的目标，以及个人理财的基本步骤
4. 了解个人理财的主要内容

能力目标

1. 确立个人理财目标
2. 建立正确的理财理念，判别错误的理财观念
3. 描述个人理财的基本步骤，掌握其中的关键原则

素养目标

1. 坚守理财道德规范，成为专业理财人才
2. 树立正确的理财观、价值观、人生观

案例引入

观点一："你不理财，财不理你"，吃不穷穿不穷，算计不到就受穷。现代生活中的我们不仅要有赚钱的能力，还要有守住财富的能力。通过对自身财富不断地打理，可以让钱生钱，利用货币时间价值的作用、复利的效果，不仅能守住财富，还能让财富越来越多。坚持理财，坚持投资，坚持保留资金的增值能力，养成良好的理财习惯，做好科学的理财计划，让我们一起理财。

观点二：所谓"你不理财，财不理你"，终究是"骗"了我很多的辛苦钱。大学毕业步入社会，辛辛苦苦工作，将每个月的结余都进行理财投资，股市热的时候投资股票，基金火的时候投资基金，甚至还参与了新兴的高预期收益率的 P2P 理财，最终不仅没有赚到钱，倒是赔了不少。各种理财产品太深不可测了，现在的我不想再去理财，因为"一朝被蛇咬，十年怕井绳"。

思考：谈谈你对"你不理财，财不理你"的理解。

任务一 树立个人理财意识

一、理财的起源

理财，即打理财富。这是人们对自我生活的一项管理，是在经济发展背景下，对金融的扩充。世界首家理财机构国际金融理财协会（International Association for Financial Planning，IAFP）于1969年在美国成立。当时的人们对退休后社会保障体系发放的养老金额度不满意，意识到退休后若想安享晚年，仅仅靠养老金是绝对不够的。当时金融服务业的精英们也意识到了金融业发展的不足，也在探讨如何发展新模式，如何很好地服务客户，为他们提供更为全面的金融服务。

为了引导这项变革，需要引进一个与单一金融服务完全不同的全新的职业——理财规划师。随后，为了让更多的美国人接受理财规划的思想，一所专门从事理财教育的学院——美国金融理财学院（College for Financial Planning），在1972年成立，致力于培养专业理财规划师（Certified Financial Planners，CFP）。获得CFP证书就能够为客户提供专业化理财服务。为了维护其专业权威性，在该学院的倡导下，又设立了理财规划师认证机构（Institute of Certified Financial Planners，ICFP）。1985年，ICFP为了在全球范围内推动理财教育的发展，设立了国际CFP标准和实践委员会（International Board of Standards and Practices for Certified Financial Planners，IBCFP），后更名为美国CFP标准委员会。

在美国，除了CFP外，还有ChFC和PFS两大权威认证的理财规划师。ChFC（Chartered Financial Consultant），即特许理财顾问师，于1982年由美国学院创立。PFS（Personal Financial Specialist）是个人理财专家，是由美国注册会计师协会（American Institute of Certified Public Accountants，AICPA）为那些致力于提供专业个人理财服务的注册会计师设立的，即在取得注册会计师（Certified Public Accountant，CPA）资格后，才能申请PFS。

随着我国经济与金融的发展，家庭财富的不断积累，理财需求也在经济的高速发展背景下迅猛增长。我国理财行业相关证书的发展可以追溯到2003年国家劳动和社会保障部（现为人力资源社会保障部）推出的国家理财规划师职业标准。为了适应市场需要，劳动和社会保障部借鉴成熟市场经济国家该行业的相关经验. 并结合我国经济发展实际，发布了《理财规划师国家职业标准》，将理财规划师职业作为正式职业，并为此成立了国家职业技能鉴定专家委员会理财规划师专业委员会。2006年，国家职业资格考试认证机构组织各大财经院校相关专家与各大金融机构的专家，联合编写了统一的理财规划师职业资格培训教程，同时发布了新的《理财规划师国家职业标准》。一直持续至2016年，国务院下发《关于取消一批职业资格许可和认定事项的决定》（国发〔2016〕68号），决定取消理财规划师在国家职业资格目录中的职业资格许可与认定。2018年，人力资源社会保障部也不再举办理财规划师考试。人力资源社会保障部只是将理财规划师职业资格退出国家职业资格目录，并不是取消该职业和职业标准，而是将技能人员水平评价由政府认定改为社会化认定，同样按照职业标准或评价规范开展职业技能等级认定，颁发职业技能等级证书。现在国内的理财规划师的相关资格认证依然活跃，常见的有 ChFP 和 AFP 等。ChFP 由理财规划师专业委员会负责认证相关标准及认证工作。AFP（Associate Financial Planner）即金融理财师，AFP 认证是 CFP 认证的第一阶段，只有取得了 AFP 认证后才能参加 CFP 考试和认证。在国内的银行业、保险业等相关理财行业，比较推行基础的 AFP 学习与认证。

二、个人理财的含义

随着理财市场的发展，个人或家庭对自身的理财活动越来越重视，个人理财活动已然成为家庭生活中的一项重要活动。不同于公司理财，个人理财是针对个人或家庭进行的理财设计与规划。理财规划强调要运用科学的方法和严格的程序为客户进行专项的规划设计与制定，具体的规划一般包括现金规划、消费规划、教育规划、保险规划、投资规划、税收筹划、养老规划、财产分配与传承规划等。为了不断提高客户的生活品质，追求一生的财务安全以及最终的财务自由，进行个人理财活动，需要做到充分利用客户财务资源（包括当期已有存量和未来预期可能增量），精准配合客户自身特征。所以，个人理财是为实现各阶段人生目标而设计的一系列相互协调的专项理财规划。

个人和家庭需要通过个人理财规划积累财富，达到规避生活风险、保障财务安全与稳定的目的，最终实现提高生活品质、实现人生财务自由的美好愿望。美国理财师资格鉴定委员会对个人理财的定义是，个人理财是指制定合理利用财务资源、实现客户个人人生目标的程序。这是一个较为宽泛的定义，我们可以将其细分为个人生活理财和专业的投资理财。个人生活理财是指通过制订财务计划对个人消费性财务资源的适当管理，并通过不断调整计划以追求财务安全和财务自由为目标的经济活动。个人生活理财主要通过帮助个人设计一个将其整个生命周期考虑在内的终身生活及其财务计划，将个人未来的职业选择、子女及自身的教育、购房、保险、医疗、企业年金和养老、遗产及事业继承，以及生活中个人所需面对的各种税收等各方面的事宜进行妥善安排，在使个人不断提高生活品质的同时，即使到年老体弱以及收入锐减的时候，也能保持自己所期望的生活水平，最终达到终生的财务安全、自主和自由。个人生活理财的核心在于根据个人的消费性资源状况和消费偏好来实现个人的人生目标。而专业的投资理财就是通过制订财务计划对个人投资性财务资源的适当管理，并通过不断调整计划以追求财务安全和财务自由为目标的经济活动。进行专业的投资理财，在个人现有生活目标得到满足以后，追求投资于股票、债券、金融衍生工具、黄金、外汇、不动产及艺术品等各种投资工具时的最优回报，加速个人、家庭资产成长，从而提高家庭的生活水平和质量。随着金融市场的不断发展，金融产品的不断创新，人们的理财意识越来越强，全民理财的时代已经来临。投资理财具有一定的专业性，要结合个人的资产状况、个人或家庭的风险特征进行。过去，人们非常重视个人生活理财，在社会上形成了很多有价值的理财观念。现在，由于人们生活水平的提高，市场化的投资工具越来越多，专业的投资理财也越来越得到人们的重视和青睐。

三、个人理财的动机

人们为什么理财，理财的动机是什么？家庭的宝贵财富需要精细打理，通过理财可达到改善家庭生活的目的。个人或家庭都有一定的理财动机，只有充分认识自己的理财侧重点，才能在理财过程中实现自己的愿望，达到理财的目标。理财中介机构是为了满足个人或家庭的理财动机、理财需求而设立的。理财中介机构只有对客户需求与动机进行充分的研究，才能在个人理财中为客户提供满意的产品和服务。个人或家庭不管处于人生的哪个阶段，都有理财的动机与需求，所以理财的周期是人的一生。一般来说，可以将个人理财的动机归结成以下三点：

第一，获取和保有财富，实现原始财富的积累与财富的进一步增值。个人和家庭的财富积累是一个过程，且理财可以加速富裕的过程，从无到有，从少到多。这个世界上有一些人可以轻松获得财富，例如中奖，据调查统计，70%中大奖的人会在2年内花光所有奖金，因为他们不懂得理财。这个世界上也有很多人辛苦一辈子积累一笔财富，但却可能在一夜之间化为乌有或者大幅缩水，这也是因为他们不懂得合理投资和理财。科学地理财，审视自己的资产分配状况及承受能力，根据专家的建议或自己学习的知识，调整资产配置与投资结构，使个人和家庭的财务状况处于最佳状态，实现个人和家庭资产收益的最大化，是进行理财的主要目的之一。

第二，规避生活中的风险，保障生活的安稳和安全。天有不测风云，人有旦夕祸福。人生中有太多的意外和可能的灾难，有些你能够应付自如，但是有些却让你承受不起。一场疾病或者意外的灾难就可能使你和你的家庭一贫如洗，彻底改变你和家人的人生；当你出现意外时，你年迈的父母是否老有所养？年幼的子女是否能顺利成长？所以，我们要有给人生的风险寻求保障的意识，通过科学合理地选择财产的投资类型，把自己和家人的风险让保险公司来承担，从而规避生活中的意外和经济风险，保障生活的安稳和安全。

第三，实现财务自由，获得更加有品质的生活。假如你有几个月不工作，或者自己的公司没有什么业务，你还有收入吗？每个人都有自己的理想，可是有多少人能够实现自己的理想呢？一想到生活的重负，我们就不得不把那个美丽的梦悄悄收藏。从生活的经历来看，大家并不认同“金钱是万能的”，但一定会认可“没有金钱是万万不能的”这个道理。如果我们有足够的金钱，就可以实现财务自由，做一些自己感兴趣的事，获得更加有品质的生活。如果不理财，我们可能会非理性消费，浪费辛苦挣来的血汗钱，而这些钱本来可以用在其他方面，使我们的生活更加美好；也可能导致投资的收益偏低，甚至任凭通货膨胀吞噬我们的财富。没有理财意识，可能会导致我们投资不当，损失惨重，也可能因为上面的原因导致我们个人或家庭陷入财务困境，从而极大地增加我们的生活压力，损害我们的健康。不理财可能会让我们丧失许多机会，所以每个人都需要学习理财，进行理财。

四、培养正确的理财观念，避免进入理财误区

培养正确的理财观念十分必要。理财不是简单的存钱与投资，应该是能为自身生活

服务的，应该是综合性的，具有稳定性的。下面介绍一些常见的理财观念。

（一）理财的根，源于“财”

巧妇难为无米之炊，理财也一样，首先要保证家庭中财富这个根牢牢地扎进地里，而且是茂密的、粗壮的，在此基础上进行理财，财富才会不断增多，理财活动才是有效的。其次，我们可以通过多付出劳动，不断提高能力，进而增加我们的收入。除此之外，在收入一定的情况下，通过支出的管理，持续拉大收入与支出的差距。最后，进行定期储蓄，长期的坚持与积累是关键。定期储蓄是一个良好的理财习惯，这样的积累也为后续的投资打下了坚实的基础。

（二）大众理财、实时理财已成趋势

一般大众认为“理财是富人、高收入家庭的专利，与自己的生活无关”，也有一些工薪阶层或中低收入者总抱着“有钱才有资格谈理财”的观念，认为每月固定的薪水应付日常生活开销后已所剩无几，哪有财可理呢？理财不只是有钱人的专利，而是任何人都必须学会的一门技巧和方法。如今，理财市场不断发展，理财产品不断丰富，在线理财不断完善，完全可以实现有手机、有网络便可以在线实时完成一笔理财活动。一些理财产品的起投金额不再是高额的，大众理财完全可以实现。事实上，影响未来财富的关键因素，是投资报酬率的高低与时间的长短，而不是资金的多寡。投资理财是与生活息息相关的事，普通老百姓也需要理财，毫不夸张地说，个人理财已成为每个人生活中不可缺少的一部分。

（三）把钱装进口袋不如装进脑袋

理财是一项有风险有收益的活动，不可能把财富的增加完全押在运气上面，更不能搞歪门邪道。我们需要确定符合自己情况的理财目标，同时也需要匹配相应的理财能力。知识就是财富，此言不谬，年轻时把钱装进口袋不如装进脑袋，积累财富的途径之一就是提升自我价值，所以为知识进行投资是值得的，要看长远的收益而不是一时的付出。自我提升后，收入能力会随之提升，理财能力会随之提升，长远来看，综合收益一定是增加的。

（四）理财除了关注收益性还要保证安全性

理财是为了追求财富的不断增多，这是人之常理，但人们偶尔会被财富冲昏头脑，忘记了收益的另一面——风险。当不对风险加以管控时，可能会威胁我们的财富，所以理财的安全性是我们不可忽略的关键一点。首先，个人理财应该将资产的安全性放在第一位，收益性放在第二位，我们要将生活保障（现金、住房、汽车、保险、教育）与投资增值（股票、实业）合理分开。其次，我们要戒骄戒躁，不能急功近利，幻想一夜暴富，理财需要时间和耐心。投资增值是一种长期行为，目的是使生活质量更高，不要因为投资而降低目前的生活质量。投资资金应该是正常生活消费以外的资金，用这样的闲钱投资，投资人才会保持一个良好的心态。理财是追求合理、稳定的收益，我们要抵制过高的投资回报率的诱惑，任何过高的投资回报率的项目都是值得怀疑的。最后，保险类产品是理财活动中不可或缺的一部分，是对自己、对家人基本责任的体现。保险虽然不是收益性的代言人，但是我们不得忽视其是安全性的保障人，保险市场与产品的发展

也确实丰富了我们的理财活动。

（五）投资应考虑综合收益，并适时调整计划

不要简单地看待投资组合收益，而要根据整体风险考虑投资组合收益。投资理财需要关注综合的、长期的收益，单笔的、临时的收益并非我们所关注的。为了达成某一个目的，我们可能做了多笔投资，进行了投资组合，此时我们更应关注综合的长期收益情况。既然进行投资组合，必然选择不同风险水平、不同收益水平的不同产品，所以单纯看某一投资的收益率而不考虑其本身的风险是不合理的。即便投资组合中的某一个产品在某一时刻的收益性十分突出，也不能直接断定该投资组合表现良好或最优，很可能是因为该产品本身是投资组合中风险性、波动性最高的。我们应该关注的是投资的综合收益，同时关注长期的收益变化。

理财计划需要适时调整，比如理财目标需要因时而变。虽然是先设定理财目标，后进行投资理财活动，但理财目标也并不是一成不变的，应该随着家庭理财需求进行适时调整。理财计划适时调整包括对理财预算的调整、对理财策略的调整等。关于理财的预算，一般是根据预计可能实现的收入和产生的支出进行制定的。然而“人算不如天算”，随着市场的变动、自身的变化，可能影响收入，也可能影响支出。可以定期进行预算调整，如 3 个月一次、半年一次，视情况而定。只有将预算调整到一个相对合适的数额，才能既不影响生活质量，也能省下更多不需要花费的资金。

需要 3 个月或半年调整一次的还有投资策略，投资标的物是可以视情况而随时调整的，可以根据实际的盈亏和理财目标来决定自己是否继续投资某产品。不要在市场不稳定的情况下，还将大笔资金投资于高风险产品，一旦行情出现波动，损失可能无法挽回。不要在市场走强时，仍然故步自封，错失红利。当然，可以谨记：分散投资是有效降低投资风险的良好的投资策略选择。

理财的观念已经深入人心，但理财市场中的参与者们仍需要不断提升自身的理财意识，培养正确的理财观念，避免进入理财误区。下面介绍几个常见的理财误区：

第一，理财就是投资，就是让钱生钱，就是实现收益最大化。

投资确实是理财活动中很重要的一个手段，但并不是全部。目前来看，每个家庭的理财是需要投资活动来匹配的，但理财产品并不全是投资增值类的，也有保证家庭基本生活类的，比如家人的健康保障计划等。所以理财不可能完全等同于投资，投资只能是理财的一部分。理财不仅包括与投资直接相关的投资购买基金、股票等，还包括现金消费规划、保障计划、税收筹划等。理财的目标是实现财务自由，而投资的目标是纯粹的、单一的，就是财富的保值与增值。进行家庭理财时，我们需要考虑的因素也因个人或家庭主体的特征而异。因为具体家庭的基本情况、财务状况（资产负债与收入支出）、理财需求不同，家庭中投资者的性格特征、风险偏好、投资特点、健康状况等也不同，所以每个家庭会选择不同特征的理财活动。

第二，投资就要敢冒风险，没有风险就没有收益。

投资为了收益无可厚非，但合理的预期才是让我们留住收益的法宝。投资需谨慎，入市有风险。金融市场是收益和风险并存的，想要获得多大的收益，就要承担多大的风

险。在充满诱惑的市场中，投资者一定要保有理性的投资理念。在投资市场，既没有常胜将军，也没有常败士兵，关键是要随着市场行情的变化，采取灵活的策略。欲望是无止境的，提前设定合理的预期、合理的止盈止损目标，让理性的投资占据上风，这样才能做到当机立断，忍痛割爱。在理财中，人们容易只看到高风险中有高收益，而很少意识到高收益中有高风险。

第三，保险的分红收益很高，买得越多越赚钱。

首先，保险是理财活动中很重要的提供保障的产品，是理财活动中不可或缺的一部分。但保险既然给了我们保障的功能，就不可能再给我们更多的投资功能。保险产品虽然有分红等投资收益的特征，那这并不是保险的主要功能，保障、规避风险、合理避税、资产保全等才是其主要功能。不管是分红型保险还是投资连结型保险，保险类产品的收益性都不会很高。由于收益率不高，因此不存在买得越多赚的钱就越多的说法。其次，在保险提供保障功能的时候，我们还需要特别注意重复投保、超额投保的问题。现在的保险产品功能多，线上投保简便，给我们选择投保提供了很大的方便。但这种快捷的方式，很容易让我们忽视整体投保后的重复投保、超额投保问题。比如意外医疗、意外住院津贴、车险中的车损险和家庭财产险等，属于补偿性保险，保险公司定损是按照实际情况确定赔偿金额。不管你买多少家保险公司的产品，最终赔付结果不会超过你自己花费的资金。所以，购买太多这类保险，不仅无法提供全面保障，而且还浪费保费。

五、坚守职业道德与规范

理财规划师，作为专业人士，坚守职业道德与规范是十分必要的。市场中一旦发生违背职业道德的事件，相关客户甚至整个社会将对理财规划行业失去信心，理财规划师也就失去了存在的基础。因此，职业道德与规范对理财规划师的生存和发展具有至关重要的意义，也是理财规划行业生存和发展的根本保证之一。

（一）理财规划师的职业道德与规范

理财规划师的职业道德与规范由两部分组成：职业道德准则和执业纪律规范。职业道德准则是以原则性的语言表述该行业的从业道德和理念。理财规划师的职业道德准则及具体规范如下。

1. 正直诚信原则及相关具体规范

要求理财规划师诚实不欺，不能为个人利益而损害委托人的利益。如果理财规划师并非由于主观故意而导致错误，或与客户存在意见分歧，且该分歧并不违反法律，则此种情形与正直诚信原则并不违背。理财规划师不得在拓展业务时夸大专业能力，不得提供虚假理财报告。

2. 客观公正原则及相关具体规范

客观，是指理财规划师应用自己的专业知识进行判断，不带感情色彩；公正，是指理财规划师在执业过程中应对客户、委托人、合伙人或所在机构持公正合理的态度，对于执业过程中发生的或可能发生的利益冲突应随时向有关各方进行披露。在合同关系确立之前，理财规划师应当以书面形式披露可能对其客观性及独立性产生影响的各种关系。理财规划师应当及时以书面形式披露与所提供的专业服务相关的重要信息。理财规划师与客户建立初始业务关系时，交易合约条款对客户而言必须是公平合理的。理财规划师应向客户阐明交易风险、利益冲突及其他相关信息，以确保该交易对客户的公平性。理财规划师以代理人身份提供理财服务时，应当明确职权并持有授权代理委托书。理财规划师在执业过程中不得侵占或盗取客户的财产。

3. 谨慎勤勉原则及相关具体规范

理财规划师为客户提供服务时应及时、周到、勤勉；理财规划师必须根据客户的具体情况提供有针对性的理财建议；理财规划师应对其向客户推荐的理财产品进行调查；理财规划师应当对辅助其向客户提供个人理财规划服务的下属进行指导、监督，发现有违规行为应及时制止；理财规划师应严格履行对客户的承诺。

4. 专业尽责原则及相关具体规范

理财规划师应该具有职业的荣誉感，在提供服务的过程中，应尊重并礼貌对待客户及其他理财师；理财规划师应当在其胜任的范围内为客户提供理财服务；对那些尚不具备胜任能力的领域，理财规划师可以聘请专家协助工作，或向专业人员咨询，或者将客户介绍给其他相关机构；理财规划师在从事理财规划过程中应当遵守业内的规章，从专业角度进行审慎判断。

5. 严守秘密及相关具体规范

未经客户书面许可，理财规划师不得向合同关系以外的第三方透露任何有关客户的个人信息；理财规划师对雇主和客户应遵循相同的保密标准。

6. 团队合作及相关具体规范

理财规划师要认识到自身所掌握知识和技能的局限，对于自己不熟悉的领域，应当请教该领域的专业机构，或及时将业务交给所在机构的其他具备该专业能力的理财规划师办理；理财规划师应当与同业者充分合作，共同维护和提高该行业的公众形象及服务质量；理财规划师与其他理财专业人士及相关组织，应遵循公平合理的竞争原则开展业务。

（二）违反职业道德与规范的制裁措施

1. 行业自律机构的制裁措施

对于违反职业道德准则和执业纪律规范的行为，行业自律机构根据具体情节的不同，给予相关人员不同的制裁。对于非执业理财规划师违反职业道德规范，通常的制裁措施是取消其理财规划师资格，严重者可能终生无法参加理财规划师职业资格考试，或终生无法执业。对于执业理财规划师违反职业道德规范的制裁措施，通常的制裁措施是警告、暂停执业、罚款和吊销执照等。

2. 民事法律责任

理财规划师如有违反职业道德准则和执业纪律规范的行为，同时触犯了法律，则将承担相应的法律责任。法律责任有民事法律责任、行政法律责任和刑事法律责任。民事法律责任主要表现为违约责任和侵权责任。如理财规划师不按照合同约定提供其所承诺的服务，则客户可要求理财规划师所在机构承担违约责任，所在机构承担违约责任后，再追究理财规划师的责任。如果理财规划师向客户提供虚假或误导性信息，给客户造成损害，由理财规划师所在机构承担侵权责任，所在机构承担责任后，再追究理财规划师的责任。

3. 行政与刑事法律责任

行政法律责任主要表现为罚款、吊销执照或停业整顿等。刑事法律责任是理财规划师的行为触犯刑法后所承担的法律责任。在理财规划师侵占或盗取客户或其所在机构财产，情节严重的情况下，理财规划师将被追究刑事法律责任。

任务二 确立个人理财的目标与步骤

个人或者家庭进行理财规划，设定合理的目标是关键的一步。设定目标不仅需要具备基本的经济、金融知识，而且需要结合个体或家庭的特征，这样设定的理财目标才是合理的、有效的，有利于个人或家庭发展。

一、理财目标的设定

理财是对日常生活消费开支的调配，是对闲置资金的处置，是对近期和远期规划的资金配置。理财目标是在一定期限内，设定一个愿望，并通过设计与规划完成的目标，需要在掌握家庭基本财务状况的基础上，进行资产种类的合理安排，以便获得有序的现金流。我们一般将理财目标分为基本目标、最终目标。

理财的基本目标是实现个人或家庭财务安全。个人或家庭财务安全就是要有稳定的收入来源，有基本的社会保障，有安全的现金准备，有合理的投资组合，有必要的商业保险，有固定的居住房产，还有额外的养老计划。理财的最终目标是实现个人或家庭财务自由，这是我们理财的美好愿望。

理财目标的设定源于对理财的需求，人们会为了抵御通货膨胀而实时进行理财规划，要保护已有财富，也要为财富的增值未雨绸缪。人们要保障当下，也要计划未来，防范风险、规避风险、化解风险，让自己以及家人过上体面舒适的生活，向最终的财务自由逐步推进。理财目标的设定要具有灵活性、可实现性、明确性、可量化性和成本可控性。理财目标要尽可能地具备以上特性，更有利于具体实施和达成。比如家庭有购房计划，可以将目标设定为：3 年后在本市某某区（均价 20 000 元每平方米）购买 100 平方米的三室一厅房产一套。该目标基本满足灵活性、明确性、可量化性的要求。可实现性和成本可控性要结合该家庭的财务状况，判断其是否有实力、有能力购买房屋总价在 200 万元的房产。若基本匹配，这样的目标设定便可以通过理财规划有效完成。如果目标设定不够明确、不可量化，就给接下来目标的实现设置了无形的障碍，所以目标设定是实现目标的关键。

二、理财目标的种类

在实现个人理财最终目标的过程中，我们可以设定不同阶段的理财基本目标。理财目标也不是一成不变的，随着时间的推移，现实情况的变化，尤其是财务状况的变化，可以将理财目标进行适时的调整。

一般来说，可以将理财目标按时间长短分为短期目标、中期目标和长期目标。这里的短期没有明确的界定，3～5 年以内的目标均可定义为短期目标，比如家庭收支调整计划类的目标等。5 年以上的目标称为中期目标，常见的有教育金积累目标、房产购置目标等。长期目标一般是 10～15 年以上的目标，常见的有补充养老金积累目标，终身保险保障目标等。

理财目标按不同的理财需求区分，可以具体分为资产保值目标、投资增值目标、家庭购（换）车购（换）房目标、保险保障目标、家庭收支调整目标、养老规划目标、遗产传承目标等。家庭的大致理财需求是相似的，基本上每个家庭都会有保值增值、保险养老等需求，但具体到个体或家庭时，具体目标各不相同，各具特色。所以我们需要在对每类目标的特性了然于胸的前提下，根据各自特征形成各具特色的理财目标。

三、理财规划的步骤

大众理财已成趋势，理财业也在快速发展，理财规划师的需求也日益增长。若要系统地进行理财规划，专业人士的参与和指导是必不可少的。对于个人或家庭的理财规划，我们建议要在专业的机构、专业的团队和专业的理财规划师的支持下进行。从理财规划师的角度出发，理财规划的具体流程分为六步：建立良好的客户关系；收集整理客户信息；分析理财需求，确定理财目标；制定理财规划方案；实施理财规划方案；监测与评估理财规划方案（见图 1-1）。

图 1-1　理财规划流程

（一）建立良好的客户关系

根据客户理财需求，匹配合适的理财规划师，建立良好的客户关系。建立良好的客户关系的方式多种多样，主要包括电话交谈、网上沟通、书面交流和面对面交谈等。在建立良好客户关系的过程中，沟通技巧很重要，不但要注意语言沟通技巧、书面沟通技巧，还要懂得运用各种非语言沟通技巧，包括眼神、面部表情、身体姿势、手势等。另外，理财规划师作为专业人士，在与客户交谈时要尽量使用专业化的语言。当涉及投资回报率等财务指标时，尽量不要给出确定的承诺表示，以免因此承担不必要的法律责任。理财规划师要以专业的职业素养服务于客户，为客户提供专业的理财支持与服务。

（二）收集整理客户信息

在建立了平等、信任的客户关系的基础上，要对客户的基本情况进行细致的收集与整理，包括客户财务信息与非财务信息，具体有客户（家庭）的基本信息、客户（家庭）的风险偏好情况、客户（家庭）的资产负债与收入支出情况等。

客户（家庭）的基本信息包括个人基本信息和家庭成员信息。个人的姓名、性别、年龄、学历、工作单位与职务、家庭住址、电话、邮箱等。家庭成员的姓名、与客户的关系、学历、工作单位与职务等。如有客户（家庭）自身的特别情况说明，一定要如实填写。一般来说，客户的性别等资料可以帮助理财规划师判断其适用的人寿保险种类等。另外，在评估客户的风险态度和风险承受能力时，性别也会产生重要影响。职称信息可以让个人理财规划师更加了解客户。

在中国，一般而言，不同工作单位的工作稳定性是不一样的。在国家机关、学校、医院工作的客户的工作稳定性较高，这表明他们的收入稳定，福利待遇也较稳定。客户的社会地位也从侧面反映了客户的收入状况。而且，在中国的文化氛围中，个人理财规划师如果用职称来称呼客户，会使双方更加容易沟通。理财规划师了解这些信息以后，就可以合理而周密地为客户提供长期甚至终身的财务安排。虽然客户（尤其是女士）在大多数情况下都不愿意直接透露自己的年龄，但在个人理财规划中，这些信息都是十分重要的。因为，客户年龄对他们的理财目标、社会保障、保险投资种类、未来收入的变化以及风险承受能力等情况有着直接的影响。显然，一个 25 岁的客户和一个 60 岁的客户，两者的财务目标有着很大的不同。前者也许更重视通过投资实现房地产购置计划或教育计划，而后者则会更多关注通过养老金投资来保证退休后的生活质量。另外，健康状况方面的信息包括客户本人的健康状况和家庭成员的健康状况两部分。这方面信息对客户人寿保险计划的选择和制订有着重要的影响。客户子女的数量、年龄，甚至客户子女的健康状况、婚姻状况和职业等都对客户的各种财务安排有直接的影响。一般而言，子女越多，年龄越小，健康状况越差，客户的财务负担就越重，这时，保险计划和教育计划对于客户而言就非常重要。当然，如果客户的子女已成年并且有一份稳定的工作，客户对子女一般只需要进行小额投资。对于离异客户而言，子女的监护权归属问题也将影响其财务安排。

作为非财务类信息，除了基本信息外，客户的风险特征是后续理财投资规划实施前信息收集不可或缺的一部分。比如，客户是风险偏好型的投资者，而且有着极强的风险承受能力，理财规划师就可以根据其需要帮助他制订积极的投资计划，争取更多的盈利。但如果客户是保守型的投资者，要求投资风险为零，那么就应该帮助他制订稳健的投资计划。

具体而言，风险特征是通过对年龄、收入能力、学历和知识水平、社会职务、置业状况、投资知识与经验等来进行综合评估，需要结合客观因素和主观因素对客户进行的综合评判。此外，还应结合具体一笔投资的资金的使用期限、投资目标弹性等对该笔理财活动的风险特征进行进一步的综合判断。只有在得到准确的风险特征后，才可以进行风险匹配的投资活动。这也是专业的理财规划师需要为客户保驾护航的关键点。投资市场的产品种类繁多，风险程度分为高风险、中风险、低风险等不同的种类，有的人为风险厌恶型，也就是厌恶风险的人，会很抵制高风险的投资产品，有的人为风险偏好型，偏爱高风险的投资产品。所以，在得到风险特征后才能够有的放矢地选择适合的投资产品。

客户的财务信息可量化分析的特征更为明显，个人（家庭）的主要财务信息包括收入支出类、资产负债类以及现金流量类。

收集财务数据时可以结合着财务报表进行。其中收入支出表是用来说明在过去一段时期内，个人（家庭）实际的资金流入（收入）和资金流出（支出）情况。收入支出表只记录实际资金的流入与流出，而账面上的“收入”（比如股价上涨的资本利得等）并不记入收入支出表中，而是在年度末的资产负债表中的实际资产价值中体现。

资产负债表是用来说明在某一时刻，个人（家庭）实际所拥有的资产和所需承担的负债等情况的报表。资产是客户所拥有所有权的财富的总称。它可以是现金，也可以是通过购买行为获得的财产，还可以是客户接受的礼物。但是，那些客户只拥有使用权而非所有权的财物，如租赁的房子和汽车等，不是客户的资产。负债是指客户因过去的经济活动而产生的现有责任，这种责任的结算将会引起客户经济资源的流出。资产与负债反映了个人（家庭）的财务资源状况，它能帮助个人对实现财务目标的进程进行追踪，因而对于设定、监控和调整理财规划是必不可少的。

现金流量表是一段期间内（可以长达几十年），反映个人（家庭）的现金流入和现金流出的动态状况的报表。在个人（家庭）理财中，主要用于对现金的预算管理与分析，我们可以基于当前的收入支出情况，结合预计的未来资金变化情况，制作一张资金预算表。可以通过此表预估未来资金的短缺与盈余情况，具体可见后续内容中有关现金流量表的分析。

财务信息收集整理完成后，理财规划师就要利用专业能力与素养进行财务分析，对客户的家庭财务情况进行有效的梳理，给出专业的财务分析，发现财务的优势与劣势。在分析客户财务状况时，一般会利用相关的财务比率，比如结余比率、资产负债率、流动性比例、投资性资产占比、净资产偿付比例、收入负债比例等。

（三）分析理财需求，确定理财目标

全面掌握了客户的基本信息后，接下来理财规划师要充分听取客户的理财需求。只有在确定合理有效的理财目标后，才可能形成一份有效的理财规划方案。理财规划师不仅要充分听取客户的想法，还要给出专业的理财建议，结合理财目标的必要性和合理性，协助客户调整或新增理财目标，并确定理财目标的优先顺序。

理财需求可以从客户的想法与愿望谈起，但最终确定的理财目标应是明确的和可量化的。比如客户提出想要换个大房子，结合家庭实际情况，最终确定的理财目标可以是：5 年后，以置换的方式购买一套 100 平方米左右，总价在 150 万元的房子。理财目标一定要有具体的实现期和实现额。具体来说，可以经过以下三个步骤确定理财目标：

首先，列举愿望与目标。我们可以通过头脑风暴的方式将所有能够想到的愿望和目标都列举出来，包括短期目标、中期目标和长期目标。根据不同的理财目标确定不同的投资期限，而不同的投资期限，又会决定不同的风险水平。例如，3 个月后要用的钱是绝对不能用来做高风险投资的；反之，3 年后要用的钱如果不去投资，则会失去获得更高回报的可能。

其次，筛选并确立可行的理财目标。审查每项愿望的可实现程度，并将其转化为理财目标。筛选并排除实现难度大、不切实际的愿望。

最后，分解和细化目标，使其具有实现的方向。制订理财行动计划，如每年需要投入多少资金、每年需要获取多少投资收益等。有些目标不可能一步实现，需要分解成若干子目标。设定子目标后，就知道近期努力的方向了。当然，理财目标还需要与个人、家庭的经济状况和风险承受能力等要素相适应，这样才能确保目标的可行性。同时，应根据实施的情况、具体的环境和背景，适时地作相应的调整，以达到最切合自身实际的要求，最好每隔一段时间（如 1 年）对原来所制定的理财目标进行一次修正。

（四）制定理财规划方案

理财规划方案是在整理分析家庭基本信息的基础上进行的整体规划。通过合理设置资产负债，调整收入支出，努力实现客户确定的理财目标。整个规划会涉及很多子规划，比如现金与消费规划、教育规划、保险规划、购房购车规划、投资规划、养老规划等。

（五）实施理财规划方案

理财规划师为客户制定出理财规划方案后，应当协助客户正确有效地实施该方案。客户可以选择自行实施，但理财规划师有义务在客户遇到疑问时给予专业解答。客户也可以选择由理财规划师作为代理人进行代理实施，但需注意的是，理财过程中的收益与风险均由客户自行承担。同时，代理人首先须获得客户的执行授权，另外，在代理的全过程中，都应当积极主动地与客户进行沟通，让客户亲自参与方案的制订和修改。

为了确保理财规划的执行效果，理财规划师在协助客户实施理财规划方案时，不论是解答疑问，还是实施具体方案，都应当遵循准确性、有效性和及时性的原则。在实施理财规划方案时，应进一步明确具体计划，包括时间顺序与安排、资金来源等，同时做好理财规划方案的执行记录并妥善保管。

（六）监测与评估理财规划方案

监测规划的有效性以及规划实施后的绩效评估，是为整个服务画上完美句号的关键。让客户更清晰地认识到规划的重要性，或许也可找出客户在实施规划中的偏差行为。理财方案本身也不是一成不变的，由于理财规划持续的时间较长，未来的预估不可能完全准确，客户的经济条件、理财目标等也会发生变动，因此，理财规划方案也得随之变化。在执行理财规划方案过程中，需要做到实时有效的监测，当理财规划方案的假设前提或客户的财务状况发生重大变化时，理财规划方案就必须随时调整。按需调整和修改后，才可以最大程度地满足客户的理财需求。通常情况下，理财规划方案至少每年修正一次。如果客户所投资的是高风险产品，则需要每季度或每半年就调整一次。

实时的监测很重要，对理财规划方案实施后的评估同样重要。通过评估得出方案实施后的效果，评定理财规划师的专业能力，得到客户的肯定，这将更利于后续理财服务的开展。若评估中发现偏颇，则需及时调整与补救。尤其当理财环境本身变化较大时，理财规划师要说明情况，平复客户心情，以专业的操守让客户安心，为客户创造最大的利益。

任务三　熟悉个人理财的主要内容

个人（家庭）的理财规划是由一系列子规划构成的综合规划。具体包括现金规划、消费规划、教育规划、保障规划、投资规划、退休养老规划以及财产分配与传承规划等。

一、现金规划

现金规划是对家庭或者个人日常的现金及现金等价物进行管理，以达到留存现金额度清晰、消费适度合理的目的。留存现金是为了满足日常现金需要，同时满足计划外紧急使用现金的需要。在现金规划中，紧急备用金一般选取现金及现金等价物类金融资产，包括现钞、储蓄型存款（活期、定期）、货币型基金等。

现金规划作为理财规划的首个规划，是其他规划的前提与基础。重点选取流动性比率考察家庭现金及现金等价物配置与家庭生活支出费用的合理情况。确保家庭基本生活的稳定，在此基础上，开展后续专业子规划，建好稳固的“理财大楼”。

二、消费规划

消费规划是基于一定的财务资源，对家庭消费水平和消费结构进行规划，以期稳步提高家庭生活质量。要确保客户有足够的资金支付计划中和计划外的费用，并且客户的消费金额是在其预算限制之内的。合理的消费规划主要包括住房消费规划、汽车消费规划、子女教育消费规划以及信用卡与个人信贷消费规划等。家庭财富增长的重要原则是开源节流，在收入一定的情况下，如何做好家庭消费支出规划对一个家庭整个财务状况具有重要的影响。家庭消费要适度合理，家庭成员要树立正确的消费观念，节省成本，保持稳健的财务状况。如果消费支出缺乏计划或者消费计划不得当，家庭就很可能支付过高的消费成本，甚至会导致财务危机。

三、教育规划

教育规划可以是对家庭中子女的教育规划，也可以是家庭中成人的继续教育或个人能力和知识提升的教育规划。其中，子女教育规划又可以分为基础教育规划和高等教育规划。教育支出既是一种消费支出，也是一种投资支出。教育可以提高人们的文化水平与生活品位，同时增加了受教育者的人力资本。通过教育规划可以达到自我完善和教育后代的目标。

个人理财规划师在帮助客户进行教育规划时，首先，要对客户的教育需求和子女的基本情况进行分析，以确定客户当前和未来的教育投资资金需求；其次，要分析客户的收入和资产状况，以确定客户和子女教育投资资金的来源；最后，个人理财规划师应当分析客户教育投资资金来源与资金需求的差距，并寻求恰当的投资工具，从而以投资收益弥补教育投资资金的不足。

四、保障规划

保障规划又叫保险规划，主要是通过对个人（家庭）配置保险类产品，以期达到保障个人（家庭）的作用。保险与人生是密不可分的。人的一生中有悲有喜，当不幸的事情发生时，就不免要花钱，但仅靠平时储蓄或社会救济可能是不够的。此时可以通过保险产品加以规划。那么，如何利用保险来保障我们的人生呢？保障规划是指通过对风险的识别、衡量和评价，并在此基础上选择与优化组合各种风险管理技术，对风险实施有效控制并妥善处理风险所致损失的后果，以最小的成本去争取最大的安全保障和经济利益的行为。

保障规划的基本步骤是；首先，确定保险的标的，也就是确定保险对象的财产和人的寿命或身体；其次，确定保险需求缺口，也就是确定保险事故发生时所需要的资金与个人为防范事故发生已经储备的资金之间的差额；最后，确定保险产品和保险期限，满足个人保障的需求。

五、投资规划

投资规划是根据个人（家庭）投资理财目标和风险承受能力，为个人（家庭）制定合理的资产配置方案，构建投资组合来帮助个人（家庭）实现理财目标的过程。投资规划是个人（家庭）理财规划的一个组成部分，而且，投资是实现其他财务目标的重要手段。如果没有通过投资实现资产增值，个人（家庭）就可能没有足够的财力资源来完成诸如购房、养老等生活目标，因此，投资规划对于个人（家庭）理财规划有重要的基础性作用。

投资规划的步骤是：首先，确定投资目标，也就是投资服务的对象、投资要获得的金额、已准备投资资金和投资时间；其次，确定投资组合，包括选择投资产品，确定每种投资产品的投资比率；最后，评估投资风险，调整投资组合。

六、退休养老规划

退休养老规划是为保证个人（家庭）在将来有自立、有尊严、高品质的退休养老生活，而制定的一个从即刻就开始积极实施的规划方案。退休后能够享受自立、有尊严、高品质的退休养老生活是一个人（家庭）一生中最重要的财务目标之一。因此，退休养老规划是个人理财规划中不可缺少的部分。

退休养老规划的步骤是：首先，设定退休养老生活目标，也就是确定退休后的生活方式和所需生活费用等；其次，确定退休前的每年储蓄资金，就是根据退休后的收支差确定退休时所需准备的储蓄资金，再根据退休时所需准备的储蓄资金和退休前的风险承受能力，确定退休前每年的储蓄资金；最后，制定退休投资产品方案，确定投资组合和投资比率等。

七、财产分配与传承规划

财产分配与传承规划是人生需要妥善安排的一个重要事项。从形式上看，制定财产分配与传承规划能够对个人及家庭财产进行合理合法的配置；从更深层次的角度看，财产分配与传承规划为个人和家庭提供了一种规避风险的保障机制，当个人及家庭遭遇现实中存在的风险时，这种规划能够帮助客户避免风险或降低风险带来的损失。

在实际生活中，个人及家庭可能遭遇的风险主要有以下几类：其一，家庭经营风险。对于从事商业经营的家庭来讲，经营收益是该家庭的主要收入来源，维持着整个家庭的正常生活，而一旦该经营实体受到商业风险的冲击，整个家庭的经济状况就有可能急转直下，严重者甚至威胁家庭成员的正常生活、教育、工作等。其二，夫妻中一方或双方丧失劳动能力或经济能力的风险。夫妻是家庭组织的核心，如果其中一方或者双方均丧失了劳动能力，如因工伤、意外事故而造成身体残疾，或者丧失了经济能力，或因对外欠债导致被追索，都会导致家庭经济支付能力的下降，影响家庭的正常生活。其三，离婚或者再婚风险。离婚意味着夫妻关系的结束和一个家庭的解体，无论是对家庭还是对夫妻任何一方都会产生重大的影响，其中最突出的方面就体现在对家庭财产的分割上。现实生活中经常会发生这样的情况，即离婚时，夫妻一方有转移、隐匿、变卖财产，侵害另一方财产权益的行为，导致出现受害一方的生活质量下降及经济能力减弱等不良后果。其四，家庭成员的去世风险。家庭成员去世后，对其遗留财产的分配会使得家庭其他成员个人的财产增加或者减少，对整个家庭财产也会产生影响。同时，由于多数家庭没有事先立遗嘱的意识，遗产分割很容易在家庭内部产生纠纷，即使有的家庭立了遗嘱，也会因为遗嘱内容表述不清，而在执行过程中出现财产被恶意侵吞，或者不按照遗嘱人意愿进行分配等情况。以上种种家庭及个人遭遇的风险都是不确定的、不可预测的，这些风险一旦发生，就会对个人及家庭的经济能力产生不利影响。如果能够在风险发生之前采取相应措施，就可以最大限度地消除或减少其可能造成的不利影响。财产分配与传承规划就具有这样的风险隔离、减少损失的功能。

课后习题

一、单选题

1. 下列哪项不属于个人理财的主要目标？（　　）

A. 规避生活风险　　B. 实现财务安全
C. 追求财务自由　　D. 最大化短期收益

2. 个人理财活动强调要充分利用客户的（　　）资源。

A. 社会　　B. 财务
C. 人力　　D. 自然

3. 个人理财规划的最终目的是（　　）。

A. 追求投资回报最大化　　B. 短期内积累大量财富
C. 提高生活品质，实现财务自由　　D. 规避所有投资风险

4. 在理财活动中，哪个因素被视为首要考虑的因素？（　　）

A. 财富的增长速度　　B. 资产的安全性

C. 投资的高回报率　　D. 理财的高端性

5. 以下哪种观念是错误的？（　　）

A. 理财是有钱人的专利　　B. 投资组合收益应考虑整体风险

C. 保险是理财活动的重要组成部分　　D. 理财计划需要适时调整

6. 理财规划师在执业过程中，以下哪项行为违背了正直诚信原则？（　　）

A. 理财规划师在拓展业务时，如实介绍自己的专业能力

B. 理财规划师在合同关系确立之前，向客户披露可能对其客观性及独立性产生影响的各种关系

C. 理财规划师为争取客户，可以美化自己的历史业绩

D. 理财规划师在发现与客户存在意见分歧时，主动沟通并寻求双方都能接受的解决方案

7. 理财规划师在提供理财服务时，以下哪项行为不符合谨慎勤勉原则？（　　）

A. 对客户提出的理财问题及时回应

B. 严格履行对客户的承诺

C. 根据自己的判断，向客户提供当前最热门的理财产品

D. 对向客户推荐的理财产品进行充分调查

8. 关于理财目标的设定，以下哪项描述是不准确的？（　　）

A. 理财目标是在一定期限内，设定一个愿望，并通过规划设计完成的目标

B. 理财目标的设定要具有灵活性、可实现性、明确性、可量化性和成本可控性

C. 理财目标一旦设定，便不得更改

D. 理财目标的设定源于对理财的需求

9. 在设定理财目标时，以下哪一项是不需要考虑的因素？（　　）

A. 家庭基本财务状况　　B. 资产的种类和配置

C. 个人的兴趣爱好　　D. 目标的可量化性

10. 客户（家庭）的基本信息不包括以下哪一项？（　　）

A. 个人姓名和性别　　B. 家庭成员的职务和职称

C. 客户的投资经验　　D. 客户的家庭住址

11. 以下哪项因素不会直接影响客户的保险投资种类？（　　）

A. 客户的年龄　　B. 客户的健康状况

C. 客户的投资经验　　D. 客户的工作单位

12. 在个人理财规划中，以下哪项不是财务信息的主要组成部分？（　　）

A. 收入支出类　　B. 资产负债类

C. 现金流量类　　D. 家庭成员构成

二、多选题

1. 个人理财规划通常包括哪些内容？（　　）

A. 现金规划　　B. 投资规划
C. 退休养老规划　　D. 税收筹划
E. 养生规划

2. 个人理财活动在现代社会中的重要性体现在哪些方面？（　　）
A. 提高生活品质　　B. 规避生活风险
C. 实现财务安全　　D. 追求财务自由
E. 最大化投资收益

3. 理财活动中，实现“先有财可理”的有效途径包括哪些？（　　）
A. 提高劳动收入　　B. 减少不必要的支出
C. 依赖彩票中奖　　D. 强制定期储蓄
E. 频繁更换投资产品

4. 理财活动中，为何需要关注投资的安全性？（　　）
A. 安全性是理财的首要目标　　B. 安全性是投资回报的保障
C. 安全性可以避免投资风险　　D. 安全性与流动性是对立关系
E. 安全性是长期理财的基石

5. 在理财活动中，为何需要适时调整理财计划？（　　）
A. 市场环境会发生变化　　B. 个人或家庭的需求会发生变化
C. 理财目标一成不变　　D. 理财预算需要定期调整
E. 投资策略需要灵活应对市场变化

6. 理财活动需要避免哪些行为？（　　）
A. 过度追求短期高回报　　B. 忽视投资产品的风险性
C. 频繁更换投资产品　　D. 依赖彩票中奖实现财富增长
E. 定期进行理财计划的调整

7. 理财规划师在执业过程中应遵守的职业道德准则包括哪些？（　　）
A. 正直诚信原则　　B. 客观公正原则
C. 谨慎勤勉原则　　D. 追求高收益原则
E. 专业尽责原则

8. 理财规划师在处理客户个人信息时，应遵循哪些具体规范？（　　）
A. 未经客户书面许可，不得向合同关系以外的第三方透露任何有关客户的个人信息
B. 在任何情况下，不得披露在执业过程中知悉的客户涉嫌违法犯罪的事实
C. 理财规划师对雇主和客户应遵循相同的保密标准
D. 可以将客户的个人信息用于市场营销活动
E. 可以与合作伙伴分享客户的个人信息

9. 下列关于理财目标的描述正确的有（　　）。
A. 理财目标按时间长短可分为短期目标、中期目标和长期目标
B. 短期目标可以是长达 5 年以上的目标
C. 中期目标常见的有教育金积累目标、房产购置目标等
D. 长期目标常见的有补充养老金积累目标，终身保险保障目标等

E. 理财目标按理财需求可分为资产保值增值、保险保障、遗产传承等目标

10. 理财目标的设定要满足哪些特性，以便更有利于具体实施以达成目标？（　　）

A. 灵活性　　B. 可实现性
C. 唯一性　　D. 明确性
E. 可量化性

11. 理财规划的具体流程包括（　　）。

A. 建立客户关系　　B. 收集整理客户信息
C. 分析理财需求，确定理财目标　　D. 制定理财规划方案
E. 实施理财规划方案
F. 监测与评估理财规划方案

12. 客户的哪些信息对于评估其风险特征是重要的？（　　）

A. 年龄　　B. 收入能力
C. 工作性质　　D. 资产状况
E. 学历和知识水平

13. 在评估客户的理财目标时，理财规划师需要了解哪些信息？（　　）

A. 客户的家庭结构　　B. 客户的职业性质
C. 客户的财务状况　　D. 客户的兴趣爱好
E. 客户的投资经验

三、简答题

1. 个人理财规划的服务流程有哪几个步骤？每个步骤都需要注意哪些事项？
2. 作为理财规划师，需要收集的客户信息包括哪些？
3. 经济、金融市场的变化会对理财活动产生哪些影响？

项目二　熟悉个人理财基本理论

项目目标

知识目标

1. 掌握家庭生命周期每个阶段的特征
2. 掌握家庭风险特征
3. 掌握风险偏好与风险承受能力的区别

能力目标

1. 能够结合家庭生命周期理论对客户进行分析判断
2. 能够准确全面收集客户信息，进行风险特征分析
3. 能够合理运用风险测评表对客户进行风险特征评分

素养目标

1. 能够使用专业理财工具，正视风险的存在
2. 树立正确的人生观、价值观、理财观

案例引入

什么是好的理财产品？从精准服务于客户的角度出发，适合的才是最好的。博时基金总裁江向阳提出，金融机构要遵守适当性原则，且可以借助技术来实现。博时基金将结合自身的大类资产配置能力，针对不同生命周期和风险偏好的客户，提供不同风险特征的产品组合，并且持续提供专业的投顾服务，以使客户获得最好的体验。

公募基金发展不断壮大，市场规模不断创新高，产品种类也不断丰富。但在市场中，多数投资者却觉得买基金不赚钱。江向阳分析，这是由三个“不匹配”现象导致，即产品风险不匹配，产品需求不匹配，产品时机不匹配。

第一，产品风险不匹配与销售适当性有关。基金产品有明确的分级制度，根据产品的风险特征、复杂程度、杠杆率、交易结构等，去匹配客户不同的风险承受能力。此外，客户的风险偏好和投资偏好也存在分级，赚钱能力、投资期望和风险承受能力与产品风险需要匹配。

第二，产品需求不匹配。当前，多数投资者对产品需求不清晰。

第三，产品时机不匹配，这是非常核心的问题，投资者容易追涨杀跌。江向阳表示，其实在市场最绝望的时候，往往是配置产品最有利的时机。

江向阳认为，金融机构要遵守适当性原则，要把合适的产品，在合适的时机，提供给适当的投资者，让投资者赚到钱。“赚钱是硬道理。”

资料来源：佚名．江向阳：三个“不匹配”现象导致投资者不信任基金．中华网，2017-04-14.

思考：如何理解“从精准服务于理财客户的角度出发，适合的理财产品才是最好的”？

任务一 认知家庭生命周期理论

一、家庭生命周期理论的基本内容

人从出生到死亡要经历婴儿、童年、少年、青年、中年一直到老年等多个时期。整个生命周期与个人（家庭）的生活、与个人（家庭）的消费与储蓄紧密联系在一起。生命周期理论是20世纪50年代由美国经济学家莫迪利安尼（Modigliani）等提出的，该理论创造性地将个人的储蓄、消费行为和个人终生收入乃至整个生命周期联系起来，明确人的消费与储蓄决策应充分考虑自己的现实财富、现期收入、未来预期收入、未来预期支出等诸多因素。也就是说，个人在各年龄阶段的消费支出多少，将取决于其终生收入，即整个生命周期的全部收入。因此，消费者现期消费不仅与现期收入有关，而且与消费者以后各期收入的期望值、开始时的资产和个人的年龄大小有关。

当社会经济等因素使得家庭财产状况发生变化时，个人（家庭）的生活水平和消费支出就会受到影响，其生活水平和消费支出应与它的财产水平保持稳定的比例。个人（家庭）消费决策既要考虑当前收入，又要考虑未来收入，即消费是取决于现期工作收入和财富的函数。莫迪利安尼认为，理性的消费者要根据其一生的收入来安排消费与储蓄，使一生的收入与消费相等，理性的消费者为了保持平稳的消费水平，应将一生之中可以得到的所有收入平摊到一生中消费，以达到最大的效用。生命周期理论将人的一生分为青年时期、中年时期和老年时期三个阶段。

青年时期为积累阶段，个人一般会有相对稳定的收入来源，但收入水平较低，而收入的绝大部分将用于教育、置业、婚姻等消费，有时甚至举债消费。处于该阶段的个人往往开始积累财富，但净资产值较小。

中年时期为巩固阶段，个人收入随着事业的发展逐步增加，其收入超过消费支出，消费在收入中所占的比例降低。处于该阶段的个人开始偿还青年时期的负债，巩固与积累财富用于养老，净资产大幅增加。

老年时期为支付阶段，个人退休以后，收入下降，消费超出收入。处于该阶段的个人消费支出由社会养老保险和先前积累的财富来补偿，净资产不断减少。

由此可见，人生各阶段的收入、支出情况各不相同，只有以长远的眼光来安排自己的消费与储蓄行为，做好理财规划，才能未雨绸缪，规避风险。

二、家庭生命周期的阶段划分

家庭生命周期主要描绘的是个人（家庭）从独立、结婚、子女出生、子女独立到终老的全过程。一般来说，家庭生命周期可分为青年单身期、家庭形成期、家庭成长期、家庭成熟期、退休养老期五个阶段。不同世代的家庭，其生命周期会出现交集，比如自己的家庭处于成长期时，父母的家庭可能已经进入成熟期。

（一）青年单身期

青年单身期指参加工作至结婚的时期，一般为2～8年。在这个时期，人们刚参加工作，收入比较低，消费支出大。这个时期的主要任务是提高自身素质和技术水平。这段时期理财的重点是增加储蓄，培养未来的获利能力。而财务状况是资产较少，可能还有负债（如银行贷款、父母借款），甚至净资产为负。

（二）家庭形成期

家庭形成期指从结婚到子女出生时期，一般为0～5年。这一时期是家庭的主要消费期，经济收入增加而且生活稳定，家庭已经有一定的财力，但为提高生活质量往往需要较大的家庭建设支出，如购买一些较高档的用品；贷款买房的家庭还需一笔固定、较大额的开支——月还款额。因此，这一时期理财的重点是合理安排家庭建设支出。这一时期可以适当进行投资，但最好选择一些安全、稳健的投资品种。

（三）家庭成长期

家庭成长期指从子女出生直到其完成学业可以独立步入社会的时期，一般为20年左右。在这一阶段，家庭成员基本不再增加，家庭成员的年龄都在增长，家庭的最大开支是保健医疗费、教育费用、智力开发费用。同时，随着子女的自理能力增强，父母精力充沛，又积累了一定的工作经验和投资经验，投资能力大大增强，可以进行有一定风险的投资。但在这个时期的后几年，由于要准备子女上大学的费用，因此应投资一些流动性好的品种，避免高风险的投资，保证资金的流动性，合理安排子女的教育和生活开支。

（四）家庭成熟期

家庭成熟期指子女参加工作到家长退休为止这段时期，一般为15年左右。这一阶段个人的工作能力、工作经验、经济状况都达到高峰状态，子女已完全独立，债务已逐渐减轻，理财的重点是扩大投资。在这个阶段的后期，因为要面临退休，所以应提前考虑退休以后的生活安排和投资。

（五）退休养老期

退休养老期指退休以后的时期。这一时期的主要内容是安度晚年，理财的重点在于生活支出的安排、资产的保全。在这一时期的后期还应做好财产的传承安排。

在特定的家庭生命周期阶段，家庭的财务状况有着一些共同的特征。当然，家庭处于生命周期的不同阶段，其资产、负债、收入、支出等状况会有各自的特点。另外，每个阶段的生活消费需求和理财需求会有各自的重点。

判断一个家庭现处于哪个生命周期阶段，可以快速查看是否具有该阶段典型的家庭财务特征，这对了解家庭的基本消费需求与理财需求至关重要，也对后续的各类子规划，包括但不限于消费与储蓄规划、教育规划、投资规划等产生实质的影响。

下面总结家庭生命周期五个阶段下的特征，如表 2－1 所示。

表 2－1 家庭生命周期五个阶段的特征

	青年单身期	家庭形成期	家庭成长期	家庭成熟期	退休养老期
阶段特征	从参加工作到结婚，单身	从结婚到子女出生，家庭成员随子女出生而增加	从子女出生到其完成学业可以独立步入社会，家庭成员数目基本固定	从子女参加工作到家长均退休，家庭成员数目随子女独立而减少	从夫妻均退休到夫妻一方过世，家庭成员只有夫妻两人（也称为衰老期）
收支状况	收入仅为单身者收入，收入比较低，消费支出大	收入增加，以夫妻两人收入为主，支出随家庭成员的增加而上升	收入以双薪为主，支出随成员固定而趋于稳定，子女教育费用负担重	收入以双薪为主，事业发展和收入达到巅峰。支出随家庭成员数目减少而降低	以退休双薪收入为主，或有部分理财收入或变现资产收入。养老保健与医疗费用可能负担重
储蓄状况	个人储蓄较少	储蓄有所增加，家庭经营性支出负担大	收入增加而支出稳定，储蓄不断积累	收入达到巅峰，支出稳定且趋于降低，为准备退休金的黄金时期	大部分情况下，支出大于收入，为耗用退休金阶段
资产状况	资产较少	可累积的资产有限	可累积的资产逐年增加	可积累的资产达到巅峰	逐年变现资产来应付退休后的生活费开销
负债状况	无负债或轻度负债（如贷款购车、信用卡消费等）	一般因为购房等大额支出，通常要背负高额的消费负债	若已购房，为缴付房贷本息、降低负债余额的阶段	应该在退休前把所有的负债都还清	应该无新增负债

在青年单身期，独立的个体自给自足，收入基本能够满足支出需求，储蓄能力较低，拥有的资产较少，负债可能包括小额消费贷。在家庭形成期，一般是双薪收入，家庭财富实力有所提高，当然支出也在增加。整体来看储蓄不断增加，资产实力明显提升，可能因为房屋等大额资产产生大额负债。在家庭成长期，收入支出方面逐步趋于稳定，有关子女的教育费用比较可观。整体上家庭储蓄与家庭资产都在稳步增长，应随着

家庭财富实力的进一步增强而负债不断减少。在家庭成熟期，子女逐渐完成学业，产生的家庭支出明显减少，而家庭收入水平会在此时达到巅峰，可积累的资产也会达到巅峰。此时是准备退休金的黄金时期，同时应该在退休前把所有的负债都还清。在退休养老期，家庭的主要收入来源逐步转变为养老金、投资性收入。此阶段的当期收入可能不足以支付当期支出，需要家庭原有资产进行补充。特别需要关注的是，此阶段不宜再产生新的负债，不该给安享晚年的生活再带来还债的压力。

三、家庭生命周期与个人理财

个人理财是贯穿个人（家庭）整个生命周期的终身财务规划，只有将个人未来必须面对的教育、职业发展、医疗、保险、购房、纳税、养老、遗产继承等各方面的经济事项妥善安排，才能最终达到终生的财务安全，享受品质生活和财务自由。

家庭生命周期理论从个人（家庭）的生命周期整体出发来规划理财，根据人生各阶段的特征，让人们结合实际情况设计理财方案，选择适当的产品，以达到在整个人生过程中合理分配财富，实现人生效用最大化的目标。所以，家庭生命周期理论是个人理财的核心基础理论之一。

首先，在人生不同阶段，个人（家庭）的现金流变化一般有着如图 2－1 所示的规律。人生之初学习最为关键，虽没有现金流入，但为未来想要的生活打下了知识技能的堡垒。步入社会后，有了现金的流入，但也会随着家庭的不断壮大带来明显的现金流出，一般来说会有正向的净流入，但等到步入老年，处于退休养老阶段时，有可能家庭主要的开销来源于原有的储蓄，不再有固定的现金流入。

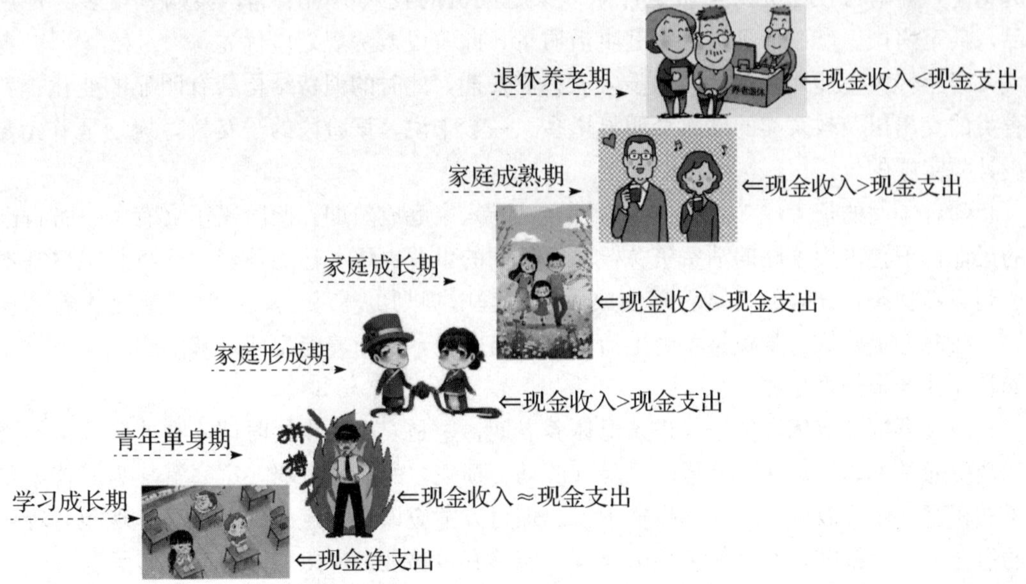

图 2－1　人生不同阶段的现金流

其次，在家庭生命周期的不同阶段，个人（家庭）的理财需求与理财目标也不尽相同。处于人生的不同阶段，人们的主观愿望虽然不会完全相同，但在同一阶段大致是相似的。在进行理财需求分析前，清楚所处的家庭生命周期阶段是必要的，可以较全面地分析个人（家庭）的理财需求。家庭生命周期各阶段的理财需求与理财目标见表 2－2。

表 2－2　家庭生命周期各阶段的理财需求与理财目标

生命周期	理财需求与理财目标
青年单身期	①满足日常消费支出；②偿还教育贷款；③租赁房屋；④小额投资尝试；⑤储蓄等
家庭形成期	①购买房屋、家具；②建立应急备用金；③储蓄；④购买保险；⑤投资等
家庭成长期	①购买房屋、汽车；②子女教育投资；③分散投资；④购买保险；⑤养老金安排等
家庭成熟期	①提高投资收益的稳定性；②养老金安排；③资产传承等
退休养老期	①保障财产安全；②建立信托；③准备善后费用；④遗产安排等

最后，家庭生命周期分析可以作为理财规划的开端，并最终形成一份综合规划。在进行家庭生命周期分析时，就能够窥探综合规划的整体情况，给出各个子规划设计实施的优先级。

在青年单身期，个人逐渐拥有了自己的事业，有一份固定的收入，同时消费以自己为中心，并且消费和开支会比较大。另外，该阶段的年轻人想法较活跃，敢于投资、乐于提升自我，有着各种不确定。在该阶段，至少储蓄结余计划要排在其他规划的前面。

当步入婚姻后，进入家庭形成期，每位成员的家庭责任明显增大。消费会以构建家庭为主，要对可预见的未来做足计划。家庭成员的收入不断增加，会购置很多大件用品，甚至房产。所以为了提高家庭生活质量，此阶段购房规划应优先。

当年轻夫妻迎来新生命后，步入家庭成长期，此时的消费结构会有明显的变化，教育类的支出以及教育类的储蓄会明显增多。一般来说，该阶段的子女教育规划是首先要设计与实施的。

随着子女的长大成人，独立步入社会，进入家庭成熟期。此阶段子女有了一番自己的天地，不再占用家庭的消费资源，而家长们的事业也逐渐达到顶峰，经济状况也基本达到高峰状态，此时的财富管理便成为家庭理财规划的重头戏。此时需要完善养老规划，在财务上确保自身晚年养老生活的质量与水平，给予养老生活足够的财务支持，比如补充养老金是否足够。

当夫妻都已退休，便正式进入退休养老期，这是安度晚年的时期。在此阶段，投资和消费通常都非常保守，可承受风险（波动、损失）的能力较弱，家庭资金为辛苦半辈子的积蓄，不应放到风险大的投资中去。理财方案应该将重点放到保守且套现能力较强的组合上，以备需要时（如紧急医疗等）能够有足够现金应急。同时遗产传承与分配应该要排到日程上来。

家庭生命周期在每个阶段都有优先级较高的理财子规划，家庭生命周期中不同阶段的理财子规划优先级见表 2－3。

表 2-3 家庭生命周期各阶段理财子规划的优先级

生命周期阶段	各阶段理财子规划优先顺序
青年单身期	储蓄结余规划>资产增值规划>应急基金>购房规划
家庭形成期	购房规划>大额大件消费规划>储蓄结余规划>应急基金
家庭成长期	子女教育规划>资产增值规划>应急基金>特殊目标规划
家庭成熟期	资产增值规划>养老规划>特殊目标规划>应急基金
退休养老期	养老规划>遗产与传承规划>应急基金>特殊目标规划

任务二 家庭风险特征分析

进行理财活动时，风险和收益是一对形影不离的兄弟，即想要获得多大的收益就需承担多大的风险。当客户参与投资类理财活动时，选择怎样的理财产品，参与怎样的理财市场，预期达到怎样的收益水平，需要理财规划师判断客户具有怎样的风险特征。个人理财追求资产增值最大化，但风险也随之增大，如果只考虑收益而不考虑风险，有时虽然可能实现收益的最大化，但当风险大到个人无法承受的程度时，个人会因风险的加大而最终导致本金损失殆尽。因此，客户的风险特征分析是成功理财的必要前置准备。一般来说，对客户风险特征的度量由风险承受能力和风险偏好两部分组成，风险承受能力偏客观，风险偏好偏主观，在主客观两个维度的共同评价分析下，便可得到客户的风险特征综合评价结果。

一、家庭风险特征之风险承受能力

风险承受能力反映的是客观上风险对客户的影响程度，影响客户风险承受能力的主要因素有年龄、职业状况、财富、学历与知识水平等。

（一）年龄

一般而言，客户年龄越大，所能承受的投资风险越低。因为年轻的客户“无所畏惧”，更具跌倒了再爬起来重新出发的勇气，而随着客户年龄的增长，其身上背负的责任越来越多，也越来越大，也就变得不敢冒险，其风险承受能力降低。

（二）职业状况

客户的职业可以对其风险承受能力产生直接影响，若客户为自由职业者，即使其某次的收入很高，但不稳定性是其最大的弱势，该客户的抗风险能力就较弱。若客户为公职人员，那么至少其工资收入稳定，在财富允许的范围内，其投资时的抗风险能力就较强。

（三）财富

客户进行风险投资时，其绝对风险承受能力由投入高风险资产的财富金额来衡量，而相对风险承受能力由投入高风险资产的财富比例来衡量。绝对风险承受能力随着财富的增加而增加，因为投资者会将更多的财富用来投资，而相对风险承受能力未必随着财富的增加而增强。

（四）学历与知识水平

一般来说，掌握专业技能或拥有高学历的人，对风险的认识更清晰，管理风险的能力更强，往往具有较高的风险承受能力。

除了以上客户自身客观存在的因素会影响其风险承受能力外，当仅涉及某一笔投资时，该笔投资的资金投资期限、目标弹性也会直接影响该笔投资的抗风险能力。如果用于投资的一项资金可以长时间持续进行投资而无须考虑短时间内变现，那么这项投资的风险承受能力就较强。相反，如果一项投资要准备随时变现，就要选择更安全、流动性更好的产品，那么这项投资的风险承受能力就较弱。投资理财的目标弹性越大，可承受的风险也就越高。若理财目标时间短且完全无弹性，则采取存款以保本保息是最佳选择。

虽然风险承受能力是偏客观的，但也会受到个人的性格、阅历、胆识、意愿等主观因素的影响，从而使得投资者主观上可以承受本金损失的风险程度不同，此时客户的风险承受能力也就不同。

理财规划师可通过表 2－4 简易测评出客户的风险承受能力。

表 2－4　风险承受能力评分表

	10 分	8 分	6 分	4 分	2 分
年龄	总分 50 分，25 岁以下者 50 分，每多 1 岁少 1 分，75 岁以上者 0 分				
就业状况	公职人员	工薪阶层	佣金收入者	自营事业者	失业者
家庭负担	未婚	双薪无子女	双薪有子女	单薪有子女	单薪养三代
置业状况	投资不动产	无房贷	房贷＜50％	房贷＞50％	无自用住宅
投资经验	10 年以上	6～10 年	2～5 年	1 年以内	无
投资知识	有专业执照	财经类专业	自修有心得	懂一些	完全不懂

如表 2－4 所示，在各个影响因素下，不同的状况得分不同，提示的风险承受能力水平也不同。比如在就业状况方面，一般公职人员客户由于就业单位的稳定性较高，其工作的稳定性也较高，所以其风险承受能力一般较高。而如果客户处于失业状态，则其风险承受能力明显较低。在家庭负担方面，如果客户单身一人，其风险承受能力就强。而若是“上有老、下有小”的状况，则在投资的时候需要考虑到父母和子女的生活问题，其风险承受能力就较弱。在置业状况方面，如果客户不仅有自住的住房，并且能投资不动产，相对而言能承受风险的能力就较强，因为即便损失其他资产，最后也可以通过变卖不动产来变现。在投资经验和投资知识方面，客户投资的经历越长，具备的专业

投资知识越多，就越能抵御风险，因此，其风险承受能力较强。通过表 2－4 风险承受能力评分表得到总分后，各分数段所代表的风险承受能力水平等级可参考表 2－5。

表 2－5　风险承受能力等级表

总分	80～100 分	60～79 分	40～59 分	20～39 分	0～19 分
风险承受能力等级	高承受能力	中高承受能力	中等承受能力	中低承受能力	低承受能力

二、家庭风险特征之风险偏好

客户的风险偏好更多是由主观决定的，与其自身的个性、所处的成长环境、文化氛围等因素有关。一般将客户的风险偏好分为五个等级，即非常进取型、温和进取型、中庸稳健型、温和保守型、非常保守型。

非常进取型的客户一般是相对比较年轻、有专业知识技能、敢于冒险、社会负担较轻的人士。他们敢于投资股票、期权、期货、外汇、股权、艺术品等高风险、高收益的产品与投资工具，他们追求更高的收益和资产的快速增值，操作的手法往往比较大胆。他们对投资的损失也有很强的承受能力。

温和进取型的客户一般是有一定的资产基础、一定的知识水平、风险承受能力较强的人士。他们愿意承受一定的风险，追求较高的投资收益，但是又不会像非常进取型的客户那样过度冒险，投资那些具有高度风险的投资工具。他们往往选择开放式股票基金、蓝筹股票等适合长期持有、有较高收益、风险也相对较低的产品。

中庸稳健型的客户既不厌恶风险，也不追求风险，对任何投资都比较理性。他们往往会仔细分析不同的投资市场、工具与产品，从中寻找风险适中、收益适中的产品，获得社会平均水平的收益，同时承受社会平均风险。这一类型的客户往往选择房产、黄金、基金等投资工具。

温和保守型的客户总体来说已经偏向保守，对风险的关注更甚于对收益的关心，往往以中老年人为主。他们更愿意选择风险较低而不是收益较高的产品，喜欢选择既保本又有较高收益机会的结构性理财产品。

非常保守型的客户一般是步入退休阶段的老年人群、低收入家庭、社会负担较重的大家庭以及性格保守的客户，往往风险承受能力很低，选择一项产品或投资工具首要考虑的是能否保本，然后才考虑收益。这类客户往往选择国债、存款、保本型理财产品、投资连结保险、货币与债券基金等低风险、低收益的产品。

对客户风险偏好的评估可以通过客户自评、填写问卷的方式。一般在设计题目时，可以从客户是关注收益更多一些，还是更偏向安全性的角度设计测评题目。也可以通过概率和收益的权衡设计测评题目，比如确定收益/不确定收益偏好法，在期望收益相等的情况下，给出两项选择：确定收益和不确定收益。再比如最低收益法，要求客户就可能收益而不是收益概率做出选择：一项投资有一半的可能性损失 1/3 资产，有一半的可能性得到一笔收益，你愿意承担此项风险的最低收益是多少。

通过表 2－6 风险偏好态度评分表简易测评客户的风险偏好情况。

表 2-6 风险偏好态度评分表

项目	10 分	8 分	6 分	4 分	2 分
首要考虑	赚短线差价	长期利得	年现金收益	抗通胀保值	保本保息
认赔动作	预设止损点	事后止损	部分认赔	持有待回升	加码摊平
赔钱心理	学习经验	照常过日子	影响情绪小	影响情绪大	难以忍受
最重要特性	获利性	收益兼成长	收益性	流动性	安全性
避免工具	无	期货	股票	房地产	债券
本金损失容忍度	总分 50 分，不能容忍任何损失为 0 分，每增加一个承受损失百分比，加 2 分，可容忍 25%以上损失者为满分 50 分				

如表 2-6 所示，对投资者风险偏好的测评，权重最大的是对本金损失的容忍度，对损失的容忍度越高，代表其风险偏好程度越高。另外，投资者在进入投资理财市场时，其风险偏好还会体现在其他方面，比如面对损失的处理和心态、选择投资的首要特性，以及避免损失的金融工具。不同投资者会做出不同的选择，有代表风险偏好的，即得分较高的选择，也有代表风险厌恶的，即得分较低的选择。得出总评分后，通过表 2-7 对投资者的风险偏好做出判断，总评分高于 80 分，属于风险激进型，也可以称为积极进取型，若得分很低，小于 20 分，则是风险极其厌恶型，也可以称为非常保守型。

表 2-7 风险偏好类型评分表

分值	80～100 分	60～79 分	40～59 分	20～39 分	0～19 分
风险偏好类型	积极进取型（高偏好）	温和进取型（中高偏好）	平衡型（中等偏好）	温和保守型（中低偏好）	非常保守型（低偏好）

三、家庭风险特征之综合评价

客户的风险特征，包括客观主导的风险承受能力和主观主导的风险偏好，综合评定后，得到更有意义、更为恰当的客户风险特征。客户风险特征与其投资规划密切相关，作为理财规划师，面对不同类型的投资者，为其推荐持有的产品类型各不相同。一般来说，建议保守型客户选择货币市场基金、养老保险、储蓄、债券等安全性高的投资工具，建议平衡型客户在储蓄、保险、债券等基础上，可适量增加基金、房地产、股票及其他风险投资工具的比例，建议进取型客户配置较高比例的股票、期货、外汇、互联网金融产品等高风险投资工具。

如何确定具体产品配置呢？我们可以通过前面得到的风险承受能力得分和风险偏好态度得分，得到表 2-8 所示的风险特征矩阵，据此向投资者提供建议。比如，客户风险评测结果是中等承受能力（53 分）和中等偏好（42 分），通过表 2-8 可以参考投资组合“货币类产品配置 10%、债券类产品配置 40%、股票类产品配置 50%”的方案进行资产配置。

表 2-8　风险特征矩阵

风险偏好态度	投资配置	风险承受能力				
		低承受能力（0～19分）	中低承受能力（20～39分）	中等承受能力（40～59分）	中高承受能力（60～79分）	高承受能力（80～100分）
低偏好（0～19分）	低收益货币类	70%	50%	40%	20%	10%
	固定收益债券类	30%	40%	40%	50%	50%
	高收益股票类	0	10%	20%	30%	40%
中低偏好（20～39分）	低收益货币类	40%	30%	20%	10%	10%
	固定收益债券类	50%	50%	50%	50%	40%
	高收益股票类	10%	20%	30%	40%	50%
中等偏好（40～59分）	低收益货币类	40%	30%	10%	0	0
	固定收益债券类	30%	30%	40%	40%	30%
	高收益股票类	30%	40%	50%	60%	70%
中高偏好（60～79分）	低收益货币类	20%	0	0	0	0
	固定收益债券类	40%	50%	40%	30%	20%
	高收益股票类	40%	50%	60%	70%	80%
高偏好（80～100分）	低收益货币类	0	0	0	0	0
	固定收益债券类	50%	40%	30%	20%	10%
	高收益股票类	50%	60%	70%	80%	90%

课后习题

一、单选题

1. 某人现年47周岁，事业蒸蒸日上，子女已读高中，根据生命周期理论，他应当属于（　　）阶段。

A. 家庭形成期　　B. 家庭成长期

C. 家庭成熟期　　D. 退休养老期

2. 某在校大学生，今年20周岁。根据生命周期理论，他应当优先选择（　　）理财策略，进行有效的理财。

A. 储蓄　　B. 风险投资

C. 大额消费　　D. 财产传承

3. 家庭形成期重点涉及的规划内容不包括哪一项？（　　）

A. 储蓄　　B. 资产配置

C. 养老金　　D. 保险

4. 子女教育规划常在家庭哪一个周期重点规划？（　　）

A. 家庭形成期　　B. 家庭成长期

C. 家庭成熟期　　　　D. 退休养老期

5. 家庭成长期的理财规划优先级排序正确的是（　　）。

A. 应急基金＞特殊目标规划＞子女教育规划＞资产增值规划

B. 应急基金＞特殊目标规划＞子女教育规划＞资产增值规划

C. 子女教育规划＞应急基金＞特殊目标规划＞资产增值规划

D. 子女教育规划＞资产增值规划＞应急基金＞特殊目标规划

6. 对于一笔准备随时变现的投资资金，投资者应该选择哪种类型的投资产品？（　　）

A. 高风险高收益的股票　　　　B. 流动性好的货币市场基金

C. 长期债券　　　　D. 房地产

7. 关于风险承受能力，以下哪个说法是正确的？（　　）

A. 年轻的客户，其风险承受能力较低

B. 学历越高的人，其风险承受能力一定越高

C. 财富越多的人，其风险承受能力一定越强

D. 职业稳定性强的客户，其风险承受能力相对较强

8. 影响风险承受能力的主观因素中，不包括以下哪一项？（　　）

A. 客户的性格　　　　B. 客户的投资经验

C. 客户的意愿　　　　D. 客户的家庭背景

二、多选题

1. 下列有关风险特征分析的描述，正确的是（　　）。

A. 不同的人有不同的风险偏好，同一个人在生命周期的不同阶段对风险的承受能力也不同

B. 一般而言，单亲家庭的风险承受能力相对较高

C. 一般而言，四代同堂家庭的风险承受能力相对较高

D. 一般而言，客户投资经验越丰富，财富实力越强，其风险偏好越激进

E. 一般而言，客户专业知识越强，学历越高，其风险偏好越激进

2. 家庭生命周期主要包括哪几个阶段？（　　）

A. 青年单身期　　　　B. 家庭形成期

C. 家庭成长期　　　　D. 家庭成熟期

E. 退休养老期

3. 下列有关各生命周期的理财规划的描述，正确的是（　　）。

A. 青年单身期的理财重点是储蓄，积累财富，做好现金规划

B. 形成期的家庭需重点关注投资规划，选择激进型理财产品，快速提升家庭财富

C. 成长期的家庭在做好资产配置的同时，还要考虑到家庭教育需求、养老需求等

D. 步入成熟期的家庭必然考虑的是退休养老生活的安排

E. 在退休养老期，需要重点做好财产分配与传承规划

4. 下列有关各生命周期的财务状况的描述，正确的是（　　）。

A. 退休养老期不宜有未还清的贷款，更不宜新增负债

B. 青年单身期的财务状况容易出现入不敷出

C. 成长期家庭的财富实力达到顶峰，净资产额度可以达到最高值

D. 成熟期家庭的负债额度会达到最高值，家庭收入日益增长，不断提升家庭的财富实力

E. 形成期家庭的收入一般以夫妻两人收入为主，支出也以两人支出为主，家庭资产会不断积累

5. 通常下列哪些因素会影响客户的风险承受能力？(　　)

A. 客户的年龄　　B. 客户的性别

C. 客户的财富总量　　D. 客户的投资经验

E. 客户的职业稳定性

6. 当考虑单独一笔投资的风险承受能力时，以下哪些因素是重要的？(　　)

A. 投资的资金投资期限　　B. 投资的目标弹性

C. 投资者的年龄　　D. 投资者的婚姻状况

E. 投资者的学历

三、简答题

1. 个人理财活动中，人的生命周期具体可以划分为青年单身期、家庭形成期、家庭成长期、家庭成熟期、退休养老期五个阶段。不同的生命周期阶段各自具有怎样的特征？请填写下表。

生命周期	时期特征	财务能力	规划重点
青年单身期			
家庭形成期			
家庭成长期			
家庭成熟期			
退休养老期			

2. 结合自身情况，利用风险特征分析测评工具，进行自身（或所在家庭）的风险特征分析。

项目三　掌握个人理财计算工具

项目目标

知识目标

1. 理解货币时间价值的含义
2. 掌握现值与终值的概念与计算
3. 掌握年金的概念以及不同年金模式下的计算
4. 理解有效年利率的含义，掌握其与名义年利率的计算
5. 掌握净现值与内部报酬率的概念与计算

能力目标

1. 了解货币时间价值，进行实践性投资活动
2. 联系实际，熟练计算现值与终值
3. 结合现实环境，熟练运用年金模式进行测算
4. 分析对比市场中常见的有效年利率
5. 利用净现值或内部报酬率对投资项目进行分析

素养目标

1. 触类旁通，举一反三
2. 独立思考，创新开拓

案例引入

基金定投即基金定期定额投资，是指每隔一段固定时间以固定的金额投资于同一只开放式基金。随着互联网金融的发展，各大交易平台均可以实现自动化的基金定投，即“约定时间、约定扣款额、自动扣款投资”。基金定投不再考虑所谓合适的入市时点，华尔街有句投资箴言：“要在市场中准确地踩点入市，比在空中接住一把正在落下的飞刀更难!”所以通过这种方式进行投资并长期持有，可以达到降低整体风险，获得平均化收益的目标。

现实生活中，基金定投是储备教育金、养老金的首选工具。由于通货膨胀的影响，人们对大额的教育金和养老金心生畏惧，但若善用基金定投，尽早规划，坚持长期投资，就会获得可观的收益。规则的基金定投也是年金的一种形式，通过年金

这种规则的系列现金流，加上时间的积累，充分利用货币时间价值和复利效益，投资效益将会十分可观。

基金产品发展不断壮大，基金定投也随着金融科技和人工智能的发展而不断发展，智能定投方式应运而生。所谓智能定投，是在传统定期定额投资方式基础上的一种创新模式，通过嵌入一定的择时机制，使“定期”或“定额”中的一个方面或两个方面具备一定的弹性，实现低位多投、高位少投，及时保住利润，优化持有成本，从而达到增加利润、保住利润的效果。

思考：基金定投具有怎样的特征？在实践中常被用于满足怎样的需求？在金融科技与人工智能的背景下，基金定投的发展将会如何？

任务一　认知货币时间价值

理财活动中，不免涉及资金与投资周期，也不免需要对比分析不同时点下的资金价值，而此时都需要考虑资金的时间价值。在个人理财中，货币时间价值是进行分析的一个重要理论依据，是投资分析与收益计算不可忽视的一个重要因素。

一、货币时间价值的概念

货币时间价值（Time Value of Money）是指货币随着时间的推移而增加的价值。货币时间价值是投资和理财理论中最重要的一个概念。由于货币具有时间价值，因此同等金额未来的钱和现在的钱的价值是不一样的。比如现在的 100 万元和 10 年后的 100 万元，其价值显然不一样。如果让你来选择，你肯定选择现在拥有 100 万元，而不会选择 10 年后拥有 100 万元。因为现在如果你有 100 万元的话，就可以通过合理投资或存款获利。例如存一年定期，按一年定期整存整取利率 1.5%计算，一年后将增值为 101.5 万元。其中的 1.5 万元就是货币时间价值。在实际应用过程中，我们通常以银行利率作为货币时间价值。

由于货币有时间价值，因此不管是你现在手上持有的货币，还是存入银行的货币，抑或拿来投资项目的货币，都是有成本的。这个成本就是经济学中所说的“机会成本”。在经济生产中，机会成本是指当把一定的经济资源用于生产某种产品时放弃的另一些产品生产的最大收益。在生活中泛指在做出选择后其中一个最大的损失。货币时间价值也是一种机会成本，如果你将货币存入银行，那么你就丧失了投资其他项目获得的收益。同样，如果你将货币投资到其他项目上，你就丧失了存入银行可获得的利息，这些都是机会成本的概念。

二、货币时间价值的表现

（一）货币时间价值差异的形成原因

西方常说的“放在桌上的现金”（Cash on the Table），喻指人们没有充分地利用资金的获利机会，白白浪费了货币该有的时间价值。货币时间价值表现为同一数量的货币在不同时点下具有不同的价值差异，差异可能是正向增值，也可能是反向贬值。

同一货币量在不同的时点出现价值差异，其原因包括：（1）货币可以满足当前消费或用于投资而产生回报，具有机会成本。在西方，大多数经济学家都认为货币的时间价值是对货币所有者推迟消费的耐心给予的报酬。（2）通货膨胀可能造成货币贬值。市场经济中，通货膨胀是不可避免、不可忽视的，当经济具有一定的通胀水平时，现钞的市场购买力便自然受到影响，那么货币必然存在贬值风险。（3）投资可能造成货币升值。投资活动是具有投资风险的，需要得到风险报酬补偿，进而投资可以使得货币升值。高风险的投资需要高回报的补偿，反之则需要低回报的补偿。

（二）货币时间价值大小的影响因素

具体而言，影响货币时间价值大小的因素包括：（1）时间因素。时间与时间价值的大小直接相关，资金被占用（即放弃其他使用机会）的时间越长，所需获得的价值补偿越大，所以它们之间成正比关系。（2）收益率和通货膨胀率。收益率是决定货币未来增值程度的关键因素，起到正向效果，而通货膨胀率是货币实际购买力下降的反向贬值因素。（3）累积方式，即计息方式。投资期间，计息方式一般分为单利计息与复利计息，单利是以最初的本金作为计算收益的基数，而复利则以本息和作为基数，也被称为利滚利，可以产生比单利更多的收益倍增效益。所以，更能体现货币时间价值、时间积累效益的是复利计息方式。

（三）货币时间价值的体现形式

货币时间价值的体现形式，最主要的是利息。一方面，利息是货币拥有者因放弃资金使用权而享有的补偿。另一方面，它是货币使用者（借贷者）使用资金在经济上所支付的代价。利息实质上是货币资金在向生产与流通过程注入并回流时所带来的增值额。

货币时间价值的体现形式，还可以是利率。利率是在现实中最常被使用的一种形式。利息是货币时间价值的绝对数表示形式，而利率是货币时间价值的相对数表示形式。在现实的理财实务中，货币时间价值更偏向于利率这种相对数的表示形式，因为它便于人们将不同规模的理财决策方案进行直接比较。在日常生活中，我们会接触到各种形式的利率，如存款利率、贷款利率、债券利率等。一般来说，不考虑风险和通货膨胀因素时的社会资金平均收益率或平均报酬率，才是严格意义上的货币时间价值。

一般而言，利率是一定时期内的利息额与借贷资金额（本金）的比率，通常用百分比表示。利率的计算公式是：

$$利率=一定时期内的利息额/本金\times 100\%$$

利率的时间单位称为计息周期，一般计息周期为年，也可以是月或者日等，相对应表示为年利率、月利率、日利率等。除非特别指明，在计算利息时，给出的利率通常为年利率，对于计息周期不足 1 年的利息，一般以 1 年等于 12 个月、等于 360 天来折算。这样的默认操作，也达到了便于人们将不同持续期的投资理财方案进行直接比较的目的。

知识链接

神奇的“72 法则”

所谓“72 法则”，就是以 1%的复利来计息，经过 72 年以后，你的本金就会变成原来的一倍。这个公式好用的地方在于它能以一推十。例如，利用 5%年报酬率的投资工具，经过 14.4 年（72/5）本金就变成原来的一倍；利用 12%的投资工具，则要 6 年（72/12）就能让 1 元钱变成 2 元钱。

虽然利用“72 法则”不像查复利表计算那么精确，但得出的结果十分接近，因此当你手中没有复利表时，记住简单的“72 法则”，或许能够帮你不少忙。

任务二　认知现值与终值

简单来说，理财就是在一定时期内对家庭财务进行专业打理的活动。在这个时期内，必然要考虑货币时间价值。因为货币时间价值的存在，所以同一笔资金在不同时点是具有不同价值的。最为特殊的两个不同时点为这段时期的“一头”和“一尾”。“一头”的价值为现值，“一尾”的价值为终值。下面我们分析最为常见、最为重要的两个概念，即终值与现值。

一、终值的定义与计算公式

终值是指现在一定量的货币资金以恰当的计息方式，经过一定时期后，在将来某一时点上的价值。最易理解的终值形式为一笔存款的本利和。现实中一般存款的终值为单利终值。在两种计息方式下，将终值划分为单利终值和复利终值。

一笔现金流的单利终值是指现在一定量的货币资金按单利的方式只对最初的本金计算利息，而不对各期产生的利息计算利息，在经过一定时期后得到的本利和。单利终值的计算公式为：

$$F=P\times(1+r\times n)$$

一笔现金流的复利终值是指现在一定量的货币资金按复利的方式不仅对最初的本金计算利息，而且对各期产生的利息也计算利息，在经过一定时期后得到的本利和。复利终值的计算公式为：

$$FV=PV\times(1+r)^{n}$$

这里需要强调的是，在后续的投资分析中，没有特殊说明的情况下，计算终值都默认采用复利。

二、现值的定义与计算公式

现值是指未来一定量的货币资金，在一定时期内以恰当的利率计算得到的现在的价值。一般地，将此时期内使用的利率称为折现率或贴现率。将已知终值求现值的过程称为折现或贴现。与终值类似，源于两种计息方式，现值的计算也可以分为单利现值与复利现值两种情况，且可以通过终值公式推导出现值公式。

单利现值是指将未来一定量的货币资金按单利的方式计算得到的现在的价值。单利现值的计算公式为：

$$P=F/(1+r\times n)$$

复利现值是指将未来一定量的货币资金按复利的方式计算得到的现在的价值。复利现值的计算公式为：

$$PV=FV/[(1+r)^n]=FV\times(1+r)^{(-n)}$$

这里需要强调的是，在后续的投资分析中，没有特殊说明的情况下，计算现值都默认采用复利。

三、现值与终值计算模型

（一）单利终值与单利现值

例 3-1：王阿姨将手头的 6 万元存入银行，选择的是 5 年期定期存款，存款利率为 4.5%。请问：（1）5 年后到期时，王阿姨可以取回多少钱？（2）如果王阿姨想在 5 年后能够拿到 8 万元，同样是选择该银行的 4.5%、5 年的定期存款，现在存入 6 万元够吗？她应该存入多少钱才能满足她的设想？（说明：银行的普通定期存款为单利计息）

分析：（1）这是一个为期 5 年的时间段，以单利方式计息，6 万元是现在的资金，即现值，将要求解的是 5 年后的终值。（2）8 万元是将来的资金，即终值，将要求解的是现值。可以简单地利用公式进行求解，也可以利用 Excel 进行模式化求解此类问题。

求解：利用 Excel 设计此类问题的解题模式。

问题（1）的输出计算结果在对应的单元格 E4 中，是以选中对应单元格的方式嵌入的公式，更新已知条件后，Excel 会瞬时得到新的计算结果。

E4 fx =B3*(1+B4*B5)

	A	B	C	D	E
1	已知现值求终值				
2	已知条件		求解过程		
3	本金P	600000		计算公式嵌入	输出计算结果
4	单利利率r	4.50%	单利终值	=P*(1+r*n)	735000
5	期限（年）n	5			

问题（2）的输出计算结果在对应的单元格 K4 中，是以选中对应单元格的方式嵌入的公式，更新已知条件后，Excel 会瞬时得到新的计算结果。

K4 =H3/(1+H4*H5)

	G	H	I	J	K
1	已知终值求现值				
2	已知条件		求解过程		
3	终值F	800000		计算公式嵌入	输出计算结果
4	单利利率r	4.50%	单利现值	=F/(1+r*n)	653061.224
5	期限（年）n	5			

（二）复利终值与复利现值

例 3－2：某企业因项目运营中出现暂时性的资金短缺，现想找银行进行贷款，资金占用时长为 3 年，需要的贷款金额为 40 万元，银行的贷款利率为 6%。（1）如果选择到期一次性还清，该企业届时需要准备多少资金用于还款？（2）如果该企业通过综合的、全面的预算分析，预计经过 3 年的良性运转会产生持续性的收入，届时有一笔至少 50 万元的资金流入，现在打算向银行贷款解决暂时性的资金短缺问题，若仍然选择贷款利率为 6%，期限为 3 年的贷款产品，那么该企业最多能向银行贷款多少，在贷款到期时，可用预计的收入 50 万元用于还款？（说明：银行贷款的计息方式为复利计息）

分析：（1）这是一个为期 3 年的时间段，以复利方式计息，40 万元是现在的资金，即现值，将要求解的是 3 年后的终值。（2）50 万元是将来的资金，即终值，将要求解的是现值。可以简单地利用公式进行求解，也可以利用 Excel 进行模式化，求解此类问题。

求解：利用 Excel 设计此类问题的解题模式。

问题（1）的输出计算结果在对应的单元格 F4 中，是以选中对应单元格的方式嵌入的公式，更新已知条件后，Excel 会瞬时得到新的计算结果。

F4 =B3*(1+B4)^B5

	A	B	C	D	E	F
1	已知现值求终值					
2	已知条件		求解过程			
3	本金PV	400000		计算公式嵌入		输出计算结果
4	利率r	6.00%	复利终值	公式计算	FV=PV*(1+r)^n	476406.40
5	期限（年）n	3		函数计算		

另外，也可以利用 Excel 中常见的财务函数来完成计算，此时使用的是 FV 函数。问题（1）的输出计算结果在对应的单元格 F12 中，是以选中对应单元格的方式嵌入函数中的，更新已知条件后，Excel 会瞬时得到新的计算结果。同时需要说明的是，利用财务函数得到的结果与公式计算得到的结果的绝对值是一样的，但财务函数自动判定了资金在最开始是流入的方向，那么在时期的最后就是资金流出的方向。在该计算中，使用的是正的本金 40 万元，由财务函数计算得到的期末终值为负的 47 万余元，这是因为资金的流动方向不同。在使用财务函数时，需要特别关注资金的流动方向，否则有可能会影响计算的正确性。

F12 fx =FV(B11,B12,0,B10,0)

	A	B	C	D	E	F
8	已知现值求终值					
9	已知条件		求解过程			
10	本金PV	400000	复利终值	计算公式嵌入		输出计算结果
11	利率r	6.00%		公式计算		
12	期限（年）n	3		函数计算	=fv(rate,nper,pmt,[pv],[type]	¥-476,406.40

继续求解案例的后半部分，即问题（2）。可以利用公式来完成计算。其中，问题（2）的输出计算结果在对应的单元格 M4 中，是以选中对应单元格的方式嵌入的公式，更新已知条件后，Excel 会瞬时得到新的计算结果。

M4 fx =I3/(1+I4)^I5

	H	I	J	K	L	M
1	已知终值求现值					
2	已知条件		求解过程			
3	终值FV	500000	复利现值	计算公式嵌入		输出计算结果
4	利率r	6.00%		公式计算	PV=FV/(1+r)^n	419809.64
5	期限（年）n	3		函数计算		

另外，也可以利用 Excel 中常见的财务函数来完成计算，此时用的是 PV 函数。问题（2）的输出计算结果在对应的单元格 M12 中，是以选中对应单元格的方式嵌入函数中的，更新已知条件后，Excel 会瞬时得到新的计算结果。同样的，此时返回的结果是负数，函数中使用的终值是正的 50 万元，可以理解为，银行为了在期末有 50 万元的资金流入，在期初需要发放一笔 41 万余元的贷款，此时即负向的资金流出。对比前文，我们可以发现，同样是围绕着同一笔贷款业务，从银行或者企业各自某一方的角度出发，资金的流向是不同的，发放了 41 万余元的贷款，对银行而言是资金流出，而对于得到这笔贷款的企业而言却是资金的流入。到期时用于还款的 50 万元，对于银行而言是资金的流入，而对于企业而言是资金的流出。所以在分析问题时，一定要清晰自己站在哪一方，否则资金的流向会出现混乱，有关资金的计算也会出现错误。

M12 fx =PV(I11,I12,0,I10,0)

	H	I	J	K	L	M
8	已知终值求现值					
9	已知条件		求解过程			
10	终值FV	500000	复利现值	计算公式嵌入		输出计算结果
11	利率r	6.00%		公式计算		
12	期限（年）n	3		函数计算	=pv(rate,nper,pmt,[fv],[type]	¥-419,809.64

知识链接

Excel 中常用的财务函数——FV 和 PV 函数

1. FV 函数

FV 函数的功能是基于固定利率及等额分期付款方式，返回某投资的未来值，其语法为：

=FV(rate，nper，pmt，pv，type)

式中，rate为期间利率，是一个固定值。nper为总投资期限或贷款期限，即该项投资或贷款的付款期总数。pmt为各期所应付的或得到的金额，其数值在整个年金期间（投资期限或贷款期限）内保持不变。如果忽略pmt，则必须包括pv参数。pv为现值，即从该项投资或贷款开始计算时已经入账的款项或一系列未来付款当前值的累积和，也称为本金。如果忽略pv（即其值为0），则必须包含pmt参数。type变量的取值为数字0或1，用于指定各期的付款时间是在期初还是期末，即期间的年金是期初年金还是期末年金。type为0，表示期末。type为1，表示期初。如果省略type，则默认其值为0。

值得注意的是，FV函数认定年金pmt和现值现金流量的方向与计算出的终值现金流量的方向是相反的。即：如果年金pmt和现值是付款，则计算出的终值就为收款；反之，如果年金pmt和现值是收款，则计算出的终值就为付款。因此当pmt和pv参数都以正数存放在工作表的单元格中时，计算出的FV结果就为负数。为了得到FV为正数（即绝对值）的结果，需要在输入pmt和pv参数时加上负号。

2. PV函数

PV函数的功能是基于固定利率及等额分期付款方式，返回某投资的现值，现值为一系列未来付款的当前值的累积和，其语法为：

=PV(rate,nper,pmt,fv,type)

式中，fv为未来值，或在最后一次支付后希望得到的现金余额。如果省略fv，则默认其值为0。其他各参数含义如同上述的FV函数。当参数pmt为0时（或省略），利用PV函数就可以求得未来一笔款项的复利现值。

值得注意的是，与FV函数一样，PV函数认定年金pmt和终值现金流量的方向与计算出的现值现金流量的方向是相反的。即如果年金pmt和终值是付款，计算出的现值则为收款。为了使计算出的现值显示为正数，应在输入pmt和fv参数时加上负号。

任务三　认知年金

理财活动中，现值与终值的应用是常见的，此外，还会用到一种稍复杂的计算工具——年金。我们用图示的方式展示现金流，一个箭头代表一项资金，向上的箭头代表资金的流入，向下的箭头代表资金的流出，细实线的箭头代表已知的资金流入流出情况，空心线的箭头代表待求的资金流入流出情况。下面给出几个详细的示例。

已知一笔正向的现值，求5期后的终值：

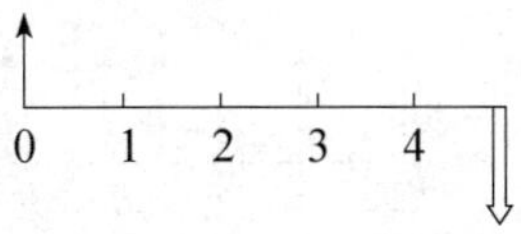

已知一笔正向的终值，求 5 期前的现值：

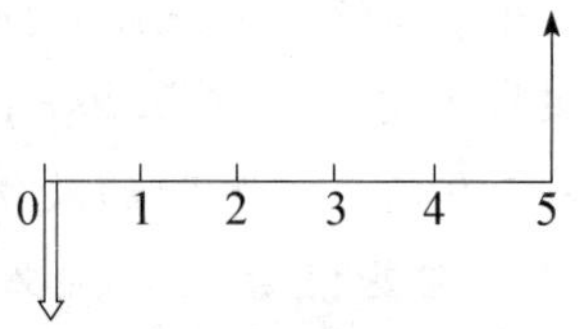

已知一笔为期 5 期的正向年金，求其终值：

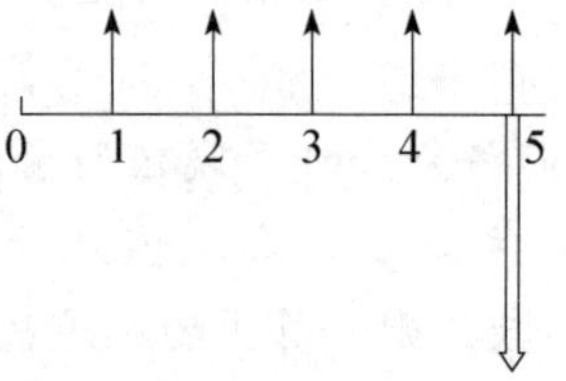

一、年金的定义

年金是指在一定期限内，每期都有一笔相同金额（大小和方向均相同）的收付款项。年金实际上是一组相等的现金流序列，这一组现金流序列所代表的年金自身就包含了期限，是一笔为期几期的年金。比如是一笔为期 5 期的年金，那么此年金在现金流的示意图中，就会有五根箭头，且箭头长短一致，方向相同。

二、年金的种类

为期 5 期的一笔年金，在每期都有一笔相等金额的描述下，每期的期初发生这笔金额、每期的期末发生这笔金额，这是年金的两种形式。每期期初发生一笔相同金额的收付款项，为先付年金，又叫期初年金（见下图）。每期期末发生一笔相同金额的收付款项，为后付年金，又叫期末年金。一般来说，后付年金又称为普通年金。人们在不强调年金特殊形式时，默认为普通年金。

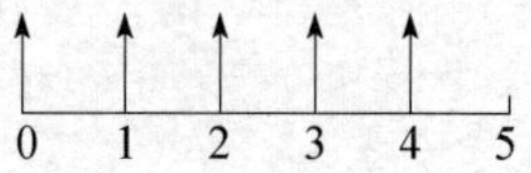

另外，较为特殊的年金形式包括延期年金和永续年金。在一定时期以后才开始发生的普通年金，称为延期年金。在无限期内发生的普通年金，称为永续年金。

延期 3 期后的为期 4 期的年金示意图如下：

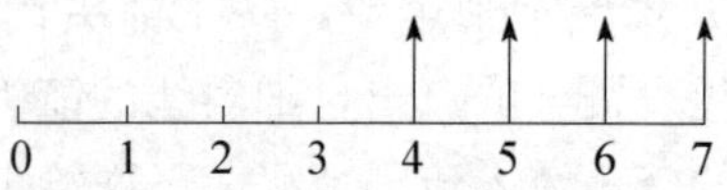

永续年金（n 趋于无穷大）示意图如下：

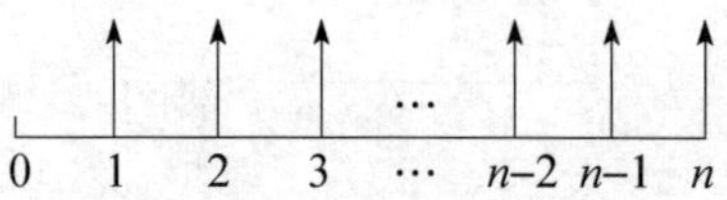

现实生活中常见的普通年金如固定利息收入、定期分红、定期投资收益、养老金的领取等。以固定利息收入为例，在将本金投入某产品后，约定每年年底获得固定的一份利息收入，那么这笔每期都有的固定的利息收入就是一笔年金，且为普通年金。当然，生活中也有常见的先付年金，如租金、学费等。以学费为例，在确定入学深造后，每学年的年初都要缴纳固定的学费，直至学制年限，那么这笔每期期初都需要缴纳的学费就是一笔年金，且是先付年金。

三、求解年金的终值与现值

首先，利用 Excel 建立计算模型。

已知有以下四种年金系列：（1）普通年金 5 000 元，期限 6 年；（2）先付年金 5 000 元，期限 6 年；（3）延期年金 5 000 元，递延了 3 年后，年金期限为 6 年；（4）永续年金 5 000 元。假定所有计息期间的利率均为 8%，现在需要在 Excel 中建立计算模型，用于分别计算每笔年金的现值和终值。特别说明，对于永续年金，只能计算出其现值，其终值为无穷大，并无极限值，所以无法计算得出。

在 Excel 中建立计算模型的具体步骤如下：

（1）设计计算模型的已知条件区域的内容，以及计算结果区域的内容，如下图所示。

	A	B	C	D	E	F	G	H
1	已知条件							
2	普通年金		先付年金		延期年金		永续年金	
3	年金（元）		年金（元）		年金（元）		年金（元）	
4	期限（年）		期限（年）		年金的期限（年）		年利率	
5	年利率		年利率		递延期（年）			
6					年利率			
7								
8	计算结果							
9	普通年金		先付年金		延期年金		永续年金	
10	终值（元）		终值（元）		终值（元）			
11	现值（元）		现值（元）		现值（元）		现值（元）	

（2）将题目中的已知条件依次输入，如下图所示。

	A	B	C	D	E	F	G	H
1	输入数据区域							
2	普通年金		先付年金		延期年金		永续年金	
3	年金（元）	5000	年金（元）	5000	年金（元）	5000	年金（元）	5000
4	期限（年）	6	期限（年）	6	年金的期限（年）	6	年利率	8%
5	年利率	8%	年利率	8%	递延期（年）	3		
6					年利率	8%		
7								
8	计算结果区域							
9	普通年金		先付年金		延期年金		永续年金	
10	终值（元）		终值（元）		终值（元）			
11	现值（元）		现值（元）		现值（元）		现值（元）	

（3）在单元格 B10 中输入公式“＝FV(B5,B4,－B3)”，计算普通年金的终值。

（4）在单元格 B11 中输入公式“＝PV(B5,B4,－B3)”，计算普通年金的现值。

（5）在单元格 D10 中输入公式“＝FV(D5,D4,－D3,,1)”，计算先付年金的终值。

（6）在单元格 D11 中输入公式“=PV(D5,D4,−D3,,1)”，计算先付年金的现值。

（7）在单元格 FI0 中输入公式“=FV(F6,F4,−F3)”，计算延期年金的终值。

（8）在单元格 F11 中输入公式“=PV(F6,(F4+F5),−F3)−PV(F6,F5,−F3)”，或者输入公式“=PV(F6,F5,,−PV(F6,F4,−F3))”，计算延期年金的现值。

（9）在单元格 H11 中输入公式“=H3/H4”，计算永续年金的现值。

完成第（3）至（8）步骤之后的运行结果如下图所示。

	A	B	C	D	E	F	G	H
1	已知条件							
2	普通年金		先付年金		延期年金		永续年金	
3	年金（元）	5000	年金（元）	5000	年金（元）	5000	年金（元）	5000
4	期限（年）	6	期限（年）	6	年金的期限（年）	6	年利率	8%
5	年利率	8%	年利率	8%	递延期（年）	3		
6					年利率	8%		
7								
8	计算结果							
9	普通年金		先付年金		延期年金		永续年金	
10	终值（元）	36679.65	终值（元）	39614.02	终值（元）	36679.65		
11	现值（元）	23114.40	现值（元）	24963.55	现值（元）	18348.95	现值（元）	62500

其次，我们结合现实中的投资理财等活动，进一步分析求解不同年金形式下的现值与终值。

例 3-3：理财产品 ABC，持续期要求固定在每年年初存入 10 000 元，期间投资收益率保持在 5%，问持续投资 10 年后，产品金额将会变成多少？

分析：投资具有存续期，且在存续期内每个固定的时间间隔都有一笔资金的流入或流出，这便是年金的概念，所以题目要求一笔为期 10 期，金额为 10 000 元的先付年金，期间利率为 5%，10 年后，这笔年金的终值。

求解：利用 Excel 函数求解，即：=FV(rate,nper,pmt,[pv],[type])=FV(5%,10,−10 000,0,1)=132 067.87。

例 3-4：某人出国 3 年，请你代付房租，每年租金 50 000 元，设银行存款利率为 5%，问他应当现在给你在银行存入多少钱？假设此笔银行存款为复利计息。

分析：租金不仅代表着年金，而且代表着先付年金，一般来说，租金应在年初支付，所以题目要求一笔为期 3 期，金额为 50 000 元的先付年金，期间利率为 5%，其现值是多少。

求解：利用 Excel 函数求解，即：=PV(rate,nper,pmt,[Fv],[type])=PV(5%,3,−50 000,,1)=142 970.52。

例 3-5：某投资项目，持续期 5 年，其间按 5.8%复利收益，要求每年年末投入固定的、相等的金额，总共三个档：1 000 元，5 000 元和 10 000 元，到期后，一次性连本带利返还。如果老王选择每年投入 5 000 元，到期后老王能收回多少钱？

分析：老王选择每年都投入 5 000 元，便形成了一笔金额为 5 000 元，期限为 5 年的普通年金。到期一次性连本带利返还，即这笔年金的终值。

求解：利用 Excel 函数求解，即：=FV(rate,nper,pmt,[pv],[type])=FV(5.8%,5,−5 000,0,0)=28 073.13。

例 3-6：现有一款福利基金，期初一次性投入一笔钱，买入该份福利基金后，可以在 5 年后，每年年初返还一笔固定收益额，连续返 10 年，随着最后一次返回收益，该福利基金的净值归零，假定该福利基金的期间复利利率为 6.8%。如果老王想 5 年后每年的年初都能有 20 000 元用于生计，那他现在应该一次性投入多少钱购买该份福利基金？

分析：老王想要每年年初都有一笔固定金额的资金流入，这 20 000 元即为年金，其期限为 10 年，期间利率为 6.8%。老王的愿望需要通过购买一款福利基金来实现，该基金的持续期为 15 年，其中前 5 年类似是封闭期，不可支取，从第 6 年开始，每年年初都有一笔固定“分红”，所以从该基金的 15 年存续期出发，这笔 20 000 元的基金是一笔先付年金的递延年金，递延期为 5 年。问的是要利用该款福利基金实现愿望，需要在当期一次性购买多少额度，即求解其现值。严格来说，不能直接对应计算模型中的递延年金模型，而需要微调求解函数中的 type 参数值。

求解：参考计算模型中的已知递延年金求其现值，同时在利用函数求解时，将对应参数 type 值设置为 1。利用 Excel 函数求解，即：=PV(6.8%,15,20 000,0,1)−PV(6.8%,5,−20 000,0,1)=−108 975.42。

例 3-7：建立一项永久性的奖学金，每年计划发 10 000 元，若期间利率为 10%，那么现在应当存入多少钱？

分析：奖金是现实中常见的永续年金，因为其是无期限地持续下去的。永续年金没有终值，但其现值是存在的。将每笔年金分别以固定的折现率折现到即期，按序形成的便是一个等比为 q（小于 1）的等比数列，而这样的等比数列求和是具有极限值的。这里我们暂不讨论数学上的极限求解方法，采用逆向思维，假设即期（0 时刻）存入银行一笔资金，约定存续期间保持固定的收益率，且在每年年末取出采用固定收益率计算的利息，这笔利息就是一笔永续年金。而这笔永续年金的现值，就是我们在即期存入的本金。所以，永续年金（利息）的现值就等于永续年金（利息）除以利率，利息除以利率就是其本金。

求解：选择计算模型中的已知永续年金求其现值，此题的答案为 10 000/10%=100 000。

四、求解年金额度

前文主要是在清楚知道有关年金的全部信息，包括年金的金额、期限、期间利率等信息的前提下，求解其现值或终值。此部分介绍仅知道理财活动中有年金形式的资金流入流出，如何求解年金额度。

例 3-8：拟在 5 年后拿出 10 000 元用于还清债务，从现在起每年年末等额存入一笔款项。假如选择投资产品 ABC，其期间利率为 5%（复利），则每年需要存入多少资金？

分析：10 000 元是 5 年后需要使用的一笔资金，即终值，在 5 年这个期间内，每年都有一笔等额的金额，即年金，是我们所要求的变量，所以这是已知终值求普通年金。

求解：可以利用 Excel 设置计算模型，见下图。利用 Excel 函数求解时需要使用的是 PMT 函数，即：=PMT(rate,nper,pv,[fv],[type])=PMT(5%,5,0,10 000,0)=−1 809.75。

已知终值求普通年金	
已知条件	
终值（元）	10000
期限（年）	5
利率（年利率）	5.00%
计算结果	
年金函数	PMT(rate,nper,pv,[fv],[type])
普通年金	¥-1,809.75

知识链接

Excel 中常用的财务函数——PMT 函数

PMT 函数的功能是基于固定利率及等额分期付款方式，返回贷款的每期付款额，其语法为：

＝pmt(rate，nper，pv，fv，type)

式中，type 是年金变量 pmt 的类型参数，取值为 0 或 1。若取值为 1，则年金类型为期初年金，若取值为 0（忽略该取值默认为 0），则年金类型为期末年金，即普通年金。其他各参数含义如同前述的 FV 函数与 PV 函数。另外，PMT 函数求解得到的年金的流量方向与已知变量 pv 和 fv 的流量方向及绝对值大小有关，需要具体问题具体分析。

例 3-9：甲以 12%的利率借得 100 000 元，期限为 10 年，该借款要求到期一次性还本付息。甲打算用这 10 万元投资于某个寿命为 10 年的项目，若每年年末获得的投资收益相等，则每年至少要收回多少元该投资才可行？

分析：若将借款全部投资于该项目，则期初投资的 100 000 元即为现值，投资后每年年末的投资收益即为普通年金。对于投资人而言，这笔普通年金的额度越高越好，至少要能覆盖项目期初投入资金的借贷成本（借款利率 12%），那么将该项目的期间投资收益率定义为 12%，按此利率得到的每年固定的收入，就刚好与资金的借贷成本持平。所以，此题目是已知现值求普通年金。

求解：可以利用 Excel 设置计算模型，见下图。利用 Excel 函数求解，即：＝PMT(rate，nper，pv，[fv]，[type])＝PMT(12%，10，－100 000，0)＝17 698.42。

已知现值求普通年金	
已知条件	
现值（元）	100000
期限（年）	10
利率（年利率）	12.00%
计算结果	
年金函数	PMT(rate,nper,pv,[fv],[type])
普通年金	¥17,698.42

例 3-10：秦先生打算购买一套总价为 300 万元的婚房，购买该房要求首付比例为 30%，秦先生现在手中有可以作为首付的资金 100 万元，他想多贷款，手头留些资金应付装修等需求。从首付比例来看，秦先生最多能贷款多少？银行可以提供给秦先生的贷

款额度可达 250 万元，贷款时间为 30 年，贷款利率为 6%。那么按照秦先生希望的最多贷款额，在该银行贷款后，按等额本息还款，每月应该还款多少钱?

分析：购房政策中，有严格的首付比例要求，以题目中的 30%为例，300 万元的房子，至少要付 30%即 90 万元的首付，最多贷款 70%（210 万元）的贷款，所以秦先生会贷款 210 万元。秦先生在购房初期就获得了银行提供的贷款 210 万元，用 30 年慢慢还清。按照等额本息的还款方式，每月固定的还款额即为年金，但此年金的期限是 30 年，并不能直接匹配按每个月间隔进行还款的还款额（年金），所以这笔还款额（年金）的期限应该描述为 360 个月，同样，这笔年金的期间利率应该为月利率 0.5%（6%/12）。值得说明的是，经过 360 个月的等额本息还款后，债务还清，即终值为零。

求解：可以利用 Excel 设置计算模型，见下图。利用 Excel 函数求解，即：=PMT(rate,nper,pv,[fv],[type])=PMT(0.5%,360,2 100 000,,0)=−12 590.56。

特殊年金导致期限与利率的特殊处理	
已知条件	
现值（元）	2100000
期限（年）	30
利率（年利率）	6.00%
期限（月）	360
利率（月利率）	0.50%
计算结果	
年金函数	PMT(rate,nper,pv,[fv],[type])
普通年金	¥-12,590.56

例 3-11：小王 5 年后要上大学了，老王准备给小王购买一份教育基金，老王打算把手头的 5 万元全部用于买入该份基金，该基金约定 5 年后每年年初返回大学教育基金，持续期按 8%的复利计息。在返还 4 年后，此基金净值归零。问这笔基金可以给小王上大学期间每年多少教育基金?

分析：每年年初返回的教育基金是先付年金，为期 4 期，但这笔教育基金从投资开始到领完，持续期间应为 9 期，所以严格地说，这笔先付年金是一笔延期的先付年金。在使用 PMT 函数时，没有对应延期时期的变量，所以我们需要将持续期 9 期分割成两个阶段，将后半段完整且严格的 4 期年金划分出来，这个时期也被称为目标实现期。那么我们前半段（通常被称为准备期）最初的 5 万元投资额如何参与 4 期年金活动中呢?我们需要将最初的 5 万元作为现值，求解 5 年后的终值，而此笔终值就是我们目标实现期 0 时刻的现值，此时便可以转化为已知现值求先付年金了。同时，需要强调的是，第 5 年年末第 6 年年初的这个时点十分特别，它既是前半段的期末又是后半段的期初，一般我们将此时点称为“基准点”。

求解：可以利用 Excel 设置计算模型，见下图。首先按该基金期间的 8%的复利利率，计算最初投资的 5 万元 5 年后的终值，即：=FV(rate,nper,pmt,[pv],[type])=FV(8%,5,,−50 000,0)=73 466.40。此值将作为后半段实现期的现值，进一步完成求解。

使用 PMT 函数，即：=PMT(rate,nper,pv,[fv],[type])=PMT(8%,4,−73 466.40,,1)=20 538.00。

递延先付年金需转换为先付年金		
已知条件		
准备期	最初值（元）	50000
	期限（年）	5
	年利率	8.00%
目标实现期	**"基准点“值**	**此时刻的值连接了准备期和实现期，既是准备期的终值，又是实现期的现值。**
	期限（年）	4
	年利率	8.00%
计算结果		
"基准点“值	¥73,466.40	
先付年金	¥20,538.00	

任务四 认知有效年利率

一般来说，市场中的理财产品给出的收益率多为年化收益率。这里强调年化，是因为其理财产品本身可能持续期不到一年，没有直接的年度利率，比如是为期半年的产品，给出的是半年利率。或者是理财产品虽会持续很多年，也直接给出了年度利率，但实际操作中却不以年度间隔进行计息，比如每个月度进行计息。鉴于市场中的产品各具特色，为了让投资者们能够直观地对比分析，各个产品都会给出年化收益率。以余额宝的收益为例，每日都有收益，且每日的收益都会随市场的波动而变化。余额宝选择展示给投资者的收益率是七日年化收益率，这方便与市场中其他产品的年化收益率进行对比，又将收益的表现情况延长至近七日的表现中，更具代表性和有效性。其实，余额宝的七日年化收益率就是典型的有效年利率。

一、有效利率与名义利率

与有效利率对应的是名义利率。在给定了年利率 i，但每年计息 m 次的情况下，给定的年利率 i 仅是名义年利率，而按一年的实际年利息与本金之比所计算的年利率称为有效年利率（用 r 代表有效利率）。我们通过下面的题目分析求解以及推导得出名义利率与有效利率之间的关系。

现给出名义年利率为 i，每年计息 m 次，那么现在的一笔资金在 n 年末的终值将达到多少？同时，设这笔资金投资期间 n 的有效年利率为 r。我们使用名义利率 i 和有效利率 r 分别求解终值：

$$FV=PV\cdot\left(1+\frac{i}{m}\right)^{mn} \tag{3-1}$$

$$FV=PV\cdot(1+r)^{n} \tag{3-2}$$

从式（3-1）中可以看出，在计息周期并不是名义利率对应的期限间隔时（名义利率为年利率，但计息周期并不是年），在进行终值计算时，应以对应的期限利率 i/m 代替原来的年利率，以总的计息期数 mn 代替原来的年数。另外，如果仅是为了求解终值，我们仍然可以利用 Excel 的 FV 函数来计算，只是需要将其中的 rate 参数以对应期限利率输入，将 nper 参数以总的计息期数输入即可。

下面将式（3-1）和式（3-2）联立消元化简，便可以得到名义利率 i 与有效利率 r 之间的关系，可以表达成以下两个公式：

$$r=\left(1+\frac{i}{m}\right)^{m}-1 \tag{3-3}$$

$$i=m[(1+r)^{(1/m)}-1] \tag{3-4}$$

利用上面的公式，可以分别通过已知名义利率 i 求解有效利率 r 和已知有效利率 r 求解名义利率 i。在 Excel 中同样有相应的财务函数可以直接完成求解。

如果已知名义年利率求解有效年利率，可以利用 EFFECT 函数来计算。EFFECT 函数的功能是利用给定的名义年利率和一年中的复利期数，计算有效年利率，其语法为：

=EFFECT(nominal_rate,npery)

式中：nominal_rate 为名义年利率；npery 为每年的复利期数。

如果已知有效年利率求解名义年利率，可以利用 NOMINAL 函数来计算。NOMINAL 函数的功能是基于给定的有效年利率和年复利期数，返回名义年利率，其语法为：

=NOMINAL(effect_rate,npery)

式中：effect_rate 为有效年利率；npery 为每年的复利计息期数。

当公式中的 m 趋于无穷大时，也是函数中 npery 趋于无穷大时，上面的计算方法无法得到确切的答案，此时我们需要引入极限求值法。

在计算资金时间价值的过程中，如果每年复利的次数 m 趋近于无穷大，则这种情况下的复利称为连续复利。连续复利情况下的有效年利率 r 与名义年利率 i 之间的关系为：

$$r=\lim(1+i/m)^{m}-1=e^{i}-1 \tag{3-5}$$

式中：e 为自然对数的底数，e≈2.718 28。

在连续复利的情况下，根据已知的现值计算其 n 年末复利终值的计算公式为：

$$FV=\lim_{m\to\infty}PV\cdot\left(1+\frac{i}{m}\right)^{mn}=PV\cdot e^{in} \tag{3-6}$$

$$FV=PV\cdot[1+(e^{i}-1)]^{n}=PV\cdot e^{in} \tag{3-7}$$

式（3-6）是用极限求解，式（3-7）是用有效年利率求解。

如果已知一笔资金连续复利 n 年后的终值为 FV，也可以求得对应的连续贴现的现值，其计算公式为：

$$PV=\lim_{m\to\infty}FV\cdot\left(1+\frac{i}{m}\right)^{-mn}=FV\cdot[1+(e^{i}-1)]^{-n}=FV\cdot e^{-in} \tag{3-8}$$

在连续复利的情况下计算有效年利率、终值或现值，需要用到自然对数的底数 e，精准的数值可以利用 Excel 提供的 EXP 函数计算求得。EXP 函数的功能是返回 e 的 n 次幂，其语法为：

=EXP(number)

式中：number 为底数的指数。

二、实例求解

例 3－12：债券 A，持续期 5 年，每月计息一次，约定期间利息均用于再投资，票面利率为 5%。债券 B，持续期也是 5 年，每年计息一次，约定期间利息均用于再投资，票面利率为 5.08%。理性投资者应该选择哪款产品？

分析：债券 B 的利率期限为年度，计息周期也为年度。因此，债券 B 的有效年利率为 5.08%。债券 A 的利率期限与计息周期是不一致的，所以需要测算其有效年利率。通过对比两者的有效年利率，投资者应选择更高者。

求解：在 Excel 中建立计算模型，同时使用公式法和函数法求解债券 A 的有效年利率。结果见下图，求得债券 A 的有效年利率约为 5.12%，大于 5.08%。所以理性投资者应该选择投资债券 A。

F2　=(1+B2/B3)^B3-1

	A	B	C	D	E	F
1	已知条件				计算结果	
2	名义利率	5%		有效利率-公式	r= (1+i/m) ^m-1	0.051162
3	计息次数	12		有效利率-函数	EFFECT(nominal_rate,npery)	0.051162
4	持续期	不直接影响有效利率				

例 3－13：若名义年利率为 6%，只要计息周期不是年度，比如是月度、季度等，那么有效年利率就不再等于 6%，而是会逐渐变大的，能增大到无穷吗？有极限值吗？

分析：只要不是按名义利率对应的周期进行计息，即在其对应的周期内计息次数 m 大于 1，那么其有效利率就会增大。随着 m 的增加，计息频率增加，期间产生的增值效益增加，导致期间的有效利率增大，当 m 趋于无穷大时，便是连续复利，连续复利情况下具有极限值，有效利率与名义利率的关系为 $r=e^i-1$。下面在 Excel 中完成求解。

求解：我们设置一个模型，以固定的名义利率 6% 为基础，设置不同的计息次数 m，取值包括 1，2，6，12，365，1 000，5 000，20 000 等，分别计算有效利率。并利用连续复利的有效利率公式，计算得出连续复利的有效利率。最后我们简单绘制一条折线，能更直观地发现随着计息次数 m 的增加，有效年利率的变化情况。

I6　=EFFECT(B2,I5)

	A	B	C	D	E	F	G	H	I	J
1	固定值				计算有效利率选择的方法					
2	名义利率	6%			计息次数m有限时		函数effect			
3					连续复利时		r=e^i-1			
4	有效利率随着计息次数的变化情况									
5	每年计息次数（次）	1	2	6	12	365	1000	5000	20000	连续复利
6	有效年利率	6.000000%	6.090000%	6.152015%	6.167781%	6.183131%	6.183464%	6.183616%	6.183645%	6.183655%

其中 I6 单元格的公式为“=effect(B2,I5)”，J6 单元格的公式为“=EXP(B2)-1”。

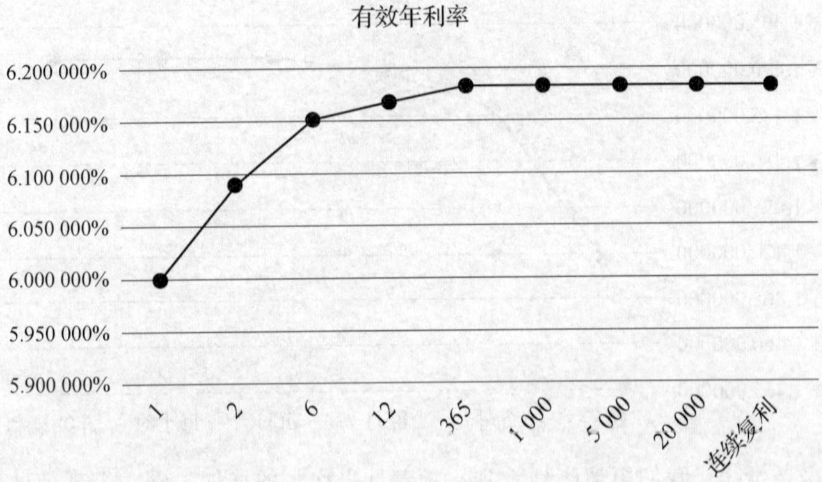

通过这条折线，我们更清晰地看到，随着计息次数的增加，有效年利率在不断增大，但并不是无限增大的，而是有个极限值，在连续复利情况下有效年利率最大约为 6.183 655%。

例 3-14：现有一笔初始投资 1 000 元，名义利率为 8%，分别按每年、每月、每天、每小时以及连续复利的方式进行计息，分别求解 5 年后的终值。

分析：已知现值求终值，这里我们利用 FV 函数进行求解，在赋值各变量时，需要同步调地调整变量利率 rate 和期限 nper，计息是月度，那么利率就是月利率，期限就是月期数。在求解连续复利计息方式下的终值时，可以先求解出有效年利率，再按年利率和期限进行求解。

求解：这里我们设置一个模型，以固定的初始投资 1 000 元为基础，设置不同期间的利率和不同期间的期数，分别计算终值。在连续复利的情况下，先计算出有效年利率，再计算得到连续复利的终值。最后我们简单绘制一条折线，能更直观地发现随着计息次数的增加，同一笔现值且同一个名义利率，经过不同的计息频率，所得到的终值的变化情况。

F11　=FV(F9,F10,,-B2)

	A	B	C	D	E	F	G	H
1	固定值			计算有效利率选择的方法				
2	现值（元）	1000		非连续复利时		将利率和期限同步调，再利用函数FV		
3	期限（年）	5		连续复利时		先求解r=e^i-1，再利用函数FV		
4	名义年利率	8%						
5								
6	终值随计息次数的增加而增长的变化情况							
7		每年	每季	每月	每日	每小时	连续复利	
8	每年计息次数	1	4	12	365	8760	无穷大	
9	对应利率	0.08	0.02	0.006666667	0.000219178	9.13242E-06	8.328707%	
10	对应期限	5	20	60	1825	43800	5	
11	终值	¥1,469.328077	¥1,485.947396	¥1,489.845708	¥1,491.759314	¥1,491.821973	¥1,491.824698	

其中 F11 单元格的公式为“=FV(F9,F10,,-B2)”，G9 单元格的公式为“=EXP(B4)-1”。

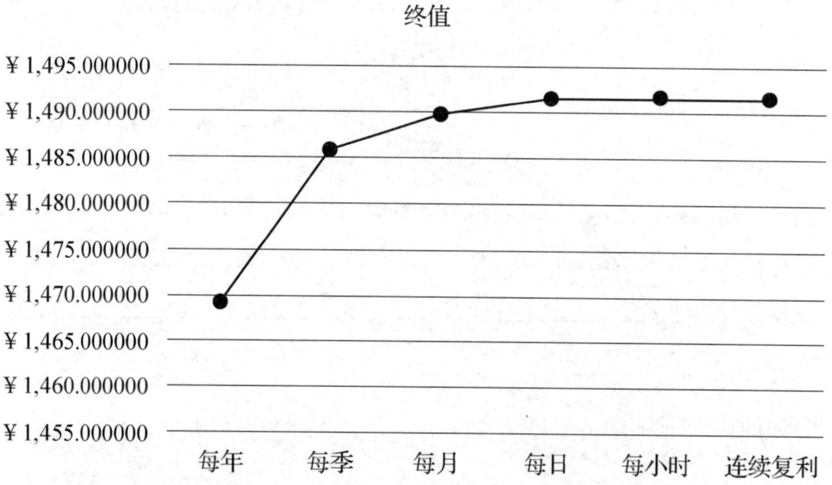

通过这条折线，我们更清晰地看到，随着计息次数的增加，同一笔现值的终值在不断增大，但并不是无限增大的，而是有个极限值，在连续复利情况下最大终值约为1 491.824 698。

任务五 评价分析之净现值与内部报酬率

在对某个投资项目进行评价或分析可行性时，常以期间收益率为参考。在计算规则的现金流时，直接使用Excel函数RATE即可，后面会用一个例子进行说明。但如果遇到的是不规则的现金流，函数RATE是无法求解的，此时需要用到的是内部报酬率IRR。IRR是将一笔投资形成的系列现金流求解得到净现值，并将净现值归为0时的期间利率。此外，常用来评价项目可行性的还有一个变量，即净现值NPV。

一、净现值

净现值（NPV）法的基本原理是通过选定某一固定贴现率，对一笔现金流进行计算，以此得到净现值的大小来判定该项目是否可行。

净现值是指在预定的贴现率下，投资项目持续期各期现金流入量的总现值与各期现金流出量的总现值之差，它反映了项目投资的新增价值额。净现值的一般计算公式为：

$$NPV=\sum_{t=0}^{n}\frac{CI_t}{(1+i)^t}-\sum_{t=0}^{n}\frac{CO_t}{(1+i)^t}=\sum_{t=0}^{n}\frac{NCF_t}{(1+i)^t} \tag{3-9}$$

式中，CI_t 为投资项目第 t 年的现金流入量，CO_t 为投资项目第 t 年的现金流出量，NCF_t 为投资项目第 t 年的净现金流量，i 为贴现率，n 为投资项目的寿命期，t 的取值为 $0,1,2,\cdots,n$。

如果项目的投资额在期初一次性发生，即初始投资额为 K，则净现值的计算公式也可以表达为：

$$NPV=\sum_{t=1}^{n}\frac{NCF_t}{(1+i)^t}-K$$

式中，t 的取值从 1 开始，将即期的资金流入流出单独列出。在 Excel 的函数中，NPV 函数的取值也是从 1 开始的，函数计算的是将第 1 时刻以及之后的资金流入流出贴现到第 0 时刻进而得到的净现值。需要注意的是，其实与真正意义上的净现值差了此式中的 K 值。

用净现值指标评价投资项目的基本准则是，净现值大于 0 的项目为可行项目。净现值法不但考虑了资金的时间价值因素，而且能明确反映出一项投资使企业增值的数额大小，所以是进行投资项目评价的最重要的指标之一，在投资活动中被广泛使用。但计算时选择使用的期间贴现率是关键，一般来说并不容易合理确定。

二、Excel 中的 NPV 函数

NPV 函数的功能是基于一系列现金流和一个固定的贴现率，返回一项投资的净现值。这里的投资净现值是指未来（从第 1 时刻开始的）各期现金流的现值总和。语法为：

＝NPV(rate,value1,value2,…)

式中：rate 为期间贴现率，是一固定值；valuel，value2 等分别代表第 1 时刻，第 2 时刻等的支出或收入的参数值。valuel，value2 等所属各期间的长度必须相等，即间隔必须一致，保持在每年或每月等。而且现金流的时间都发生在期末，所以最早发生的第一期的第一笔现金流是第 1 时刻的，而不是即期第 0 时刻的。

在使用 NPV 函数时，需要注意以下几点：

第一，NPV 函数可以包含的现金流是从 valuel 开始（没有 value 0），它只能计算在同一贴现率下，各期现金流发生在每年年末，且第一笔现金流必须是第一年年末的一组现金流量（即一组 values 值）的净现值。如果第一笔现金流发生在第一期的期初（即第 0 时刻），则需在利用 Excel 函数计算完 NPV 后，再将第一笔现金流与前面的结果相加得到最终结果，而不应包含在 values 参数中。Excel 的 NVP 函数的 value 值最多允许 254 个参数。

第二，如果参数是数值、空白单元格、逻辑值或表示数值的文字表达式，则都会计算在内。因此，在没有现金流的年份，对应的单元格中应输入“0”，而不应该为空白单元格，否则会造成错误计算；如果参数是错误值或不能转化为数值的文字，则被忽略。

第三，如果参数是一个数组或引用，则只有其中的数值部分计算在内，将会忽略数组或引用中的空白单元格、逻辑值、文字及错误值。

三、内部报酬率

一般来说，内部报酬率（IRR）又称内部收益率，是指使投资项目的净现值为 0 时的贴现率，计算公式为：

$$NPV=\sum_{t=0}^{n}\frac{NCF_t}{(1+IRR)^t}=0 \tag{3-10}$$

式中：IRR 为项目的内部收益率，其他符号的含义如前所述。

从式（3-10）中可以看出，内部报酬率与净现值有着紧密的联系，在对某项目进行评价时，两者具有可替代性。前文提到在计算净现值时，不易准确合理地确定期间贴现率，而内部报酬率就刚好解决这一难题。当然，得到内部报酬率的大小之后，用于比较分析的基准利率也需要慎重选择，这样才能利用内部报酬率对项目的可行性做出合理准确的判断。

内部收益率反映了投资项目实际获得的年投资报酬率。一般来说，用内部收益率评价投资项目的基本准则是：内部收益率大于投资者要求的收益率的项目为可行项目；投资者要求的收益率即企业的资金成本率或企业设定的基准收益率。

利用传统的内部收益率评价投资项目的优点是既考虑了资金的时间价值，又考虑了项目在整个寿命期内的全部情况，并且仅利用项目本身的信息就可以求得计算结果，因而在实践中也得到了广泛应用。这种方法的缺点是按照上述方法计算项目的内部收益率时，有时会出现无解或多个解的情况。现实中，可以利用修正内部收益率法来解决这类问题，在 Excel 中利用的是 MIRR 函数，这里不展开阐述。

四、Excel 中的 IRR 函数

IRR 函数的功能是返回由数值代表的一组现金流的内部收益率。这些现金流不必是均衡的，但类似年金的等间隔形式，它们必须按固定的间隔产生，如按月或按年。内部收益率为投资的回收利率，其中包含定期支付（负值）和定期收入（正值）。该函数的语法为：

=IRR(values,guess)

式中：values 为一组现金流的数组或使用单元格引用，包含用来计算返回的内部收益率的全部数据；guess 为对函数 IRR 计算结果的猜想值。

有关该函数的说明如下：

第一，必须包含至少一个正值和一个负值，以计算返回的内部收益率。因为函数 IRR 测算的是一笔完整的投资项目的内部报酬率，该项目必定有资金的投入与资金的返回，既有正向资金也有负向资金。函数 IRR 根据数组中数值的顺序来解释现金流的顺序，故需要按准确无误的顺序输入支付和收入的数值，从而形成正确的数组。如果数组引用文本、逻辑值或空白单元格，则这些数值将被忽略。

第二，Excel 使用迭代法计算函数 IRR。从 guess 值开始，函数 IRR 进行循环计算，直至结果的精度达到 0.000 01%。如果函数 IRR 经过 20 次迭代，仍未找到结果，则返回错误值 #NUM!。在大多数情况下，并不需要为函数 IRR 的计算提供 guess 值。如果省略 guess，则假设它为 0.1（10%）。如果函数 IRR 返回错误值 #NUM!，或结果没有靠近期望值，那么可用另一个 guess 值再试一次。

第三，当投资项目各年的净现金流量不相同，即无法构成严谨的年金形式时，使用

IRR 函数计算内部收益率会比较方便。

五、相关例子分析

例 3－15：企业正在组织决策是否投资项目甲。利用以下条件进行分析后，你会给出怎样的建议？

项目启动，首先需要初始投资 100 万元，在第一年年末继续投入 10 万元，在第二年年末投入 4 万元，在第三年年末便可以产生收入 20 万元，第四年年末的收入为 30 万元，第五年年末的收入为 40 万元，第六年末的收入为 30 万元，第七年年末的收入为 20 万元，第八年年末的收入为 10 万元，截止到第八年年末项目终止。企业要求的投资报酬率为 8%。

分析：该项目从其投产到终止，有前期的资金投入，也有后期的项目收入。考虑该项目是否值得投资，企业自身有要求的报酬率，即 8%，这也是该项目计算净现值时用到的期间贴现率。我们利用 Excel 的 NPV 函数进行求解，需要注意的是，函数 NPV 中的变量从 value1 开始，并不包括 0 时刻的初始投资 100 万元，最终真正意义上的净现值需要包含 100 万元的初始投资。

求解：在 Excel 中设置计算模型，主要利用的函数为 NPV。首先需按相同间隔列出第 1 期至第 8 期的现金流入流出额，正向的资金为正号，负向的资金为负号。如果某期没有资金的流入流出，那么一定要列入资金额为 0。利用函数 NPV 求解后，还需将 0 时刻的资金核算进来，以此得到真正意义上的净现值。

I8　=NPV(B3,B7:I7)

	A	B	C	D	E	F	G	H	I
1	固定的已知条件								
2	0时刻初始投资	-1000000							
3	期间贴现率	8%							
4									
5	按相同间隔依次列清楚现金流入流出情况后进行求解								
6	各期限	1	2	3	4	5	6	7	8
7	各期现金流入流出的净值	-100000	-40000	200000	300000	400000	300000	200000	100000
8	净现值-函数NPV	公式：=NPV(8%,-100000,-40000,200000,300000,400000,300000,200000,100000)						结果	¥884,398.39
9	净现值-最终真正的结果	公式：=I8-1000000						结果	¥-115,601.61

利用净现值指标评价项目可行性的基本原则为净现值大于 0，视为可行，计算的最终结果为－115 601.61＜0，所以此投资项目不可行。

例 3－16：现有两个项目，作为理性投资者，请你对比哪个项目更好。

项目 A，期初投入 20 万元，持续期为 8 年，每年年末可以获得 32 207.19 元，在第 8 年年末获得 32 207.19 元后，净值归零。

项目 B，期初投入 20 万元，持续期为 8 年，从第 2 年年末开始获得收益。第 2 年年末可以获得 3 万元，第 3 年至第 6 年年末可以获得 18 万元，第 7 年年末可以获得 3 万元，第 8 年年末可以获得 3 万元，且在第 8 年年末项目截止，净值归零。

分析：两个项目具有完整的资金流入流出情况，比较两个项目的优劣，可以选择类似有效年利率的指标，计算期间收益率情况。项目 A 中，现金流是规则的，所以可以直接使用 RATE 函数；项目 B 中，现金流是不规则的，所以使用 IRR 函数。在求解出每个项目的期间收益率后，收益率高者更优。当然，现实中的项目评价对比，还需要综合考虑其他因素，比如资金占用期、期间风险性与不确定性等因素。

求解： 设置Excel计算模型，列出完整的项目现金流。项目A的计算过程如下图所示，直接使用的是RATE函数，注意年金与现值的正负号问题，最后一个变量为guess，可以不填，默认从10%开始测试。

J4 fx =RATE(J2,C3,B3,0,0,)

	A	B	C	D	E	F	G	H	I	J
1	项目A的资金流情况：其中第1至第8期是一笔规则的普通年金形式									
2	时期	0	1	2	3	4	5	6	7	8
3	各时期的净现金流	-200000	32207.19	32207.19	32207.19	32207.19	32207.19	32207.19	32207.19	32207.19
4	内部报酬率IRR	公式：=RATE(8,32207.19,-200000,0,0,)							结果	6.00%

对于项目B，计算时使用的是IRR函数，按0，1，2，…，8的顺序列清晰所有现金净流量后，可以在输入IRR函数的第一个变量values数组时，直接用引用方式，选中单元格B9至J9即可，最后一个变量为guess，可以不填，默认从10%开始测试。

J10 fx =IRR(B9:J9,)

	A	B	C	D	E	F	G	H	I	J
6										
7	项目B的资金流情况：典型的不规则现金流									
8	时期	0	1	2	3	4	5	6	7	8
9	各时期的净现金流	-200000	0	30000	40000	50000	50000	40000	30000	30000
10	内部报酬率IRR	公式:=IRR({-200000,0,30000,40000,50000,50000,40000,30000,30000},)							结果	6.47%

项目A的期间收益率为6.00%，项目B的期间收益率为6.47%，收益率更高的项目B更优。另外，可以看到项目B虽然在投资的第一期期末没有收益，但从第三期开始，其收益高于项目A的“均价”收益32 207.19元，这样会使得项目B比项目A更快地收回成本，相对来说，未来不确定性导致的收益中断的风险会有所降低。

课后习题

一、单选题

1. 企业A向银行申请了一笔贷款30万元，贷款期限为8年，贷款利率为年利率5.8%，若企业A选择到期一次性还清，届时需要准备出（　　）元。

A. 470 984.48　　B. 439 200　　C. 438 912.58　　D. 476 900

2. 客户甲来到银行办理一笔定期存款，三年期的年利率为3.8%，若客户甲存入10万元，则到期时能一次性取出（　　）元。

A. 11 183.69　　B. 112 005.42

C. 111 400　　D. 111 080

3. 公司A最近接到一个项目，持续期为10年，期初一次性投入一笔资金后，期末到期一次性连本带息给予回报，预计最低保证收益率为5.5%。为了在期末保证收到90万元的回报，则期初至少应该投入（　　）元。

A. 489 045.91　　B. 500 641.33

C. 500 892.24　　D. 526 887.52

4. 拟在5年后还清10 000元债务，从现在起每年年初等额存入一笔款项。假如银行存款利率为 5%，按复利计息，则每年需要存入（　　）元。

A. 1 809.75　　B. 1 723.57

C. 1 683.25　　D. 1 670.82

5. 目前大学学费平均每年为 6 000 元，假设学费平均上涨率为每年 3%，邢女士的 8 岁女儿预计在 18 岁读大学时，平均每年学费的近似值为（　　）元。

A. 7 800　　B. 8 063

C. 9 920　　D. 10 134

6. 假设通货膨胀率是 3%，40 岁的张某如果想要在 65 岁时拥有相当于现在 20 万元价值的资产，请问以当年价格计，张某 65 岁时需要拥有（　　）万元的资产。

A. 41.12　　B. 44.15

C. 40.66　　D. 41.88

7. 乙做了一笔投资，第一年实际利率是 5.8%，第二年增至 6%，第三年降至 5.5%，则他期初投资的 10 万元在第三年末变为（　　）元。

A. 116 865　　B. 117 639.9

C. 118 316.14　　D. 118 200.09

8. 某人出国 4 年，请你代付房租，每年租金为 6 000 元，设某理财产品期间投资收益率为 5.5%，按复利计息，他应当现在给你存入（　　）元，才可以满足后续的租金支取。

A. 18 020.60　　B. 22 493.79

C. 18 350.10　　D. 22 187.60

9. 每年年末存入银行 1 000 元，银行存款利率为 5%，按复利计息，则第 10 年年末的本利和是（　　）元。

A. 13 206.79　　B. 12 745.49

C. 12 577.89　　D. 12 099.13

10. 李女士看中一处房产，该房产总价为 700 万元，现可负担的首付为 400 万元，打算向银行申请贷款 300 万元，贷款 30 年，贷款利率 6%，约定为每月等额本金还款，请问第一个月的还款额为（　　）元。

A. 17 986.52　　B. 23 333.33

C. 28 019.75　　D. 31 111.11

11. 王先生在 4S 店准备购买一辆心仪已久的 SUV 小轿车，销售价格为 30 万元，4S 店可以提供优惠贷款利率为 3%、贷款期限为 5 年的贷款额度 20 万元，并约定按月等额本息还款，那么王先生支付 10 万元首付提车后，需要为 20 万元的贷款每月还款多少元？（　　）

A. 2 590.22　　B. 2 695.3

C. 3 593.74　　D. 3 695.3

12. 某学校拟建立一项永久性奖学金，每年计划发 10 000 元，若利率为 6%，按复利计息，现在应当存入（　　）元。

A. 166 666.67　　B. 167 734.72

C. 169 333.33　　　　D. 172 413.79

13. 某款投资产品标注的名义年利率为4.04%，但其每季度都计息一次，并转入本金中继续在下一个季度计息，以此类推，那么这款产品的实际有效年利率为（　　）。

A. 4.10%　　　　B. 4.13%

C. 4.93%　　　　D. 5.60%

14. 名义年收益率为20%，对于半年付息一次的债券而言，实际收益率为（　　）。

A. 20%　　　　B. 21%

C. 22%　　　　D. 23%

二、案例分析题

1. 现给55岁老人提供一款养老基金产品，现期一次性缴存5万元、10万元、20万元不同的金额，5年之后，每年年末返回一定的养老金，持续返20年后终止，该基金净值为零。若遇老人80岁前发生变故，可以提前一次性全额支取。该基金在持续期内按8%的复利计息，由社区上一级的基金组织保障该8%的收益。如果55岁的王大爷选择一次存入10万元，那么在他60岁那年年末可以领到多少养老金？

2. 某项目持续期为15年，期间收益率可以保证为5.5%，允许每年的年初按固定额度取出，最后一期净值归零。老王刚退休，觉得自己的退休金不够用，所以打算通过该项目补充自己的养老金。如果老王想通过这个项目每年年初再多3 500元来补充自己的养老金，那么老王现在应该拿出多少钱一次性投入，来满足他的这个需求？

3. 现有两个投资项目：项目A，期初投入2万元（2万元起投），持续期为4年，期末能收回25 059.52元。假设项目A在未来10年内都会一直存续，且保持一样的收益率；项目B，期初投入5万元（5万元起投），持续期为8年，期末能收回72 754.57元。你现在手头有60 000元，你会选择哪个项目？项目结束后你可以获得多少钱？

4. 现有两个项目，相关资料如下，请你对比哪个项目更优些：

项目A，期初投入20万元，持续期为8年，每年年初可以获得28 834.76元，第8年年初获得28 834.76元时，净值归零。

项目B，期初投入15万元，持续期为6年，每年年初可以获得28 271.78元，第6年年初获得28 271.78元时，净值归零。

项目四　掌握家庭财务报表的编制与分析

项目目标

知识目标

1. 掌握家庭财务信息与非财务信息的构成
2. 掌握家庭资产种类与家庭负债种类
3. 理解资产与负债的存量概念
4. 掌握家庭常见收入种类与支出种类
5. 理解收入与支出的流量概念
6. 掌握家庭现金流量表的概念
7. 掌握财务比率的计算与使用

能力目标

1. 能够和客户进行良好沟通，收集客户理财分析基础资料
2. 能够正确核定资产额度、负债额度，规范化编入资产负债表中
3. 能够系统地梳理家庭的收入与支出，规范化编入家庭收入支出表中
4. 能够全面梳理家庭现金流入流出信息，规范化编制现金流量表
5. 能够利用现金流量表进行未来资金规划
6. 能够正确计算财务比率，并能够做出分析诊断
7. 能够通过财务诊断，给出调整建议

素养目标

1. 提升财务意识，理性消费、积累财富
2. 树立正确的理财观、价值观、人生观

案例引入

理财从记账开始

你是否了解自身的财务状况？你的财务、你的资金是否由你掌控？生活中你是否遇到过这样的困扰：为什么攒不下来钱？钱去哪儿了？如何跟钱好好“谈谈话”？

专业的解答是一笔笔记录、一笔笔整理、一笔笔分析，最后综合评判。我们先抛开专业的理财规划，尝试体验或使用记账类小程序，比如支付宝的小程序“记账

本”、“多人记账本”、“支付宝小荷包”以及微信小程序“微信记账本”等典型记账类小工具。通过使用记账本至少能够基本了解与自己有关的钱是怎么来的又是怎么花的。

“微信记账本”是微信自身的公众号，关注进入后，便可以直接使用记账本功能，它最大的优势是可以直接嵌入由微信服务端支付和收入的所有资金，查看到每笔收入或支出的资金，同时可以利用统计功能查看某个月的消费，发现其中的大额消费。也可以通过月度对比，发现常规消费（比如餐饮、交通）在哪个月度（或哪个时间）有异常。这种一目了然的实时的统计图表，可以更好地帮助我们打理自己的资产，合理规划自己的消费。当然，“微信记账本”也留出了独创设置的空间，在设置分类管理时，可以自行添加专属于自己的分类，比如汽车保养，在每笔收入支出的明细中，我们可以通过“记一笔”将800元的消费支出记录在“汽车保养”的分类下。

支付宝官方“记账本”小程序的独特功能是可以直接嵌入由支付宝服务端支付和收入的所有资金，查看每笔收入或支出的资金，同时可以利用统计功能查看、对比分析、发现问题。该功能针对的是总账本的统计，细分了周报和月报两个板块，主要统计各分类的占比。当然，支出与收入的分类可以自行增加，相对来说，支付宝的分类要比微信的类目更多，一般不需增设分类。支付宝额外提供了可以设置其他账本的功能，比如，选择增设系统内给出的其他账本“养娃账本”后，支付宝会根据分析自动将部分资金同时归入“养娃账本”，比如在淘宝买的儿童衣物支出就会归入“养娃账本”中。当然，我们在自行记账时，可以同时选择对应的新增账本和默认必选的总账本，计入金额后完成记账，这样想专门看某个账本的资金情况会更加方便。另外，还有一个给明细设置标签的功能。设置标签后，便会显示已经设置的各个标签下的总计收入与支出情况。在使用中完全可以根据个人需求进行设置。

支付宝小程序中还有允许多人同步记账的“多人记账本”，一个家庭建立一个小圈子，家庭基本的生活开销全部记录在案，全家人都清楚资金的流动情况。“支付宝小荷包”的特殊之处是可以边存钱边花钱，同时自动记账。孩子与父母建立一个小圈子，孩子主要负责存钱，父母主要负责花钱，在一个账户下，可以看到大家的消费记录，形成一种无处不在又悄无声息的关注与关爱。

思考：市面上最新的理财记账工具还有哪些？尝试使用，发现其优缺点。

任务一 收集家庭财务数据以及非财务数据

客户要进行理财规划，就要清楚掌握客户自身的财务状况。客户的非财务状况也是理财规划重要的分析依据，比如客户的风险特征情况，而风险特征受客户年龄、职业等个人信息的影响。所以我们不仅要全面收集整理客户的财务信息，还要收集整理非财务数据。

一、非财务数据

首先要了解客户的基本信息，信息越完整、越全面越好，可以提前设计好信息表格，请客户逐一填写，如表 4-1 所示。

表 4-1　客户基本信息

信息	客户本人	客户配偶	家庭其他成员
姓名或与客户关系			
联系电话			
联系地址			
学历			
职业			
出生年月			
健康状况以及家族病史情况			
工作年限			
拟退休年龄			
其他（特殊爱好等）			
金融投资知识情况			

（一）职业

作为理财师，在得知客户的职业后，可以迅速了解客户的大致收入状况、消费水平以及客户倾向关注的理财需求与理财方式等。另外，还需要对其职业发展、职位变动、行业发展前景等情况做出初步分析与判断。这些都是在进行理财规划前需要做的前期准备，会对后续客户风险承受能力评价、保障需求额度分析、退休养老安排等产生实质影响。

（二）年龄

客户的年龄在一定程度上反映了客户所处的生命周期情况。不同的生命周期有着不同的风险承受能力、不同的家庭结构特征、不同的理财需求倾向，所以理财师给出的理财建议也不尽相同。值得注意的是，之所以客户基本信息统计表格中所列的调查项目是“出生年月”，是因为一些理财活动，比如保险配置，需要精准且严谨的年龄条件，直接让客户填写年龄，可能会出现周岁、虚岁等差异。

（三）健康状况以及家族病史情况

客户的健康状况会直接影响有关家庭医疗方面的消费，在进行医疗保障匹配时，这是需要重点考察的内容。可见，客户的健康状况对于家庭理财也存在着重要的影响。

除了客户家庭成员一般的健康状况外，我们还需要了解其他特殊的方面，比如家族遗传病史。对家庭成员的健康情况进行全面了解与掌握后，会更利于有针对性地为客户进行医疗与保障规划以及人生规划。

（四）工作年限

工作年限可以反映客户积累的资产实力情况，对于现职与以往职业的工作年限的进一步了解，还可以了解客户工作的稳定性以及自身对其职业生涯发展的倾向性。客户工作的稳定性会影响家庭消费规划中流动性比例问题。另外，对家庭的退休规划、投资规划都会产生一定的影响。

（五）拟退休年龄

在家庭生命周期的阶段划分中，退休是其中重要的阶段。家庭成员退休后，家庭便进入衰退期，家庭拥有稳定收入的稳定期便截止了。另外，为了更好地协调整个家庭的各类理财规划设计以及最终的综合规划方案，确定好拟退休年龄也是很重要的一步。

二、财务数据

客户及其家庭的主要财务数据包括所有可以构成家庭资产、负债、收入、支出的数据。家庭资产的收集与汇总分成三个表，即金融资产类表（不含保险）、保险情况专属表和实物资产类表。家庭负债的收集与汇总分成两个表，即当期客户负债状况表、短期债务工具（信用卡、支付宝借呗等）表。收入和支出的收集与汇总各自设计在一张表中即可，如家庭年收入情况、家庭年支出情况。

（一）家庭金融资产

家庭金融资产包括现金、银行存款、股票、货币基金、债券、银行理财产品等。通常，金融资产的价值随市场的波动而变化，可以选择填写实时价格。收集家庭金融资产情况，填写表 4 - 2。

表 4 - 2 金融资产情况

资产类型			金额
现金			
银行存款	活期	人民币	
		外汇	
	定期	人民币	
		外汇	

续表

资产类型		金额
股票		
货币基金	货币市场基金	
	非货币型开放式基金	
	封闭式基金	
	开放式基金	
	基金定投	
	其他基金投资	
债券		
银行理财产品		
其他金融资产		

金融资产可分成流动性金融资产（一般专指金融资产，以 1 年以内的金融资产为主）和投资性金融资产（投资性资产还涵盖投资性实物资产）。流动性金融资产主要是现金及现金等价物，包括现金、活期存款、定期存款（严格来说应该是即将到期的存款）、货币市场基金等，其特征是安全性和流动性高，收益性低。投资性金融资产主要是各类生息资产。或者说，除了流动性金融资产之外，所有可以产生利息收入或资本利得的资产都是投资性金融资产。投资性金融资产包括债券、股票、基金（不包括货币市场基金）、投资型或储蓄型保险等金融资产。投资性实物资产包括用以收取租金或者赚取差价的投资性住房、黄金和古董字画等。

（二）家庭保险情况

保险是金融产品，但不同种类的保险具有不同的保单现金价值。在后续的保险规划时，理财师要了解家庭已购保险保障情况，需要获取一份家庭保险情况专属表（见表 4－3）。

表 4－3　家庭保险情况专属表

被保人	保险品种	保险公司	投保日期	基本保额	保期	年缴保费	保险类型	保单现金价值

在后续保险保障规划时，为了避免出现重复投保和超额投保的问题，理财师对客户原有投保状况必须做到全面了解和掌握。通过家庭保险情况专属表，可以更客观地评价客户的保障程度，并在此基础上对客户未来的保障程度进行适当的调整，以使客户的保

障实现最优化。

在后续的资产负债表编制中，具有保单现金价值的保险需要列入资产中，但现实操作中容易忽略掉这类资产。在核定家庭资产状况时，需要将保险分成两大类：一类是投资型或储蓄型保险，是具有明显的保单现金价值的；另一类是消费型保险，比如综合意外险、财产险、医疗保险等，是几乎没有保单现金价值的。常见的投资型或储蓄型保险包括分红险、万能险、投资连结、子女教育金、养老保障金等。只要投保两年以上，其保单就有现金价值，就应编入资产负债表。随着保险单持续期的增加，其保单现金价值会逐渐增加。如果没有将保险列入资产中，仅把每年缴纳的相应保费列入支出中，那么这份具有价值的保险单，就只被当作费用，其资产性就被忽略了，从而低估了家庭的总资产数额。

（三）家庭实物资产

家庭常见的实物资产包括房产（区分自住型与投资型）、汽车、其他贵重且有市场价值的资产（如珠宝首饰、投资型实物黄金、收藏品、奢侈品等）。一般在购买财产险时，需要关注有关实物资产的统计情况。在一般投资理财设置时，不会涉及家庭实物资产，因为家庭一般不会通过变卖实物资产来匹配资金需求，常常选择利用储蓄或金融资产或未来预期收入来匹配资金需求。当然，如果需要通过抵押实物资产获得资金，则要早做规划，因为通过实物资产抵押贷款，手续较多，时间较长，需要提前编制家庭实物资产表（见表 4-4）。

表 4-4　家庭实物资产表

<table>
<tr><td rowspan="3">汽车</td><td colspan="2">品牌型号</td><td>购买时间</td><td>购买价格</td><td>是否按揭</td><td colspan="3">购买的车险产品</td></tr>
<tr><td colspan="2"></td><td></td><td></td><td></td><td colspan="3"></td></tr>
<tr><td colspan="2"></td><td></td><td></td><td></td><td colspan="3"></td></tr>
<tr><td rowspan="4">房产</td><td>区位</td><td>建筑面积</td><td>购买价格</td><td>市价</td><td>自住或投资</td><td>贷款额度</td><td>月还款额</td><td>按揭剩余年限</td></tr>
<tr><td></td><td></td><td></td><td></td><td></td><td></td><td></td><td></td></tr>
<tr><td></td><td></td><td></td><td></td><td></td><td></td><td></td><td></td></tr>
<tr><td></td><td></td><td></td><td></td><td></td><td></td><td></td><td></td></tr>
<tr><td rowspan="5">其他资产</td><td colspan="2">资产类型</td><td colspan="2">资产名称</td><td colspan="2">购买价格</td><td colspan="2">现值</td></tr>
<tr><td colspan="2">收藏品</td><td colspan="2"></td><td colspan="2"></td><td colspan="2"></td></tr>
<tr><td colspan="2">珠宝首饰</td><td colspan="2"></td><td colspan="2"></td><td colspan="2"></td></tr>
<tr><td colspan="2">奢侈品</td><td colspan="2"></td><td colspan="2"></td><td colspan="2"></td></tr>
<tr><td colspan="2">其他</td><td colspan="2"></td><td colspan="2"></td><td colspan="2"></td></tr>
</table>

（四）家庭已有负债情况

家庭常见的负债是房贷和车贷等大额消费时产生的贷款，随着时间的推移，日积月累地还款，剩余的未还款部分会不断减少，一般我们根据这个剩余的未还款额来核定剩余负债。当然，在核定时，需要考虑该笔贷款期间的贷款利率是否有调整。如有，需要按调整后的利率，重新核定当时尚未还款的额度。信用卡欠款等短期借贷也是家庭常见的负债来源。虽然一般会在一个月后还清，但在核定家庭负债时如有未还清部分，就需列入家庭的负债中。家庭负债状况表见表 4－5。

表 4－5　家庭负债状况表

项目	负债总额	负债余额	偿债期限
信用卡欠款			
车贷			
房贷			
其他			

银行信用卡、支付宝借呗、微信微粒贷等常见的短期融资工具，虽不会时时出现在负债中，但确实是及时有效的融资工具，所以为了了解家庭的最大负债额度以及提前掌握在应对突发状况时的短期融资能力，需要建立家庭短期融资能力专属表（见表 4－6）。

表 4－6　家庭短期融资能力专属表

持卡人（本人、配偶等）	类型（信用卡、借呗、微粒贷、P2P 等）	发卡行/借款平台	卡名/产品名	信用额度

（五）家庭短期融资能力

除了上文提到的信用卡、借呗、微粒贷外，还有 P2P 贷款、票据质押贷款、典当等短期债务工具。理财师可以通过系统整理客户主要的几个短期融资贷款渠道的信息，了解客户现在使用以及未来可以考虑的资金来源应急。通过整理分析客户现在使用的短期工具的种类，发现其中的差异、各自的用途、各具的特色等，同时也进一步了解客户的资金周转能力。一般可以使用表 4－6 进行初步分析。

（六）家庭年收入

以一年为周期，家庭的主要收入是客户及其家庭成员的工资收入，一般来说，是固定的按月收入的工资。家庭中除了有按月固定流入的工资收入之外，还有年终奖、投资资本利得等某时刻一次性的收入，这种数据可以填入年度数据中。

如果家庭成员除本职工作外，还有兼职，会获得劳务报酬类收入。兼职若是写作类的工作，将获得稿酬报酬。如果家庭是自雇佣者，拥有生产经营业务，那么还有经营所得。如果家庭有财产转让、承包租赁、彩票中奖等活动，还会有不同的收入来源。将家庭收入来源收集整理后编写家庭年收入情况表（见表4－7）。

表4－7 家庭年收入情况表

项目		月度	年度
工资、薪金所得	工资、薪金（本人）		
	工资、薪金（配偶）		
	奖金、年终奖金		
	津贴、补贴		
	退休金		
利息、股息、红利所得	保险分红		
	利息收入		
	股息、红利收入		
劳务报酬所得			
稿酬所得			
财产转让所得	土地、房产转让所得		
	有价证券转让所得		
财产租赁所得	不动产租赁收入		
	动产租赁收入		
生产经营所得			
承包、承租经营所得			
偶然所得			
收入总计			

最后，理财师需要汇总年度总收入，通过月度、年度数据的分别列支，可以更清晰地知道家庭收入的构成情况。

（七）家庭年支出

客户家庭年支出是比较琐碎和繁杂的，可以先从家庭基本生活消费的衣食住行等方面来进行统计。每个大类下都可以设置细分的科目，目的是不遗漏任何消费支出情况。家庭支出中有一类特别的支出，即贷款类支出，这类支出具有“强制性”，如不按时按量支出还款，就会直接影响信用与信誉。还有一类具有“吸引性”且拥有资产特性的消费，为投资性消费。在某种情况下，客户希望越多这样的消费越好，因为当期的消费未来可以带来更多的资金流入。整理过程中不要漏项、不要重复，填写完成家庭年支出情况表（见表4－8）。

表 4-8　家庭年支出情况表

<table>
<tr><th colspan="3">项目</th><th>月度</th><th>年度</th></tr>
<tr><td rowspan="27">日常生活消费支出</td><td rowspan="3">食</td><td>日常饮食支出</td><td></td><td></td></tr>
<tr><td>饮料与烟酒支出</td><td></td><td></td></tr>
<tr><td>在外用餐餐费</td><td></td><td></td></tr>
<tr><td rowspan="3">衣</td><td>服装与衣饰购置费</td><td></td><td></td></tr>
<tr><td>洗衣费</td><td></td><td></td></tr>
<tr><td>理发、美容、化妆品等</td><td></td><td></td></tr>
<tr><td rowspan="3">住</td><td>房租</td><td></td><td></td></tr>
<tr><td>物业费</td><td></td><td></td></tr>
<tr><td>水、电、燃气等费用</td><td></td><td></td></tr>
<tr><td rowspan="4">行</td><td>车辆保养费</td><td></td><td></td></tr>
<tr><td>公共交通费</td><td></td><td></td></tr>
<tr><td>油费</td><td></td><td></td></tr>
<tr><td>停车费</td><td></td><td></td></tr>
<tr><td rowspan="3">教育</td><td>学费</td><td></td><td></td></tr>
<tr><td>课外培训费</td><td></td><td></td></tr>
<tr><td>其他教育费用</td><td></td><td></td></tr>
<tr><td rowspan="3">文化娱乐</td><td>旅游消费</td><td></td><td></td></tr>
<tr><td>娱乐消费</td><td></td><td></td></tr>
<tr><td>文化消费</td><td></td><td></td></tr>
<tr><td rowspan="5">医疗保健</td><td>住院费</td><td></td><td></td></tr>
<tr><td>药品费</td><td></td><td></td></tr>
<tr><td>体检费</td><td></td><td></td></tr>
<tr><td>保健品消费</td><td></td><td></td></tr>
<tr><td>健身费</td><td></td><td></td></tr>
<tr><td rowspan="3">社交</td><td>年节送礼开销</td><td></td><td></td></tr>
<tr><td>丧葬、婚庆礼金</td><td></td><td></td></tr>
<tr><td>转移性支出</td><td></td><td></td></tr>
<tr><td rowspan="5">贷款支出</td><td colspan="2">房贷每年支出</td><td></td><td></td></tr>
<tr><td colspan="2">车贷每年支出</td><td></td><td></td></tr>
<tr><td colspan="2">其他个人消费信贷本息</td><td></td><td></td></tr>
<tr><td colspan="2">投资贷款的本息支出</td><td></td><td></td></tr>
<tr><td colspan="2">向他人举债的本息支出</td><td></td><td></td></tr>
</table>

续表

项目		月度	年度
消费型保险			
具有资产特性的投资性消费	保险（投资型/储蓄型）		
	股票投资		
	债券投资		
	基金投资		
	外汇投资		
	其他投资		
税务支出			
捐赠支出			
偶然性的临时支出			
支出总计			

任务二 编制家庭资产负债表

在系统收集了家庭财务与非财务信息后，理财师需要规范化地整理分析家庭所有财务状况，通过会计中的专业工具——资产负债表、收入支出表和现金流量表，将数据按要求准确地编入表内，这样不仅做到了一目了然，而且具有专业性和可操作性。

在资产负债表中，我们可以系统地看到家庭资产和负债的构成以及占比情况。清楚地了解并掌握家庭的基本财务状况是理财专业人员最根本的工作要领。理财师可以针对客户的具体家庭资产负债状况，向其提出合理且能够被认可的理财建议。比如家庭资产状况良好，负债额度几近为零，那么购买房产等这类大额资产时，可以充分考虑贷款（负债）额度，客户看到用数据代表的自身资产实力，也会认可能力可控的贷款额度建议。

几乎所有的家庭理财需求与理财规划都离不开家庭的财务报表，都需要对家庭财务状况做出正确的"诊断"，以防出现"医疗事故"，影响客户正常的生活质量、资产的基本保值增值目标等。为了更好地梳理家庭的财务状况，需要逐一编制家庭的资产负债表、收入支出表、现金流量表。只有这样，才能更好地服务客户后续的理财需求与理财规划，诊断清楚目前和未来的财务资源与财务目标之间的匹配程度。下面，我们从编制家庭资产负债表开始。

一、家庭资产负债表概述

家庭在编制资产负债表时需要选定某一时点，即是在月度末、季度末进行编制还是在年度末进行编制，表的右上方会标注上这个时刻。家庭资产负债表是根据家庭在某一时点的资产、负债、资产净值的基本情况进行编制的，是重要的家庭会计报表之一。该报表会清晰地反映家庭拥有资产的情况，以及这些资产从何而来，它们之间的比例关系如何等。前面理财师向客户收集的财务信息，就是编制报表的主要数据来源，若首次编制，或前期的财务状况发生了重大变化，理财师要认真、逐一地梳理相关内容，做好编制、修改、更新调整等工作。

家庭资产负债表的基本格式见表 4－9。

表 4－9　家庭资产负债表

资产				负债及净资产		
项目			金额	项目		金额
金融资产	流动性资产	现金		消费负债	银行信用卡	
		活期储蓄型存款			网络小额贷款	
		定期储蓄型存款			消费金融公司贷款	
		货币型基金			其他消费负债	
		其他流动资产				
	流动性资产合计			消费负债合计		
	投资性金融资产	股票		投资负债	金融投资借款	
		债券			房地产投资借款	
		基金			实物投资借款	
		外汇			其他投资性负债	
		保险（保单现金价值）				
		其他投资性金融资产				
	投资性金融资产合计			投资负债合计		
实物资产	投资性实物资产	投资性房产		自用负债	自住房地产贷款	
		投资性收藏品			自用汽车贷款	
		投资性奢侈品			其他自用负债	
		其他投资性实物资产				
	投资性实物资产合计			自用负债合计		
	自用性实物资产	自用房产				
		自用汽车				
		自用高档家具		负债总计		
		其他自用资产				
	自用性实物资产合计			净资产（资产总计－负债总计）		
资产总计				负债及净资产合计		

二、家庭资产与负债的分类

（一）家庭资产

家庭资产包括家庭拥有的所有资产，一般分为金融资产和实物资产。金融资产又可以再细分为流动性资产和投资性金融资产。实物资产可以分为投资性实物资产和自用性实物资产。

流动性资产基本等同于现金等价物，是满足家庭紧急需要而储备的货币性资金，具体包括现金、活期和定期储蓄型存款、其他流动性资产、货币型基金等。流动性资产最大的特征是流动性强，安全性高，基本可保本，而且变现时基本不会有资本损失。所以其收益性极低，甚至没有利息类收入。

投资性金融资产的最大特征是收益性强，把钱投资在该类资产上，是有收益可得的，是具有保值增值效果的。例如购买了国债，每年可以获得利息。同样，股票、债券、银行理财产品等都是投资性金融资产，未来可以获得收益。当然，金融资产的收益具有不确定性，会随着市场的波动而变化，所以一般是不保本的，其流动性和安全性要比流动性资产低。需要特殊说明的是，保险既是金融资产，也是投资性金融资产，但只有具有保单现金价值的保险单才会被编制到资产中。

投资性实物资产一般包括投资性房产、投资性收藏品等。不同于自住用房产，投资性房产可以给家庭带来投资收益，比如进行出租获得租金收益，或者高价售出获得差价收益。客户收藏的名人字画会结合自身需求以及市场行情，在合适的市场交易中进行变卖，以此获得增值收益。

自用性实物资产是每天生活中需要使用的一些资产，比如房产、汽车、珠宝首饰等。它们不能带来现金收入，但如果没有这些资产，则需要花钱购置。所以房产、汽车等家用的大额消费品是家庭财务状况的一部分。我们的理财目标不仅包括较高的投资收益，也包括适度调整或不断提高家庭消费生活水平与生活质量，能够有资产积累，拥有丰富多彩的幸福人生。另外，为了保证这些资产的良好使用体验，可能还需要不断投入资金来维护、修理、更新等。

（二）家庭负债

家庭负债是由于借贷而产生的欠款，是家庭的债务，包括全部家庭成员的欠非家庭成员的所有债务。负债一般是家庭为了获得资产而进行借贷形成的。我们将家庭负债划分为自用负债、消费负债和投资负债。

为了购买自住型房产而形成的房贷就是自用负债。为了满足家庭日常消费需求，产生的信用卡刷卡甚至信用卡透支等欠款就是消费负债。为了投资获取收益而形成的借贷融资就是投资负债。

（三）家庭净资产

家庭资产负债表中的净资产相当于企业资产负债表中的“所有者权益”。家庭净资产代表的是这个家庭实际拥有的资产净额，在数值上等于家庭资产减去家庭负债的净额。

从长期来看，当一个家庭开始卖掉其资产时，净资产就转化为现金等价物，用于满足日常消费。比如到了退休年龄，家庭通过变卖房产，获得盈余资金来弥补资金需求。再比如客户不再需要缴存养老金产品而是直接领取养老金用于消费，这时积累的净资产也转化为现金等价物用于消费。

三、家庭资产与负债的计量

家庭资产负债表的编制不同于企业资产负债表的编制，企业更注重成本的核算，但家庭则注重现值。因为历史成本对于家庭而言没有任何意义，家庭理财更关注的是当时当刻以及未来资产的保值和增值情况。家庭资产负债表在编制时会标注编制的时间，这也说明报表中的资产和负债都是典型的存量概念，展示的是编制时的资产与负债状况。

（一）金融资产的计量

流动性资产主要包括现金、活期和定期储蓄型存款、货币型基金等。现金的清点需要核算加总全部家庭成员手里的现金。所有储蓄型存款的清点是各银行账户下当时的结算余额，以立马可以取出的资金额为准。货币型基金则直接以当日的账户余额计量即可。需要说明的是，存款并未被真的提现，其在存续期间是会产生利息等收益的，这笔收益并不是编制时刻的资产，而是一笔流量，应该计入家庭收入中。

投资性金融资产通常以市场价值作为公允价值进行资产的计量。这种直接以资产的市场价值进行计量的方法相对简单，也更能直观地反映家庭资产的变动情况，同时可以通过记录成本与市价得到期间的账面损益。

然而，家庭本身对这类资产的关注点并不在购置时的成本，只是在意此类资产此刻的表现是否给家庭带来了增值与收益。例如，2010 年王先生以每股 130 元的价格购入 1 000 股贵州茅台的股票。价值 13 万元，到 2024 年，该股票价格上涨到 1 700 元每股，总共价值 170 万元。那么此时的 170 万元就是家庭的资产金额。类似投资的其他随市场波动而变化的金融投资产品，都是如此来计量。

特别要说明保险类产品的资产计价。对于消费型的保险，由于其保单现金价值很小，甚至几乎为零，因此不会被列入资产中，而投资型或储蓄型保险是具有保单现金价值的，所以需要列入资产中。

还有一个隐性的投资性金融资产，即源于社会保障体系为职工设置的养老基金账户、住房公积金账户、医疗保险账户等账户余额。在个人账户中，存入的资金一直归属于个人，且不断积累，同时具有一定的生息能力，所以是一项投资性金融资产。

另外，如果家庭有借出去的资金但还未被归还，便会形成应收账款，这也是家庭的资产项目，在计量时以确认需要收回的资金为度。但如果预计无法收回，或部分无法收回，则应予以备注并计提呆账，以此反映该资产价值的减少。

（二）实物资产的计量

实物资产以家庭的房产最为常见，包括自用性房产和投资性房产。房产的价值以市场价值进行计量。其中，家庭房产中的投资性房产是指除自用性房产以外的，用以收取租金或赚取买卖价差为目的的投资用房地产。以市场交易价格为准进行计量，如果当时进行资产变卖，那么就能够获得当时市场交易价格带来的资金收入，这样才能反映个人的真实财富。

而作为消耗品的汽车则比较特殊，其价值会随着使用年限不断降低，需以其现实估值额度进行计量。一般而言，自用汽车10年后的价值几乎所剩无几。所以在对自用汽车进行估值时，需要参考同品牌的二手车行情。家庭购买的奢侈品和珠宝首饰的计量，同样需要以二手市场的行情为依据。家庭中使用的大件家具与电器等耐用品也应以旧货商品收购行情来进行计量，但这类商品的旧货价值会偏低，因此一般不会被计入资产中。

（三）负债的计量

家庭负债的计量应该要核算报表时家庭的贷款剩余未还款部分。以房贷为例，王先生购买房子时，贷款100万元，贷款利率为年利率6%，期限为20年。随着贷款时间的推移，已经还款10年的这笔贷款，剩余贷款余额需要测算编制报表时的剩余未还款部分。精准的测算需要使用Excel函数或专业的财务计算器来完成。另外在测算时，我们还需要关注这笔房贷的利率是否有变化，比如出台了优惠政策，贷款利率由6%下调至5.6%，那么此时的负债额度不是以6%测算的额度（比如是67万元），而是以5.6%测算的额度（比如是65万元）。

除大额的房屋贷款外，家庭中常见的贷款还有短期的信用贷款，比如信用卡未还款额等，这些都要按编制报表时的剩余未还款部分计入负债中。

任务三 编制家庭收入支出表

一、家庭收入支出表概述

家庭收入支出表反映的是一段时间内家庭的资金流入流出情况，选定的是某一时间段，常见的是年度与月度。不同于家庭资产负债表的存量概念，家庭收入支出表是流量的概念，它显示一段时间内家庭资金收支的变化，通常以收入的循环周期作为收入支出表统计的周期。

家庭收入支出表是对一定时期内家庭财富增长的总体反映。编制家庭收入支出表的目的是提供家庭资金结余和时间分布情况，以利于准确地做出消费和投资决策。在家庭收入支出表中，只要产生了收入或支出变化就全额计入表中，使用的是现金收付实现制。而企业一般会选用权责发生制，比如企业购买一辆汽车，可能会将其资本化，然后在以后的几个年度中摊销其价值。家庭报表会直接将实际支出额全部计入对应支出项目中，真实反映家庭核定期间的消费支出情况。通过家庭收入支出表的最终核算，可以得到家庭最真实的结余储蓄情况，在此基础上再做未来规划。

家庭收入支出表的基本格式见表4-10。

表 4-10　家庭收入支出表

收入				支出			
项目		月度金额	年度金额	项目		月度金额	年度金额
工作收入	工资收入（主人公 A）			生活支出	基本消费支出		
	工资收入（主人公 B）				子女教育支出		
	年终奖（主人公 A）				医疗保障支出		
	年终奖（主人公 B）				娱乐保健支出		
	劳务报酬（含稿酬）				赡养老人支出		
	企业年金				房屋修缮支出		
	养老保险金				房屋等大额消费按揭支出		
	医疗保险金				汽车保养		
	住房公积金				其他生活支出		
	其他工作收入			生活支出合计			
工作收入合计				工作生活结余（工作收入合计－生活支出合计）			
投资理财收入	利息收入			投资理财支出	利息服务费		
	资本利得				消费型保费支出		
	股票红利				其他理财支出		
	租金收入						
	其他理财收入			投资理财支出合计			
投资理财收入合计				投资理财结余（投资理财收入合计－投资理财支出合计）			
总收入				总支出			
总结余							
自由结余（具体计算依据见注解）							

注：自由结余等于总结余减去暂不可支配金额，其中仍在基金账户下的养老保险金、企业年金、住房公积金等为暂不可支配金额。

二、家庭收入与支出的分类

在一个周期内，家庭会有资金的收入与开销，需要不断地开源节流，不断提高自身的结余能力、储蓄能力，为未来的规划打下坚实基础。

(一) 收入

家庭收入按性质来源不同可以分为工作收入和投资理财收入。工作收入是通过付出脑力、体力而获得的收益，主要包括工资、薪金、佣金、奖金等。在工作收入部分，我们单独列支了养老保险金、医疗保险金、住房公积金、企业年金等工资子项目，因为这类基金账户的余额的所有权虽归属于个人，但有可能并不能被提前支取，所以在计算家庭总结余后，应该将暂不可支配的账户余额扣除，得到自由结余。自由结余更能代表客户的资金实力。比如在客户办理过公积金贷款买房后，客户可以申请办理按期提取住房公积金账户余额业务，通过后便可以按期支取公积金额度。但如果客户暂未申请公积金提取业务，那么该基金账户的余额便不可随意支配。

投资理财收入是通过持有或变现资产而获得的收益，主要包括利息收入、股票红利、租金收入、资产变现后的资本利得等。这里的利息收入与资产项目有一定的联系，在家庭购买金融投资理财产品后，该资产的市价计入资产中，而该资产持有期间派发的利息等应计入投资理财收入中。总收入就是工作收入加上投资理财收入之和。

（二）支出

支出可以分为生活支出和投资理财支出。生活支出是用于家庭日常开支的费用，主要包括基本生活消费（衣食住行）、教育费、赡养费、医疗保障支出、房屋按揭贷款还款或租赁房屋租金支出等。投资理财支出是用于投资理财活动的支出，主要包括用于投资理财的利息服务费支出、消费型保费支出、购买基金股票等资产支付的手续费、理财规划咨询费等。这里需要说明的是，购买投资储蓄型保险的开销并不算是支出项目，因为这笔保费并非消费型，而是可以积累保单现金价值的，是具有储蓄性质的，是在资产中列支的。

（三）结余

家庭年收入与年支出的差值等于年结余，代表了家庭的储蓄能力，直接影响客户下一年度可投资的限额及由此带来的投资收益。我们可以得到工作收入减去生活支出后的基本工作生活结余情况，还可以得到投资理财收入减去投资理财支出后的理财专项结余情况。进而，我们还能得到总结余。另外，在总结余的基础上，减去暂不可支配的仍在基金账户内的养老保险金、企业年金、住房公积金等账户余额，可以得到由客户家庭自由支配的结余额度。自由结余是一个家庭下一年度可以进行再分配、再投资的主要来源。

三、家庭收入与支出的计量

（一）家庭收入的计量

一般家庭中最主要的收入来源是家庭成员的工资薪金收入，家庭中有多个拥有固定工作以及收入的成员，需要分开列支，方便后续对个人对家庭贡献率进行统计。工资要求计入的是税后可支配收入，但工资中扣除并缴存至特有基金账户下的资金所有权仍是个人的，所以我们在收入项目中单独列支了可能暂时不能由客户自由支配的企业年金、住房公积金等项目。

家庭在参与投资理财活动时，是会产生期间收益的，因持有某些金融资产而收到的分红、派息都是家庭常见的理财收入。另外，如果家庭有投资性住房，那么在未变现前的租金收入是一笔实物投资的理财收入。

不能被列入已有科目的资金收入，可以计入其他收入中，同时可以自行备注，方便后续分析使用。

（二）家庭支出的计量

家庭在生存过程中的开销构成家庭支出。支出是支付给他人的，对自身而言是为获取某种利益或权利而付出的费用。家庭的生活支出项目十分繁杂。我们可以先通过家庭财务信息收集时利用的相关表格将家庭生活支出一一列出，做到不遗漏，之后需要将其分类汇总，形成基本消费支出、子女教育支出、医疗保障支出、房屋等大额消费按揭支出、其他生活支出等几大类支出项目，做到不遗漏、不重叠。

投资理财支出是指家庭为了投资购买相关资产时而产生的费用，常见于投资股票、基金等金融产品时产生的服务费，以及购买保险时支付的保费。这里需要强调的是，只有消费型的保险支出的保费才是当期的支出。如果购买的保险是具有延期收入特征的投资储蓄型保险，那么该笔支出并不构成当期的支出，而是一笔资产，因为其具有保单现金价值。

另外，客户本意都是希望通过低买高卖金融资产，获得资本利得类的收入。但在投资市场操作中，理性投资人需要及时止损，是可能出现高买低卖的情况的。此时，由于变卖资产导致的损失是需要计入投资理财支出项目中的。可以选择计入投资理财支出中的其他理财支出项目中，并备注“资本利得损失额”。

任务四 编制家庭现金流量表

一、家庭现金流量表概述

家庭现金流量表（见表 4－11）主要反映的是家庭资产账户的资金流入和流出，基本反映了家庭经济活动与运行的基本状况。一般来说，家庭经济活动与运行主要包括家庭日常工作生活的资金流入与资金流出、家庭投资活动的资金流入与流出、家庭借贷活动的资金流入与流出三个方面。

家庭日常工作生活的资金流入主要包括：家庭主要成员的工资类、劳务报酬类收入以及可供客户支配使用的社会基金账户余额等。家庭日常工作生活的资金流出主要包括：家庭日常持续性消费支出、强制性还款类支出、短期消费支出（子女教育等）以及其他资金流出等。

家庭投资活动的资金流入主要是指将手中持有的存款、股票、债券、基金等资产进行变现后的资金流入以及在持有期间的利息、分红等投资收益。家庭投资活动的资金流出主要是指购买各类金融资产产生的资金流出以及在投资持有金融产品期间的资金损失。

与企业现金流量表中的筹资活动不同，家庭一般不会产生发行股票、招商引资等股权类筹资活动，所以家庭现金流量表反映的就是一般的借贷活动。家庭借贷活动的资金流入主要包括对外借入款项的资金流入和对外借出款项收回的资金流入。家庭借贷活动的资金流出主要包括对外借出款项的资金流出和对外借入款项归还的资金流出。

表 4-11 家庭现金流量表

类别	项目	数据来源	金额
家庭日常工作生活现金流量	工资、薪金、劳务报酬等资金流入	收入支出表	
	可支取使用的社会基金账户余额	收入支出表	
	其他资金流入	收入支出表	
	流入合计		
	日常持续性消费支出	收入支出表	
	强制性还款类支出	收入支出表	
	短期消费支出（子女教育等）	收入支出表	
	其他资金流出	收入支出表	
	流出合计		
	净流入		
家庭投资活动现金流量	股票、债券投资售出的资金流入	资产负债表	
	储蓄型存款提现的资金流入	资产负债表	
	其他投资活动的资金流入	资产负债表	
	投资盈利的资金流入	收入支出表	
	流入合计		
	购买股票、债券、储蓄存款的资金流出	资产负债表	
	其他投资活动的资金流出	资产负债表	
	投资活动亏损的资金流出	收入支出表	
	流出合计		
	净流入		
家庭借贷活动现金流量	对外借入款项的资金流入（本金部分）	资产负债表	
	对外借出款项收回的资金流入（本金部分）	资产负债表	
	对外借出款项收回的资金流入（利息部分）	收入支出表	
	流入合计		
	对外借出款项的资金流出（本金部分）	资产负债表	
	对外借入款项归还的资金流出（本金部分）	资产负债表	
	对外借入款项归还的资金流出（利息部分）	收入支出表	
	流出合计		
	净流入		

通过表 4－11 中数据来源列的说明，我们发现家庭收入支出表中的收入与支出构成了现金流量表的资金流入与流出，但现金流量表中的现金流量还包括一部分资产负债表中的调整项目。比如投资购买股票时，有资金的流出，但并不计入支出，因为这只是现金资产转化为了投资性资产。但这笔资金的流出需要计入现金流量表中的资金流出项目。再如，将购买的股票以合适的价格出售，同样这只是将一种资产转化为另一种资产，不构成收入，但却是现金流量表的资金流入。所以，家庭现金流量表中的现金流量的数额变化（净流量），主要来自两部分：第一部分是由家庭收入支出引起的结余储蓄增加额；第二部分是资产负债的调整数额。因此，家庭现金流量的净额等于储蓄和资产负债调整后的现金流量之和。

二、家庭现金流量表的编制

家庭日常工作和生活产生的现金流量主要来自家庭收入支出表。其中，最主要的现金流入应该是家庭成员的工资类收入。其次是可以由客户支配使用的相关社会基金账户余额，以及真实发生的其他资金流入。家庭的现金流出主要包括以家庭衣食住行为主的具有持续性的基本消费类、具有“强制性”需按期还款的贷款类、短期内特有的消费支出类（子女教育）以及其他资金流出。

家庭投资活动产生的现金流量不仅包括来自收入支出表中投资期间的盈利与亏损，还包括资产负债表中的资产项目调整变动，比如将现金类资产转化为股票等投资性资产，将股票等投资性资产转化为现金类资产等。需要说明的是，投资保险类金融产品中的具有保单现金价值的投资储蓄型保险，是家庭投资活动产生的现金流出，类似于购买股票等投资性资产。

同样，家庭借贷活动产生的现金流量不仅有来自收入支出表中因为借贷产生的利息收入或利息支出，还包括资产负债表中的资产项目或负债项目的调整变动，比如通过信用贷款得到的资金产生的资产项目变化，以及通过现金类资产还清贷款产生的负债项目变化等。

需要填入现金流量表中的资产负债的调整项目主要是以上提到的部分，另外，资产重估增减值或未实现的资本利得与损失不能列入现金流量表，因为没有实际产生现金流量。

三、多期家庭现金流量表的应用

一般来说，当期的现金流量表可以系统反映家庭当期的资金流动情况。如果我们需要关注未来的资金流入流出情况，未来的理财规划安排是否可行，资金到位能否实现，甚至同时考察多个规划并行时能否达成，那么就需要分析多期的现金流量表。通过多期的资金流入预计，多期的资金流出安排，可以达到多个理财规划并行的事前模拟，进行更好的综合性、协调性分析与判断，以期达到最优的综合规划。

下面我们用案例的方式，一起利用多期现金流量表进行规划分析。

案例信息：

李先生，35 岁，税后月收入为 1 万元。李太太，35 岁，税后月收入 8 000 元。两人育有一子，今年 5 岁。目前，李先生的家庭月生活支出为每月 7 000 元。于 5 年前购买房产一处。当时贷款七成，贷款 120 万元，贷款期限 25 年，贷款利率为 6%。选择每月等额本息还款，月还款额为 7 731.62 元。李先生还购买了寿险，每年需缴纳 2 万元保费，还需缴纳 19 年。目前，家庭有存款 15 万元。李先生和李太太十分重视孩子的教育，希望为孩子在 18 岁时准备 100 万元的留学教育基金。同时从孩子 6 岁时开始，一次性使用 5 万元作为教育启蒙基金，为孩子选择报名兴趣班，培养孩子的一技之长。假设两人收入每年按 3%增长，市场的通货膨胀率为 3%。预计李太太 60 岁退休，假设退休时可以领到每月 4 000 元养老金。预计李先生 65 岁退休，假设退休时可以领到每月 6 000 元养老金。政府将按照通货膨胀率的情况来调整养老金的领取额度。

请利用多期现金流量表分别测算当孩子 18 岁、李先生和李太太 85 岁时，家庭的资金流入流出情况。评价分析家庭的财务状况，是否会出现资金紧张或赤字的现象。

案例分析：

(1) 设计现金流量表相关项目，包括三位家庭成员的情况。时间跨度为从当前 2025 年到男女主人公 85 岁——2075 年为止。现金流量表流入项目包括：工资性收入、养老金收入以及其他收入等。现金流量表流出项目包括：生活费支出、房屋还贷支出、保费支出、教育费支出以及其他支出等。现金流量表的最后为现金净流量及净流量余额累计。

(2) 将家庭成员情况与增长率等信息填入。将当前时刻（年数为 0，年份为 2025）所有项目的财务数据信息填入。应注意，有些项目是年度的，比如年缴保费；有些项目是月度的，比如月工资、月还款额，需要转化为年度数据再填入表中。

(3) 按工资收入增长率计算自 2026 年开始的所有现金收入项目数据。需要注意的是，男方工资收入填写到 65 岁，女方工资收入填写到 60 岁，两人退休后的收入来源为社会保险提供的养老金，分别按 6 000 元/月、4 000 元/月计算填写。

(4) 按生活通胀率计算自 2026 年开始的基本生活费支出情况，以及每年的房屋贷款还款额和保费支出。其中，房贷还款填写至 20 年后还清，保费支出还有 19 年期限。另外，还有预计的教育启蒙基金和留学教育基金。

(5) 根据现金流入和现金流出的金额计算每年的现金净流量。现金净流量等于现金流入项目合计与现金流出项目合计之差。

(6) 计算现金净流量余额累计情况，当前的现金净流量余额累计为当期现金净流量与家庭已有存款 15 万元的合计数。后续的现金净流量余额累计为当期现金净流量与上一期的现金净流量余额累计的合计数。

(7) 制成李先生的家庭现金流量表，见表 4-12。并根据现金净流量余额累计情况绘制李先生家庭资金使用情况，见图 4-1。

表 4-12　李先生家庭的现金流量表

	年数	0	1	2	3	4	5	6	7	8	9
	年份	2025	2026	2027	2028	2029	2030	2031	2032	2033	2034
先生	年龄	35	36	37	38	39	40	41	42	43	44
太太	年龄	35	36	37	38	39	40	41	42	43	44
孩子	年龄	5	6	7	8	9	10	11	12	13	14
流量表项目	**增长率**										
现金流入项目											
先生工资收入	3%	120 000	123 600	127 308	131 127	135 061	139 113	143 286	147 585	152 012	156 573
太太工资收入	3%	96 000	98 880	101 846	104 902	108 049	111 290	114 629	118 068	121 610	125 258
退休后先生养老金	3%										
退休后太太养老金	3%										
其他临时性收入											
现金流入项目合计		216 000	222 480	229 154	236 029	243 110	250 403	257 915	265 653	273 622	281 831
现金流出项目											
基本生活费	3%	84 000	86 520	89 116	91 789	94 543	97 379	100 300	103 309	106 409	109 601
房屋贷款还款额		92 779	92 779	92 779	92 779	92 779	92 779	92 779	92 779	92 779	92 779
保险费		20 000	20 000	20 000	20 000	20 000	20 000	20 000	20 000	20 000	20 000
教育费			50 000								
其他临时性支出											
现金流出项目合计		196 779	249 299	201 895	204 568	207 322	210 158	213 080	216 089	219 188	222 380
现金净流量		19 221	−26 819	27 259	31 461	35 788	40 245	44 836	49 564	54 434	59 451
现金净流量余额累计		169 221	142 401	169 661	201 121	236 909	277 154	321 989	371 553	425 987	485 438

续表

	年数	10	11	12	13	14	15	16	17	18	19
	年份	2035	2036	2037	2038	2039	2040	2041	2042	2043	2044
先生	年龄	45	46	47	48	49	50	51	52	53	54
太太	年龄	45	46	47	48	49	50	51	52	53	54
孩子	年龄	15	16	17	18						
流量表项目	**增长率**										
现金流入项目											
先生工资收入	3%	161 270	166 108	171 091	176 224	181 511	186 956	192 565	198 342	204 292	210 421
太太工资收入	3%	129 016	132 886	136 873	140 979	145 209	149 565	154 052	158 673	163 434	168 337
退休后先生养老金	3%										
退休后太太养老金	3%										
其他临时性收入											
现金流入项目合计		290 286	298 995	307 964	317 203	326 719	336 521	346 617	357 015	367 726	378 757
现金流出项目											
基本生活费	3%	112 889	116 276	119 764	123 357	127 058	130 869	134 795	138 839	143 004	147 295
房屋贷款还款额		92 779	92 779	92 779	92 779	92 779	92 779	92 779	92 779	92 779	92 779
保险费		20 000	20 000	20 000	20 000	20 000	20 000	20 000	20 000	20 000	20 000
教育费					1 000 000						
其他临时性支出											
现金流出项目合计		225 668	229 055	232 543	1 236 136	239 837	243 649	247 575	251 619	255 784	260 074
现金净流量		64 618	69 939	75 421	−918 933	86 882	92 872	99 042	105 396	111 942	118 683
现金净流量余额累计		550 056	619 995	695 416	−223 517	−136 634	−43 762	55 280	160 676	272 618	391 301

续表

	年数	20	21	22	23	24	25	26	27	28	29
	年份	2045	2046	2047	2048	2049	2050	2051	2052	2053	2054
先生	年龄	55	56	57	58	59	60	61	62	63	64
太太	年龄	55	56	57	58	59	60	61	62	63	64
孩子	年龄										
流量表项目	增长率										
现金流入项目											
先生工资收入	3%	216 733	223 235	229 932	236 830	243 935	251 253	258 791	266 555	274 551	282 788
太太工资收入	3%	173 387	178 588	183 946	189 464	195 148	201 003				
退休后先生养老金	3%										
退休后太太养老金	3%							48 000	49 440	50 923	52 451
其他临时性收入											
现金流入项目合计		390 120	401 824	413 878	426 295	439 084	452 256	306 791	315 995	325 475	335 239
现金流出项目											
基本生活费	3%	151 713	156 265	160 953	165 781	170 755	175 877	181 154	186 588	192 186	197 952
房屋贷款还款额		92 779									
保险费											
教育费											
其他临时性支出											
现金流出项目合计		244 493	156 265	160 953	165 781	170 755	175 877	181 154	186 588	192 186	197 952
现金净流量		145 627	245 559	252 926	260 513	268 329	276 379	125 637	129 406	133 289	137 287
现金净流量余额累计		536 929	782 488	1 035 413	1 295 927	1 564 255	1 840 634	1 966 271	2 095 678	2 228 966	2 366 254

续表

	年数	30	31	32	33	34	35	36	37	38	39
	年份	2055	2056	2057	2058	2059	2060	2061	2062	2063	2064
先生	年龄	65	66	67	68	69	70	71	72	73	74
太太	年龄	65	66	67	68	69	70	71	72	73	74
孩子	年龄										
流量表项目	**增长率**										
现金流入项目											
先生工资收入	3%	291271									
太太工资收入	3%										
退休后先生养老金	3%		72 000	74 160	76 385	78 676	81 037	83 468	85 972	88 551	91 207
退休后太太养老金	3%	54 024	55 645	57 315	59 034	60 805	62 629	64 508	66 443	68 437	70 490
其他临时性收入											
现金流入项目合计		345 296	127 645	131 475	135 419	139 481	143 666	147 976	152 415	156 987	161 697
现金流出项目											
基本生活费	3%	203 890	210 007	216 307	222 796	229 480	236 364	243 455	250 759	258 282	266 030
房屋贷款还款额											
保险费											
教育费											
其他临时性支出											
现金流出项目合计		203 890	210 007	216 307	222 796	229 480	236 364	243 455	250 759	258 282	266 030
现金净流量		141 406	−82 362	−84 832	−87 377	−89 999	−92 699	−95 480	−98 344	−101 294	−104 333
现金净流量余额累计		2 507 660	2 425 298	2 340 466	2 253 088	2 163 089	2 070 391	1 974 911	1 876 567	1 775 273	1 670 939

续表

	年数	40	41	42	43	44	45	46	47	48	49	50
	年份	2065	2066	2067	2068	2069	2070	2071	2072	2073	2074	2075
先生	年龄	75	76	77	78	79	80	81	82	83	84	85
太太	年龄	75	76	77	78	79	80	81	82	83	84	85
孩子	年龄											
流量表项目	增长率											
现金流入项目												
先生工资收入	3%											
太太工资收入	3%											
退休后先生养老金	3%	93 944	96 762	99 665	102 655	105 734	108 906	112 174	115 539	119 005	122 575	126 252
退休后太太养老金	3%	72 604	74 782	77 026	79 337	81 717	84 168	86 693	89 294	91 973	94 732	97 574
其他临时性收入												
现金流入项目合计		166 548	171 544	176 691	181 991	187 451	193 075	198 867	204 833	210 978	217 307	223 827
现金流出项目												
基本生活费	3%	274 011	282 232	290 698	299 419	308 402	317 654	327 184	336 999	347 109	357 522	368 248
房屋贷款还款额												
保险费												
教育费												
其他临时性支出												
现金流出项目合计		274 011	282 232	290 698	299 419	308 402	317 654	327 184	336 999	347 109	357 522	368 248
现金净流量		−107 463	−110 687	−114 008	−117 428	−120 951	−124 579	−128 317	−132 166	−136 131	−140 215	−144 422
现金净流量余额累计		1 563 476	1 452 789	1 338 781	1 221 353	1 100 403	975 823	847 507	715 341	579 209	438 994	294 573

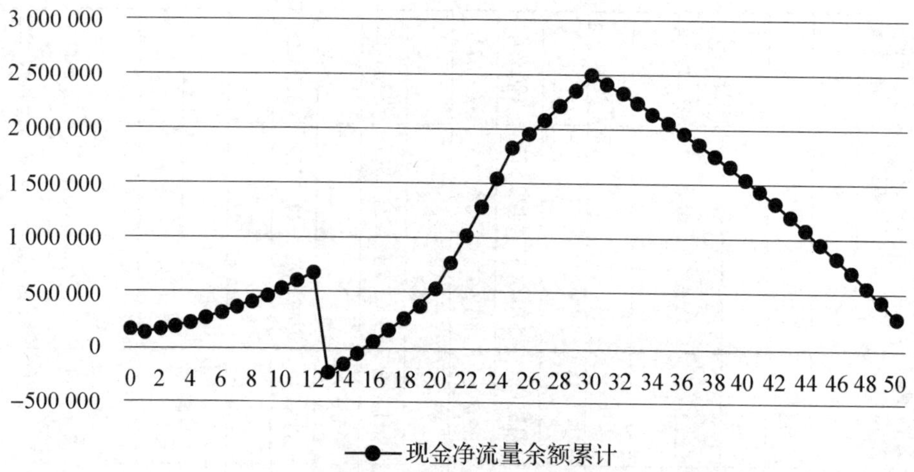

图 4－1　李先生家庭现金流量余额累计情况

从表 4－12 中可以看出，李先生家庭出现了几次现金净流量为负的情况。第一次为家庭需使用 5 万元作为教育启蒙基金，此时可通过动用家庭已有的存款来补齐教育启蒙基金，平滑家庭财务状况。第二次是因为当期需要大额的出国留学基金，此时额度较大，可能需要通过融资的方式解决当期问题。第三次是由于家庭的收入仅靠养老金为主，且并不能全额覆盖家庭的生活支出。此时可用家庭积累的资产来弥补当期的净流入不足的问题。

从图 4－1 中可以看到，李先生家庭的生命周期中有一个阶段出现了现金流量余额累计为负的情况，即在孩子 18 岁时，需要大笔资金用于出国留学。这意味着李先生家庭当期出现了财务赤字，家庭已有资产无法满足当期规划安排，必须通过融资借款的方式才得以维持家庭原计划的规划安排。如果借不到钱，规划将无法实现。除融资外，家庭还可以通过留学前的筹备期，利用投资金融资产进行资产配置，提升资产的增值能力，进而提高家庭资产额度，以期届时积累足够资金用于出国留学。从图 4－1 中，可以发现此次现金流量余额累计为负的状况，在后 3 期后便转为正数。通过后期现金净流入的不断增加，将余额累计值拉回水平线以上，说明家庭的收入能力不错，只要做好家庭财务安排，便能够平滑解决家庭的部分财务问题。

任务五　财务比率分析与财务预算调整

家庭财务比率的设计可以参考公司经营分析中的财务比率，同时结合家庭财务状况的自身特征，进行家庭的财务诊断。通过对财务比率的分析，寻求改善家庭财务状况的方法和措施。在进行理财需求分析、理财规划设计时，基本的财务分析是重要的基础资料。通过财务比率的客观性和科学性的分析，以期更好地实现客户的理财目标。

一、流动性比率

流动性比率又称为流动性水平，主要关注的是家庭流动资产配置得是否合理。而流动资产最大的特点为变现能力强，这是应对家庭突发状况，解决家庭临时性资金短缺等短期财务危机的良好工具。家庭中常见的流动资产包括现金、活期储蓄存款、即将到期的定期存款、货币型基金等。流动性比率的计算公式如下：

流动性比率＝流动资产÷每月支出

流动性比率是家庭拥有流动性资产的数额与每月各项支出的比率，反映在家庭临时出现财务危机，比如家庭固定收入中断的情况下，家庭储备的流动资产能够维持家庭几个月的开支。一般来说，这个比值在3～6比较合理，即家庭资产中配置3～6倍家庭月支出的“闲置资金”，以备不时之需。当然，可以根据家庭财务状况的稳定性，适当调整比值。比如家庭是个人工商户，且生产经营收益是由项目周期决定的，那么长期的项目经营下，可能经营资金一年后才有回笼，此时家庭的流动性比率可以考虑调至6，甚至调至12。

二、资产负债率

资产负债率是家庭负债与家庭总资产的比值，主要反映家庭的资产构成中通过融资产生的负债压力。其计算公式如下：

资产负债率＝负债÷总资产

家庭负债额度高，资产负债率会偏高，说明债务压力大，要防止出现大笔债务到期而收入或储蓄不足无法按期还债的问题。一般来说，建议将该比率控制在50%以内，也可以按家庭的年龄、财务实力等情况，将该数值控制在20%～60%。如果该比率过低，说明该家庭没有展开合理的融资活动，融资比例过低。另外，一定程度上也说明该家庭没有合理利用自身的融资能力、偿债能力来提高自身的资产规模，是需要进行优化的。资产负债率的数值取值为0到1。

三、净资产偿付比率

净资产偿付比率又称资产权益率，是家庭净资产与总资产的比值。它反映了家庭综合还债能力的高低。其计算公式如下：

净资产偿付比率＝净资产÷总资产

家庭的净资产类似于企业的所有者权益，相对于家庭资产构成中的负债而言，家庭的净资产更像是真正属于自身的资产部分。净资产偿付比率较高时，代表家庭的“真正”资产实力较强，债务压力较低。一般来说，建议将该比率控制在50%以上。但如果该比率偏高，那么说明家庭没有充分利用融资额度，家庭资产结构是需要进一步优化的。当然，理财规划师可以按家庭的年龄、财务实力等情况，建议将该数值控制在40%～80%。一般建议年轻家庭净资产占比可以低些，老年家庭净资产占比要足够高些。净资产偿付比率的变化范围为0到1，且其与资产负债率之和为1。

四、即付比率

即付比率是即刻偿付家庭现有负债的能力，主要关注的是家庭的短期债务。其计算公式如下：

即付比率＝流动资产/短期负债总额

在评价家庭短期偿债能力时，对比家庭可随时变现资产与短期内需要偿还债务额度的占比，如果能够控制在70%左右，说明家庭具备一定的实力迅速减轻负债压力，以及规避债务可能带来的风险。即付比率中流动资产，不仅包括现金及现金等价物，还包括近期能够及时变现的有价证券。当家庭主要的负债构成为长期且稳定的债务，比如公积金贷款的住房贷款时，如果将住房贷款的全部额度算入即付比率的分母中，那么家庭的即付比率一般会偏低，源于分母量级较大。但鉴于是长期住房贷款，所以此指标的实践意义会有所降低。如果仍然追求70%的即付比率，那么家庭资产配置中的流动资产会过高，投资资产会过低，反而降低了家庭的投资收益以及家庭综合收益水平，所以该比率的分母一般为短期负债比较合适。

五、负债收入比率

负债收入比率又称当年债务偿还比率，是当期负债额度与当期总收入的比值。该比率反映的是当年的收入是否能够覆盖当年的债务本息和，它是衡量家庭财务状况是否良好的重要指标。其计算公式如下：

负债收入比率＝当期负债额度÷当期总收入

负债收入比率其实是对家庭收支状况的一个分析，当期的负债额度是家庭支出项目中较为特殊的一项，是被动的、强制的一项支出，是不得不按期还贷的一项支出。而这个比率的经验数值为36%，既不过高，也不至于低至为零，说明家庭既充分利用了金融便利，使用了家庭融资额度，又没有给家庭带来明显的财务压力，更不会引起家庭财务危机。一般为了保证家庭财务安全，我们建议该比率控制在0.4以内。如果该比率高于0.4，则说明家庭当期债务压力较大，且再继续获得融资额度将比较困难。

六、结余比率

结余比率又称储蓄比率，是当期净收入和当期总收入（税收收入）的比率，它反映了家庭控制开支和增加净资产的能力。其计算公式如下：

结余比率＝当期净收入÷当期总收入

当期的净收入等于总收入减去总支出得到的金额，而当期总收入应该是税后收入。结余比率越高代表家庭的结余（储蓄）能力越强，代表家庭合理控制了开支，拥有足够的投资资金来源。如果家庭结余比率过低，则要通过开源节流的方式，提高家庭结余比率，保证财务安全。一般来说，建议家庭结余比率至少在10%，常见的在30%～40%。

如果家庭结余比率持续较高，那么应该考虑积极投资或提高消费。既然家庭财务实力较强，就可以应对投资风险，选择积极投资，同时可以提高生活消费水平，提高生活质量。

七、投资与净资产比率

投资与净资产比率是家庭的投资性资产与净资产的比值，即真正属于家庭自身所有的净资产中，具有投资收益能力的资产占比情况。该比率反映家庭通过投资增加财富来实现财务目标的能力。其计算公式如下：

投资与净资产比率＝投资性资产÷净资产

净资产是总资产减去负债后的数值。投资性资产包括投资性金融资产和投资性实物资产，投资性资产具有投资收益能力，是家庭利用投资知识与专业能力进行的资产配置。投资与净资产比率越高，代表家庭资产配置的投资收益能力越强，同时隐含的风险越高。一般地，建议该比率控制在50%左右，以此保证家庭净资产的增值能力。当然，理财规划师也可以结合家庭的年龄与财务状况，适当调整投资与净资产比率。比如年轻的家庭，资产积累实力尚浅，投资性资产占比必然不高，20%～30%也是合适的。而成熟家庭需要家庭资产具有足够的增值能力以保证家庭财富，所以其投资性资产占比不宜过低。

八、财务自由度

财务自由是指家庭已然不需要固定的劳作，仅仅通过家庭原有配置的资产的投资收益就足以满足家庭的日常消费需求。此时家庭不再为财费心，这是我们所有成熟家庭理财规划的最终目标。财务自由度的计算公式如下：

财务自由度＝投资性收入(非工资收入)÷日常消费支出

在家庭退休养老期，家庭更为关注自身的财务自由度。如果能够达到1，那么说明家庭的投资性资产配置良好，带来的投资性收入足够家庭日常的开销，该家庭成员可以无忧无虑地安享晚年了。由于投资性资产的收益性是波动的，因此为了保证家庭财务自由的实现，投资性资产的配置与调整是关键。另外，适当调整日常消费水平，也可以达到提高财务自由度的目的。一般地，财务自由度需要大于或等于1，这才算是实现了家庭财务自由。

进行家庭财务分析时，需要利用不同的财务比率进行相应方面的财务分析。下面我们将以上指标的基本情况统计在家庭财务比率分析表（见表4－13）中，方便后续的财务分析以及理财规划分析与设计。

表4－13 家庭财务比率分析表

项目	计算公式	参考数值	主要功能	实际值	诊断
流动性比率	流动资产/每月支出	3～6	应对家庭突发状况		
结余比率	当期净收入/当期总收入	10%～40%	储蓄和投资		

续表

项目	计算公式	参考数值	主要功能	实际值	诊断
投资与净资产比率	投资性资产/净资产	50%左右	投资		
即付比率	流动资产/短期负债总额	70%	短期偿债		
负债收入比率	当年负债额度/当期总收入	<40%	短期偿债		
净资产偿付比率	净资产/总资产	>50%	综合偿债		
资产负债比率	负债/总资产	<50%	综合偿债		
财务自由度	投资性收入/日常消费支出	≥1	财务自由		

课后习题

一、单选题

1. 在家庭理财规划中，以下哪项因素通常不被视为非财务数据？(　　)

A. 家庭成员的受教育程度　　B. 家庭成员的职业

C. 家庭成员的健康状况　　D. 家庭成员的月收入

2. 家庭金融资产中，以下哪项属于流动资产？(　　)

A. 股票　　B. 债券

C. 货币市场基金　　D. 房产

3. 对于投资型或储蓄型保险，以下哪项描述是正确的？(　　)

A. 保险主要提供风险保障，不具有投资增值功能

B. 保险通常没有现金价值

C. 投保两年以上，保单就具有现金价值

D. 这类保险在资产负债表中应列入负债

4. 在家庭资产中，以下哪项属于投资性实物资产？(　　)

A. 自主房产　　B. 股票

C. 收藏品　　D. 活期存款

5. 在家庭财务规划中，以下哪项通常被视为短期融资工具？(　　)

A. 房产抵押贷款　　B. 股票投资

C. 银行信用卡　　D. 养老金储蓄

6. 以下哪项不属于家庭实物资产？(　　)

A. 自住房产　　B. 收藏品

C. 公司股票　　D. 投资型实物黄金

7. 下列哪一项不属于工作收入的子项目？(　　)

A. 工资薪金　　B. 医疗保险金

C. 利息收入　　D. 住房公积金

8. 理财收入中，通过持有房产并出租获得的收益属于（　　）。

A. 利息收入　　B. 租金收入

C. 佣金收入　　D. 资本利得

9. 家庭支出中，用于家庭日常开支的费用称为（　　）。

A. 投资理财支出　　B. 理财收入

C. 生活支出　　D. 资本利得损失

10. 家庭现金流量表主要反映的是（　　）。

A. 家庭资产的总价值

B. 家庭资产账户的资金流入和流出

C. 家庭成员的个人消费习惯

D. 家庭未来收入预测

11. 家庭投资活动的资金流出主要指的是（　　）。

A. 存款利息收入　　B. 购买金融资产的支出

C. 基本生活费用　　D. 短期子女教育费用

12. 流动性比率主要关注的是（　　）。

A. 家庭总资产的增长速度　　B. 家庭负债的偿还能力

C. 家庭流动性资产的合理配置情况　　D. 家庭投资收益的稳定性

13. 资产负债率计算公式中的“负债”不包括（　　）。

A. 房屋贷款　　B. 信用卡未还款项

C. 家庭成员的支出　　D. 汽车贷款

14. 净资产偿付比率反映的是（　　）。

A. 家庭短期偿债能力　　B. 家庭长期投资潜力

C. 家庭综合还债能力　　D. 家庭消费水平

15. 财务自由度的计算公式是（　　）。

A. 投资性收入/总收入　　B. 流动资产/总支出

C. 投资性收入/日常消费支出　　D. 净资产/总资产

二、多选题

1. 在进行家庭理财规划时，需要重点关注的非财务数据包括哪些？（　　）

A. 客户的年龄　　B. 客户的职业

C. 客户的健康状况　　D. 客户的房产情况

E. 客户的年收入

2. 家庭实物资产通常包括哪些？（　　）

A. 房产　　B. 汽车

C. 珠宝首饰　　D. 银行存款

E. 股票

3. 在进行家庭理财规划时，需要了解的家庭财务数据包括哪些？（　　）

A. 家庭金融资产　　B. 家庭保险情况

C. 家庭成员的月收入　　D. 家庭成员的受教育程度

E. 家庭实物资产

4. 家庭金融资产中，以下哪些属于投资性金融资产？（　　）

A. 现金　　B. 债券

C. 货币市场基金　　D. 股票

E. 投资连结型保险

5. 家庭负债可能包括哪些类型的债务？（　　）

A. 房贷　　B. 车贷

C. 信用卡欠款　　D. 家庭成员的学费贷款

E. 家庭成员的年终奖

6. 以下哪些属于家庭金融资产？（　　）

A. 现金　　B. 债券

C. 房产　　D. 股票

E. 汽车

7. 下列有关家庭收入支出表的说法正确的有（　　）。

A. 家庭收入支出表反映的是家庭的财富实力，是存量的概念。

B. 家庭收入支出表既可以根据需求按月度编制，也可以按年度编制。

C. 家庭收入支出表主要反映的是家庭的收入、支出以及结余。

D. 家庭收入支出表的编制选用的是权责发生制

E. 家庭收入支出表中收入项目不仅包括固定收入项目，也包括临时收入项目

8. 在计算家庭总结余时，应扣除的暂不可支配账户余额包括（　　）。

A. 养老保险金　　B. 工资薪金

C. 住房公积金　　D. 企业年金

E. 医疗保险金

9. 理财收入主要包括哪些形式？（　　）

A. 工资薪金　　B. 利息收入

C. 股票红利　　D. 租金收入

E. 资本利得

10. 下列哪些支出属于投资理财支出？（　　）

A. 房屋按揭贷款还款　　B. 股票交易手续费

C. 消费型保费支出　　D. 子女教育费

E. 基金申购赎回费

11. 家庭借贷活动的资金流出主要包括哪些？（　　）

A. 对外借出款项的资金流出　　B. 偿还贷款

C. 利息支出　　D. 家庭生活支出

E. 子女教育费支出

12. 合理的家庭财务比率设置有助于（　　）。

A. 应对突发财务危机　　B. 提高投资收益

C. 评估家庭偿债能力　　D. 规划理财目标

E. 预测未来市场走势

13. 以下哪些比率与家庭偿债能力直接相关？（　　）

A. 资产负债率

B. 净资产偿付比率

C. 即付比率

D. 结余比率

E. 投资与净资产比率

14. 可以提高财务自由度的方法包括（　　）。

A. 增加投资性收入

B. 减少日常消费支出

C. 提高资产负债率

D. 优化投资资产配置

E. 增加工资收入

15. 理财规划师在给出家庭财务调整建议时，会考虑哪些因素？（　　）

A. 家庭成员的年龄结构

B. 家庭的成员结构

C. 家庭的收入水平

D. 家庭的风险承受能力

E. 家庭成员的职业稳定性

三、案例分析题

1. 赵先生夫妇都是行政机关工作人员。赵先生 44 岁，妻子 39 岁，都有基本社会保险。夫妇两人的住房公积金合计每月 6 000 元。孩子读初中一年级。现住产权房 1 套，价值 600 万元。剩余负债 200 万元。旧房 1 套，价值 300 万元，目前出租，年租金 120 000 元。定期一年存款 20 万元，货币基金 6 万元，企业三年期债券 20 万元。外汇宝 33 000 美元（去年收益 10%，今年收益 4%），黄金宝 4 万元（今年收益 4%）。收支状况：两人工资收入都十分稳定，赵先生一年收入 18 万元，妻子一年收入 16 万元。日常生活开支约 6 000 元/月，交通费 600 元/月，空闲时他们会参加一些娱乐活动，每年花销在 20 000 元左右。每年出去旅游一次，费用保持在 20 000 元左右。赵先生的母亲健在，退休金收入为 3 000 元/月，有基本养老保险，健康状况良好，暂时不需要赵先生资助。目前购入的保险有人寿保险，年缴保费 17 747 元，缴费期限 20 年。孩子的保险年缴费 585 元，保额 5 万元（最高保额 15 万元）。学生吉祥卡 80 元/年，保额是意外伤害 2 万元，住院 3.6 万元，门诊 0.5 万元。所有数据截至当年度年底。

请编制赵先生家庭当年年底的资产负债表和年度的收入支出表，并进行相关财务比率的分析，得出该家庭的财务状况以及分析结论。

2. 邵先生，45 岁，萧山某跨国公司的员工，年收入 22 万元，年终奖 5 万元，有“五险一金”，目前每月住房公积金有 5 000 元（单位和个人缴存共计）。邵太太 41 岁，萧山某知名酒店的员工，年收入 15 万元，年终奖 30 000 元，有“五险一金”，目前每月住房公积金有 4 000 元（单位和个人缴存共计）。夫妻二人住房公积金账户共有 65 万元。

女儿今年15岁，在萧山某公立初中读初二，每年兴趣班和学校各类杂费大概5万元。无信用卡。邵先生家准备在近几年购买一套100平方米左右的房子。邵先生和邵太太各自希望65岁和60岁能够退休，并且二人希望在退休之后能够有一个美好的晚年。邵先生家现有现金5万元，活期存款10万元和定期存款50万元，还有30万元的股票（今年收益3万元）。他们现有住房一套，价值180万元。夫妻双方名下有一辆汽车，价值15万元。在日常开销方面，邵先生家每月消费8 000元（包括伙食、水电费、购物等），旅游支出每年2.5万元。因为家里老人退休金比较高，所以不需要承担父母的赡养费用。家庭没有负债。所有数据截至2024年12月31日。

请结合该家庭财务状况进行理财需求分析，分析该家庭的理财重心，并对该家庭的理财目标进行简单的规划和设计。

个人理财规划设计篇

个人理财是为了平衡其所在家庭一生的财富，做好家庭生活消费的基本保障，做好家庭财产的保值增值，以期全面满足家庭的理财需求。家庭的理财需求是多样的、各有侧重的。一般来说，从家庭一生的理财需求出发，家庭理财规划包括现金规划、消费规划、教育规划、保险规划、投资规划、养老规划、财产分配与传承规划等。每个家庭在不同阶段的理财需求侧重不同，基本上每个家庭都会涉及以上家庭理财专业子规划。个人在进行理财规划设计时，对每个子规划的重点、特点和要点都需要掌握，统筹考虑与安排。一般来说，开展专业子规划的顺序为现金规划与消费规划优先，其次是教育规划、保险规划，最后是投资规划、养老规划、财产分配与传承规划。当然这不是铁律，个人可以根据家庭实际特征与需求，优先重点规划其中某项专业子规划。

项目五　单身青年的现金规划

项目目标

知识目标

1. 掌握现金与现金等价物的概念
2. 理解现金规划的意义与步骤
3. 掌握现金规划的一般工具
4. 掌握现金规划的融资类工具

能力目标

1. 能够为家庭配置合适的现金与现金等价物
2. 能够合理使用现金规划融资类工具
3. 能够使用流动性比率评价家庭现金管理
4. 能够为家庭制定现金规划

素养目标

1. 树立正确的金钱观，培养责任感
2. 强化法律意识，提升道德修养

案例引入

刚刚工作的小王，不再依赖父母的资金支持，可以做到自给自足了。在拥有了一份固定工作，定期拿到固定薪水时，小王感觉自己人生中崭新的阶段开启了。小王喜欢收藏各式手办，在看到喜欢的手办时，总要将它买回家。然而这一次，他欢喜地买到了最新款的动漫手办后，心头一紧——钱花得好像有点透支了。快没钱吃饭的小王不得不回到最初的“避风港湾”，他从父母那里得到了补给。此时的小王仔细想了想，核算了一下，工作快一年了，自己还是个彻头彻尾的“月光族”，为什么自己攒不下钱呢？

思考：对于小王的疑惑，你怎么看？他应该从哪里入手、如何规划，才能更好地规划基本的收入与支出呢？

任务一　认知现金规划

家庭理财专业子规划的第一位即现金规划，该规划也是家庭进行理财规划的首要任务。现金规划最为基础，基本上所有的家庭只有在达成现金规划目标后，才会进一步推进后续的专业子规划。现金规划是对个人或家庭日常所需现金及现金等价物的安排和对生活基本收支的管理过程。

一、现金规划的意义

现金规划是每个人都应该学习的一种财务管理技能。它是应对突发状况的稳定剂，是未来资金需求保障的奠基石。现金规划要保证家庭基本的日常消费，通过基础的消费开支占比进行对比分析，提出节流建议，适当调整家庭开支结构。现金规划要做好应急预案，协助家庭平稳跨过磕磕绊绊。人不可避免地发生一些意外，比如失业、创业失败、意外事故等，这时会出现大额资金缺口。提前、合理的现金规划可以提供一个必要的缓冲，帮助家庭度过危机，不至于出现变卖家产等情况。生活中除了坏的意外，还可能有好的意外，比如一个稍纵即逝的投资良机。针对这样的投机性事件，个人抓住机会，便有助于达成家庭资产保值增值的目标。另外，就算家庭生活中没有任何意外发生，现金的合理安排同样重要。只有现金规划合理，我们才能更加有信心满足未来的消费、投资等需求。合理的现金规划既可确保我们有足够的资金满足计划之内的支出，又可确保我们能够应对计划之外的资金需求。现金规划对家庭理财是必要的，对其他规划具有基础性作用。只有首先确保建立合理的现金规划，家庭的整体理财规划才能高效推进。

二、现金规划的影响因素

现金与现金等价物的最大优点是流动性强，而收益差是其最大缺点。家庭持有现金与现金等价物或者对它们的需求倾向，主要有正向影响因素和反向影响因素。

（一）正向影响因素

正向影响因素主要源于家庭本身对资产的流动性需求，因而要持有一定量的现金与现金等价物，流动性需求主要源于以下三个动机：

（1）交易动机。家庭的日常生活交易活动主要都是通过现金及现金等价物完成的。由于收入和支出在时间上常常无法同步，因此家庭必须备有足够的现金及现金等价物来维持日常开支。个人可以根据家庭实际的支出情况，设置适合每个家庭的流动性资产数额，以满足家庭的支出需求。

（2）预防动机。家庭生活经营期间，难免出现意外事件，比如重大疾病、失业等。为了预防意外事件给家庭带来的财务危机，家庭会选择持有现金及现金等价物，方便及时弥补因意外事件导致的资金缺口。与交易动机考虑到的当期收入与支出的不匹配的前提不同，预防动机关注的是未来收入与支出的不匹配问题。家庭在预防动机下资金的需求与个人及家庭的预期直接相关。家庭认为未来收入是否稳定、是否可观，以及对未来意外事件发生的风险态度与应对偏好，都会直接影响家庭用于满足预防动机的现金及现金等价物的储备。一般来说，可以以流动性比率作为参考配置家庭紧急备用金。以满足家庭 3～6 个月的支出额作为家庭流动性资产配置标准，足以满足家庭紧急备用金的需求。

（3）投资动机。在凯恩斯的理论框架下，人们的货币需求行为由三种动机决定，即交易动机、预防动机和投机动机。这与家庭现金需求理论下对资产的流动性需求是类似的，只是在家庭的资产配置活动中，更多关注的是抓住合适的投资机会；只有在金融专业人员指导下，人们才会更加关注与利率水平直接相关的投机行为。所以在家庭现金需求理论下，家庭会为了把握投资机会、获得较大收益而持有一定的现金及现金等价物，我们把这一动机称为投资动机。

（二）反向影响因素

反向影响因素主要包括：第一，持有现金及现金等价物的机会成本；第二，家庭自身的融资便利与融资额度。

对于金融资产来说，通常流动性和收益率是呈反比的。因为现金及现金等价物具有很高的流动性，所以收益率较低。由于机会成本的存在，持有收益率较低的现金及现金等价物就意味着放弃了持有收益率较高的投资品种的机会，因此家庭为了平衡对资产的收益增值能力的需求与对资产的流动性的需求，会在现金及现金等价物的配置上做出权衡。

家庭实际配置现金及现金等价物时，会结合自身的融资便利与融资额度，进一步做到既不过多持有可能损失收益的现金及现金等价物，又满足资产流动性的需求。金融市场的发展给家庭带来了金融融资便利，最为常见的是信用卡融资，其次是第三方支付——微信与支付宝融资，还有融资便利产品——微粒贷与借呗等。每个家庭都会有一定的可操控的融资额度，这个额度可以作为家庭现金资产配置时的考虑因素。

当然，家庭持有的现金及现金等价物总额并不是简单地将以上正向影响因素之和减去反向影响因素之和而得到的数据。在实际操作中，家庭要结合自身实际情况，综合考虑以上因素，合理制定现金规划。

三、现金规划的步骤

现金规划作为最基础的专业子规划，是最接地气的专业子规划之一。现金规划的制定步骤为：获取家庭财务信息；进行专业财务分析；确定现金规划目标；制定现金规划方案；适时调整现金规划方案。

在确定现金规划目标时，可以在综合考虑家庭理财总目标的前提下，进行家庭日常消费所需现金及现金等价物的需求额度的确定。一般来说，现金理财目标可以是对现金及现金等价物的需求额度或者合理的家庭流动性比率的设定。

以合理的家庭流动性比率的设定为例，选定合理的家庭流动性比率时要考虑家庭的收入、支出等财务状况。个人可以根据家庭收入的稳定性，确定现金及现金等价物的额度。比如家庭成员均为公务人员，收入十分稳定，选择流动性比率设定为 3，此时便可以确定该家庭的现金规划目标。接下来制定全面的现金规划方案，需要根据合理的 3 倍家庭月支出来配置对应数额的家庭流动性资产。比如，某家庭 1/6 的额度可以用现金形式来配置，1/2 的额度可以用货币型基金来配置，1/3 的额度可以用短期储蓄型存款来配置。

在掌握家庭财务收支状况的情况下，确定合理的家庭现金及现金等价物的额度以及配置方式，关注家庭结余情况并考虑是否需要调整，关注家庭临时性现金需求情况并设置应对方案。在完成合理的家庭现金及现金等价物的配置后，现金规划方案基本确定，最后形成专业的规划报告。切记，方案制定后，仍需关注家庭的财务状况是否有重大变化，现金规划方案是否需要调整。

任务二　现金规划的设计与工具使用

一、现金规划资产类工具

现金规划的一般工具是指资产类现金工具，即现金及现金等价物。现金等价物是指流动性强的、类似于现金的家庭金融资产，常见的包括储蓄型存款、货币型基金等。当然，即将到期的其他金融资产，因为很快能够变现，且变现成本几乎为零，所以这样的金融资产也是现金等价物。

（一）现金

现金是现金规划的重要工具。与其他的现金规划工具相比，现金有两个突出的特点：一是现金在所有金融工具中流动性最强。在国际货币基金组织对货币层次的划分中，现金位于第一层次。二是持有现金的收益率低。在通货膨胀条件下，现金不仅不会带来收益，反而会贬值。在这种情况下，人们持有现金是为了追求现金流动性，但客观上会损失一定收益。家庭手头持有的现金额度通常能够满足日常正常生活开支即可。

（二）储蓄型存款

我国储蓄机构提供的一般储蓄业务，通常包括活期、定活两便、整存整取、零存整取、整存零取、存本取息、个人通知存款以及个人支票储蓄存款等。

活期是指无固定存期、可随时存取、存取金额不限的一种比较灵活的储蓄方式。定活两便是一种事先不约定存期，一次性存入、一次性支取的储蓄方式。整存整取是一种由客户选择存款期限，整笔存入，到期提取本息的定期储蓄方式。零存整取是一种事先约定金额，逐月按约定金额存入，到期支取本息的定期储蓄方式。整存零取是一种事先约定存期，整数金额一次存入，分期平均支取本金，到期支取利息的定期储蓄方式。存本取息是一种一次存入本金，分次支取利息，到期支取本金的定期储蓄方式。个人通知存款是一种不约定存期，支取时需提前通知银行，约定支取日期和金额方能支取的存款。个人支票储蓄存款是以活期储蓄存款作保证，以支票作支付凭证，办理支现和转账结算，集储蓄与消费于一体的存款。

目前国内储蓄机构也在提供特色储蓄业务，常见的包括结构性存款、大额存单、创新型存款等。

结构性存款，是指投资者将合法持有的人民币或外币资金存放在银行，由银行通过在普通存款的基础上嵌入金融衍生工具（包括但不限于远期、掉期、期权或期货等），将投资者收益与利率、汇率、股票价格、商品价格、信用、指数及其他金融类或非金融类标的物挂钩的具有一定风险的金融产品。不同于一般存款，结构性存款是具有投资风险的。

大额存单，是指由银行业存款类金融机构面向个人、非金融企业、机关团体等发行的一种大额存款凭证。与一般存单不同的是，大额存单在到期之前可以转让，有期限规定，投资门槛高，金额为整数。

创新型存款，是指具有创新性的计息方式，以及具有定期存款收益权转让功能的特色存款。其创新性的计息方式体现在根据持有的存款期限靠档计息。这类存款按持有期限设置阶梯年利率，有的按月付息，有的按季付息，有多种付息方式，灵活存取却不按活期利率来计息，所以兼备活期储蓄的强流动性和定期储蓄的高收益率。收益权转让功能是指将存款收益权转让给第三方机构以实现定期存款活期化。首先，创新型存款的发行银行需要找到第三方金融机构合作（一般为信托公司）；其次，将创新型存款持有至到期（一般为3～5年期限），能得到定期（3～5年期限）储蓄利率。如果提前支取存款，将收益权转让给指定的第三方机构，存款人就能拿到第三方机构所垫付的本金和利息。当然，第三方机构会在其中赚取利差。

（三）货币型基金

当今金融市场中的货币型基金占有量不断提高，家庭资产配置中持有货币型基金越来越普及。货币型基金之所以受家庭资产配置的欢迎，主要是因为其拥有本金安全性高、投资成本低、流动性强、收益率明显高于活期储蓄等优质特征，具体特点见表5-1。

表5-1 货币型基金特点

特点	描述
安全性高	货币型基金主要投资于低风险、高流动性的货币市场工具，如短期国债、央行票据、银行存款等，因此资本安全性较高、风险较低
流动性强	货币型基金具有类似活期储蓄的流动性，投资者可以随时申购、赎回，资金到账时间短，一般T+1或T+2即可到账，部分基金可实现T+0
收益稳定	相比股票市场基金和债券基金，货币型基金的收益波动性较小，因为其主要投资于货币市场工具，这些工具的收益率相对稳定
起投额低	货币型基金通常对投资者的起投额没有严格限制，其中不乏1元起投的基金产品，适合小额投资者
投资成本低	投资货币型基金一般免收认购费、申购费和赎回费；基金的管理费、托管费、销售服务费等管理费用也较低，可以整体降低投资者的投资成本

续表

特点	描述
复利收益、分红免税	多数货币型基金面值保持1元，收益每日计算并转化为基金份额，投资者享受的是复利收益，且分红免收所得税
专家理财	货币型基金由专业的基金管理人进行运作，投资者无须具备专业的投资知识和经验，即可享受专家理财的便利
灵活转换	部分货币型基金还提供与其他开放式基金的转换功能，投资者可以根据市场情况和自身需求进行灵活转换，提高资金使用效率

根据中国证监会、中国人民银行发布的第120号令《货币市场基金监督管理办法》，货币型基金是指仅投资于货币市场工具，每个交易日可办理基金份额申购、赎回的基金。在基金名称中使用“货币”“现金”“流动”等类似字样的基金视为货币型基金。货币型基金应当投资于以下金融工具：

（1）现金；

（2）期限在1年以内（含1年）的银行存款、债券回购、中央银行票据、同业存单；

（3）剩余期限在397天以内（含397天）的债券、非金融企业债务融资工具、资产支持证券；

（4）中国证监会、中国人民银行认可的其他具有良好流动性的货币市场工具。

知识链接

现实市场中的货币型基金排行榜

天天基金网某日货币型基金排行榜如表5-2所示。

表5-2 天天基金网某日货币型基金排行榜

序号	基金代码	基金简称	万份收益	年化收益率			成立以来	手续费
				7日	14日	28日		
1	4121	兴银现金添利A	0.4629	1.77%	1.76%	1.77%	20.07%	0费率
2	4869	国联日盈B	0.4004	1.50%	1.55%	1.77%	19.19%	0费率
3	2201	大成慧成货币B	0.4038	1.51%	1.98%	2.14%	23.50%	0费率
4	18092	兴银现金添利C	0.4194	1.60%	1.60%	1.61%	3.28%	0费率
5	16778	长城收益宝货币C	0.5103	1.89%	1.90%	1.93%	4.31%	0费率
6	1026	诺安理财宝货币C	0.4369	1.64%	1.89%	1.80%	29.08%	0费率
7	1821	兴全天添益货币B	0.5195	1.84%	1.86%	1.86%	28.64%	0费率
8	2234	泰信天天收益货币	0.5725	1.80%	1.78%	1.81%	23.86%	0费率
9	10883	中信保诚智惠金货	0.5858	1.66%	1.63%	1.74%	7.99%	0费率
10	1698	大成恒丰宝货币B	0.4904	1.82%	1.83%	1.85%	24.23%	0费率

资料来源：天天基金网，2024-08-20.

（四）国库券

国库券是国家财政机构为弥补国库收支不平衡而发行的一种政府债券。它的债务人是国家，还款保证是国家财政收入，因此几乎不存在信用违约风险，是金融市场风险最小的信用工具之一。国库券的期限通常较短，一般为一年左右，流动性强。国库券可以通过证券交易所、银行柜台以及网上交易平台购买，具有发达的二级交易市场。由于国库券具有安全性高、收益稳定、流动性强等特点，因此成为投资者理想的投资选择，尤其适合风险厌恶型投资者和寻求稳定收益的投资者。

二、现金规划融资类工具

为了完成现金规划，家庭可以使用的工具不仅可以是资产类的，还可以是融资类的。尤其是家庭在应对突发状况时，或面对短期大额资金需求时，可以使用融资类工具及时解决资金需求问题。常见的融资类工具有信用卡融资、小额信用贷款、存单质押贷款、凭证式国债质押贷款、保单质押贷款、典当融资等。

（一）信用卡融资

信用卡是人们生活中最常用的融资工具之一。信用卡是指由商业银行或者其他金融机构发行的具有消费支付、信用贷款、转账结算、存取现金等全部功能或者部分功能的电子支付卡。相比于普通银行储蓄卡，信用卡最大的优点是即使卡内没有任何资金，也可以实现非现金支付，完成交易活动，而且银行会提供一定的免息期。在持卡人刷卡透支消费后，从银行记账日至发卡银行规定的到期还款日之间均为免息还款期。持卡人只需在发卡机构规定的还款日之前偿还所有消费融资，便可享受免息还款期，否则银行便会收取利息。

信用卡还具有预借现金功能。预借现金（取现）服务是银行为持卡人提供的小额现金借款，以满足持卡人的应急之需，让持卡人的资金融通更自在从容。一旦有现金紧急需要，持卡人可持信用卡在自动柜员机上 24 小时自由取现。预借现金额度根据持卡人的用卡情况设定，包含在信用卡的信用额度内，各发卡行具体规定不同。一般信用卡预借现金交易设有每笔取现手续费的收费比率、每笔收费最低额度，以及每卡每日取现额累计限额等。同时，预借现金交易不享受免息还款期，自此笔提现交易发生日起按日利率 0.05%计收利息至清偿日止，发卡行按月计收复利。

使用信用卡还有其他两种益处。第一，不同的发卡机构提供不同的、个性化的消费服务，比如发卡机构与特约商户合作，持卡人可享受折扣优惠活动、特定消费日折扣活动、积分换购活动等。第二，信用卡消费可以帮助持卡人做好消费支出记录，同时积累个人信用，增添诚信记录。

案例信息：

客户于 2024 年 10 月 6 日持银行信用卡刷卡消费 2 000 元，11 月 1 日透支取现 3 000 元，11 月 5 日持银行信用卡刷卡消费 1 000 元。该信用卡的账单日为每月 5 日，还款日为每月 25 日，手续费率 1%，日利率 0.05%。请问该客户于 11 月账单日收到的账单金额是多少？按刷卡消费最低还款 10%来算，该客户 11 月账单日最低还款总额是多少？若客户在还款日仅还了最低还款额，则 12 月账单日有多少循环利息？

案例分析：

信用卡设有账单日和还款日，信用卡于每月账单日结束后出账单，持卡人于当月的还款日归还该期账单的金额。持卡人可全额还款，若无能力全额还款，则应归还最低还款额；若仍无能力还款，则将直接影响信用，且会产生滞纳金。其中，最低还款额为账单金额中的刷卡消费部分的 10%、全部的取现、取现手续费、循环利息、日息等构成的合计额。循环利息是因为未按账单金额全额还款，存在有未还款的部分，此部分不再享受免息，便产生了循环利息。日息即从刷卡消费交易日开始，每日收取 0.05%的利息，直到到账单日（计息到账单日前一日），若在未到账单日期间有还款行为，则从还款当日减少罚息的计息本金部分，继续对未还款部分按 0.05%进行计息。从刷卡消费到账单日，所有产生的日息总计到一起即循环利息。

该客户 11 月的账单周期为 10 月 6 日至 11 月 5 日，其中客户 10 月 6 日刷卡消费的 2 000 元，享受了最长的免息期（于 11 月 25 日还款，即享受了 50 天免息期），客户 11 月 5 日刷卡消费的 1 000 元则仅享受了最短的免息期（于 11 月 25 日还款，即享受了 20 天免息期）。由于客户在 11 月账单周期有透支取现行为，由此产生了手续费 30 元（3 000×1%），由于提现不享受免息而产生了 4 天（从提现当天 1 日到账单日 5 日，算头不算尾总计 4 天）的提现利息 6 元（3 000×0.05%×4），所以该客户 11 月的账单金额总计为 6 036 元（2 000+1 000+3 000+30+6）。

该客户的最低还款额包括提现涉及的全部额度和刷卡消费的 10%，即为 3 336 元（2 000×10%+1 000×10%+3 000+30+6）。若客户在还款日 11 月 25 日还款 3 336 元，由于存在未还款部分，因此将产生循环利息。10 月 6 日刷卡消费 2 000 元，于 11 月 25 日还款 200 元，于 12 月 5 日将产生 59 元（2 000×0.05%×50+1 800×0.05%×10）的循环利息。11 月 5 日刷卡消费 1 000 元，于 11 月 25 日还款 100 元，于 12 月 5 日将产生 14.5 元（1 000×0.05%×20+900×0.05%×10）的循环利息。因此，将产生总计 73.5 元的循环利息。

（二）小额信用贷款

小额信用贷款是指以良好信用记录或稳定收入为依据而向个人授予的小额贷款。贷款的金额一般为 1 万元以上、20 万元以下。目前，市面上的信用贷款产品种类繁杂，贷款利率水平各不相同。在确实需要时，个人一定要研读清楚贷款产品的具体条款，贷款额度一定在自身财务实力可控范围，并按期还款。

这里以微信平台的微粒贷和支付宝平台的信用贷为例，作简单介绍。作为微众银行推出的一款互联网银行贷款产品，微粒贷是一款纯线上小额信用循环消费贷款产品。该产品无抵押、无担保，以借款人良好信用为基础，完成借款人的小额融资需求。该产品依托严谨的风险控制规则及完备的技术支持体系，提供 7×24 小时线上服务，办理手续便捷高效，全部流程都在手机上操作完成，借款可最快 40 秒到账。另外，该产品支持借款人随时结清贷款，且不收取任何其他额外手续费用。信用贷是支付宝推出的一款贷款产品。该产品需要借款人在支付宝平台获得相应的芝麻信用分数。借款人可以申请的贷款额度根据芝麻信用分的不同而不同。信用贷同样是无抵押、无担保线上办理，提供7×24小时线上服务，借款办理效率高。

（三）存单质押贷款

目前各家商业银行都推出了存单质押贷款业务，手续简便。借款人只需向开户行提交本人名下的定期存款（存单、银行卡账户均可）及身份证，就可提出贷款申请。经银行审查后，双方签订定期存单质押贷款合同，借款人将存单交银行保管或由银行冻结相关存款账户，便可获得贷款。如果手续齐备，借款人当天就可以签订合同拿到贷款，不需要任何手续费。存单质押贷款一般适合短期、临时的资金需求。

（四）凭证式国债质押贷款

凭证式国债质押贷款是指借款人以未到期的凭证式国债作质押，从商业银行取得人民币贷款，到期归还贷款本息的一种贷款业务。凭证式国债质押贷款的金额起点为人民币5 000元，每笔贷款金额不超过质押国债面额的90%。凭证式国债质押贷款的贷款期限原则上不超过一年，并且贷款期限不得超过凭证式国债的到期日，如用不同期限的多张凭证式国债作质押，以距离到期日最近者确定贷款期限。凭证式国债质押贷款利率，按照同期、同档次法定贷款利率（含浮动）和有关规定执行。贷款期限不足6个月的，按6个月的法定贷款利率确定。另外，银行也会根据客户的不同情况调整贷款利率，贷款利率的下限是基准利率的90%，不设上限。如借款人提前还贷，贷款利息按合同利率和实际借款天数计算，并按合同规定收取补偿金。凭证式国债质押贷款利随本清。质押贷款期逾期一个月以内（含一个月），自逾期之日起按法定罚息率向借款人计收罚息。

（五）保单质押贷款

保单质押贷款是投保人把所持有的保单质押给保险公司或商业银行，按照保单现金价值的一定比例获得资金的一种融资方式。因此，只有具有保单现金价值的保险才可以办理保单质押贷款，比如具有储蓄功能的养老保险、年金保险和具有一定投资功能的投连险和万能险等。

投保人可将保单直接质押给保险公司，从保险公司取得贷款。如果借款人到期不履行债务，当贷款本息达到退保金额时，保险公司终止其保险合同效力。投保人还可将保单质押给商业银行，由银行支付贷款额度。当借款人不能到期履行债务时，银行可依据借贷合同，凭保单由保险公司偿还贷款本息。

保单质押贷款期限和贷款额度有一定限制。目前，我国保单质押贷款的期限较短，一般最多不超过6个月，最高贷款金额也不超过保单现金价值的一定比例，对这个比例各个保险公司有不同的规定，一般在70%～80%；银行更为宽松，一般可达到90%。期满后，借款人一定要及时归还贷款，一旦借款本息超过保单现金价值，保单将永久失效。

保单质押贷款按约定利率收取利息。目前，我国保单质押贷款的利率还是相对固定的。

（六）典当融资

典当是指当户将其动产、财产权利作为当物质押或者将其房地产作为当物抵押给典当行，交付一定比例费用，取得当金并在约定期限内支付当金利息、偿还当金、赎回典当物的行为。典当融资是民间主要的融资渠道，是一种新型的、特殊的融资方式，弥补了银行融资的不足。通过银行申请贷款手续繁杂、周期长，而且银行更注重大额融资而不愿意接受小额贷款。作为非主流融资渠道的典当行，提供的质押贷款手续简单快捷，除了房地产抵押需要办理产权登记，其他贷款最快可以一小时放款。

典当当金利率按中国人民银行公布的银行机构 6 个月期法定贷款利率及典当期限折算后执行。典当当金利息不得预扣。除此之外，典当过程中还需缴纳各种综合费用，具体包括各种服务费用及管理费用。典当借贷的费率较高。

典当行一般接受的抵押、质押的物品范围包括金银饰品、古玩珠宝、家用电器、机动车辆、生活资料、生产资料、商品房产、有价证券等。比如，股票典当、汽车典当在华夏典当行、民生典当行等大型典当行都可以实现。

典当行向当户发放当金的期限往往较短，一般不超过 6 个月。在典当期限内，当户可以提前赎当，经当户、典当行双方同意可以续当。一般在典当期限内或典当期限届满后 5 日内，经双方同意可以续当一次，期限最长为 6 个月，称续当期。续当期自典当期限或前一次续当期限届满日起算。续当时，当户应当结清前期利息和当期费用。典当期限或者续当期限届满后，当户应当在 5 日内赎当或者续当。逾期不赎当也不续当的，为绝当。当户于典当期限届满或者续当期限届满至绝当前赎当的，除须偿还当金本息、综合费用外，还应当根据中国人民银行规定的银行等金融机构逾期贷款罚息水平、典当行制定的费用标准和逾期天数，补交当金利息和有关费用。

任务三　家庭现金规划案例分析

我们以案例的形式对客户进行现金规划的分析与设计。以下是我们已知的客户财务状况，且已经做了简单的分析汇总。

年轻的上班族王先生是一名业务员，工龄为 2 年。王先生自认为收入不算低，但工作 2 年了，为什么自己基本没有配置投资性资产，更没有大额资产呢？解开这个疑虑需要从王先生的收入、支出切入。王先生 2024 年一年平均每月的税后工资为 8 000 元，但业绩差时只有 5 000 元、业绩好时能有 12 000 元。通过将王先生 2024 年一年的支出进行系统汇总后，发现其每月固定的衣食住行等基本生活支出为 5 000 元，有一些一次性充值消费，包括一张 10 000 元的健身卡，一张 3 000 元的电影卡，还有不定期的旅游消费，一年总计费用为 20 000 元。所以王先生全年的支出基本为他全年的收入，现在他的工资卡里只有 5 000 元的活期存款。王先生喜欢使用信用卡消费，认为没有后顾之忧，在下个月发工资后，用工资还款即可，没有任何利息费用。查看当期消费情况，王先生信用卡上有未还款额 3 500 元。他个人消费信用良好，没有任何违约或不诚信消费记录。

下面我们系统地为王先生进行个人现金规划。

王先生现阶段是典型的“月光族”，他急需认真审视自身的收入与支出状况，重视自身资产配置。根据案例财务信息进行初步的报表编制，具体见表 5-3 和表 5-4。

表 5-3 王先生家庭资产负债表

时间：2024-12-31 单位：元

资产	金额	负债	金额
活期储蓄	5 000	信用卡未还款额	3 500
总资产	5 000	总负债	3 500
净资产	1 500		

表 5-4 王先生收支表

时间：2024-01-01 至 2024-12-31 单位：元

收入	金额	支出	金额
年工资收入	96 000	日常生活支出	60 000
		健身卡	10 000
		电影卡	3 000
		旅游支出	20 000
总收入	96 000	总支出	93 000
净收入	3 000		

王先生利用信用卡的短期免息期的优惠是可取的，但这也确实“蒙蔽”了他的双眼，让他觉得自己是有足够的财务实力应付以往所有的开销的。通过沟通以及深入分析家庭财务报表发现，王先生经常在外就餐时刷卡支付，每月账单日就积累出较高的总还款额，导致日常生活消费较高。王先生有冲动消费的倾向，他难以抵挡商场或店铺充值优惠活动的诱惑而冲动办卡。比如，虽然他办理健身卡、电影卡是打算在工作之余进行健身或放松心情的，但他更多时候还是选择在家休息，所以两张卡的利用率也较低。王先生的冲动消费、不加管制的消费导致他没有像样的资产配置。

我们简单计算下王先生全年资产的储蓄率。

$$(8\,000\times12-5\,000\times12-10\,000-3\,000-20\,000)/(8\,000\times12)\times100\%=3.125\%$$

过低的储蓄型存款是导致王先生没有资金实力配置家庭资产的主要原因。为了提高王先生的储蓄型存款，我们建议基本生活开支中减少外出就餐费用，将 5 000 元降低至 4 000 元；接下来的一年不再冲动消费，不再办各类储值卡。但每年不定期的旅游费用仍可以保留，比如留出 15 000 元的预算。这样仍以 2024 年的收入情况为例，简单模拟测算，在控制预算的情况下，王先生的储蓄率变成了 34.375%。

(8 000×12－4 000×12－15 000)/(8 000×12)×100%＝34.375%

模拟测算后发现储蓄率明显提高了，而且有了 33 000 元的结余可以用于家庭资产的配置。

接下来的一年，王先生应该合理控制自己的基本生活消费，做好其他消费的预算，让自己的资产实力强大起来，有财务实力配置家庭资产。对于家庭资产配置，一般使用流动性比率（流动性比率＝流动性资产/每月生活支出）指标，配置为了满足家庭基本消费的流动性资产，然后将剩余的资产额度配置到投资性资产，增加家庭资产实力。由于王先生是业务员，工资收入并不稳定，因此可以建议他选择配置 6 倍家庭月支出的流动性资产。以控制预算下的家庭年支出 63 000 元为基础，得到其每月支出为 5 250 元，家庭选择的流动性比率取值为 6，则建议家庭配置的流动性资产额度为 31 500 元（5 250×6）。在确保家庭拥有足够的流动性资产后，将其他资金配置到投资性资产，可以选择以基金定投的方式购买一份中风险的基金，或者选择风险适中的银行中短期理财产品等。通过投资性资产的增值效益，不断提升家庭的资产实力。

课后习题

一、单选题

1. 张先生申请了某银行信用卡，按发卡行规定，每月 1 日为账单日，25 日为还款日。如果张先生在 2025 年 3 月 2 日消费 3 000 元，则他可以享受的免息还款期为（　　）天。

A. 23　　B. 24

C. 54　　D. 55

2. 不能视为现金及现金等价物的是（　　）。

A. 即将到期的三年期定期存款　　B. 货币型基金

C. 一幅名画　　D. 活期存款

3. 下列关于紧急备用金的说法，错误的是（　　）。

A. 紧急备用金可用来应付因失业与失能而造成收入中断时的生活支出

B. 一般家庭应当以 3～6 个月的生活费为基准，准备紧急备用金

C. 紧急备用金可以投资于股票或者房地产

D. 紧急备用金一般以活期或者短期存款的形式储备

4. 流动性比率是（　　）。

A. 流动性资产与总资产之比　　B. 流动性资产与每月支出之比

C. 流动性资产与投资资产之比　　D. 流动性资产与净资产之比

5. 现金最重要的优势特征就是（　　）。

A. 高风险　　B. 强流动性

C. 低收益　　D. 易贬值

6. 通常情况下，流动性比率应保持在（　　）个月。

A. 1～3　　B. 3～6

C. 6～12　　D. 12 以上

7. 下列选项中，属于现金等价物的是（　　）。

A. 股票及权证　　B. 债券

C. 货币市场基金　　D. 基金

8. 流动性比率（　　）。

A. 越大，说明家庭资产的流动性越强　　B. 越大越好

C. 越小，说明家庭资产的流动性越强　　D. 越小越好

9. 家庭资产流动性水平的评估指标为（　　）。

A. 流动性比率　　B. 流动性资产

C. 家庭结余　　D. 结余比率

10. 关于活期储蓄，以下哪个描述是错误的？（　　）

A. 活期储蓄无固定存期　　B. 活期储蓄可随时存取

C. 活期储蓄存取金额有限制　　D. 活期储蓄灵活性较高

11. 结构性存款的主要特点不包括（　　）。

A. 较定期存款流动性高　　B. 具有一定投资风险

C. 收益与金融衍生品挂钩　　D. 较活期存款收益率高

12. 货币型基金的优势不包括（　　）。

A. 安全性高　　B. 流动性弱

C. 收益稳定　　D. 投资成本低

13. 国库券的主要特点是（　　）。

A. 期限长　　B. 信用风险高

C. 流动性弱　　D. 风险小且流动性强

14. 关于小额信用贷款，以下哪个描述是正确的？（　　）

A. 贷款金额一般超过 20 万元　　B. 必须提供抵押物或担保人

C. 利率水平可能因产品而异　　D. 办理流程烦琐，需数周时间

15. 存单质押贷款的贷款额度一般不超过存单面额的（　　）。

A. 50%　　B. 70%

C. 90%　　D. 100%

16. 在银行，保单质押贷款的最高贷款余额一般不超过保单现金价值的（　　）。

A. 50%　　B. 70%

C. 90%　　D. 100%

17. 典当融资中，若当户在典当期限届满后既未赎当也未续当，该典当物将如何处理？（　　）

A. 自动归还当户　　B. 继续计息，当户可随时赎回

C. 成为绝当，典当行有权处理　　D. 由第三方机构评估后处置

二、多选题

1. 下列选项中，属于现金规划的工具是（　　）。

A. 货币型基金　　B. 信用卡

C. 储蓄型存款　　　　D. 国库券

E. 典当融资

2. 现金规划中，对金融资产流动性的要求源于（　　）。

A. 交易动机　　　　B. 储蓄动机

C. 预防动机　　　　D. 投机动机

E. 保值动机

3. 以下有关现金规划的描述正确的是（　　）。

A. 现金规划是为满足个人或家庭短期需求而进行的管理日常现金与现金等价物和短期融资的活动

B. 现金规划是否科学合理将影响其他规划能否实现

C. 现金规划对个人财务管理来说是非常必需的

D. 做好现金规划是整个投资理财规划的基础

E. 现金规划的重点是资产增值的最大化

4. 货币市场基金的特点包括（　　）。

A. 本金安全、资金流动性强　　　　B. 分红免利息税

C. 投资成本较高　　　　D. 收益率相对活期储蓄高

E. 起投额限制低

5. 下列关于现金的说法正确的是（　　）。

A. 现金在所有的现金规划工具中流动性最强

B. 持有现金的收益率较低

C. 持有现金的收益率较高

D. 现金是现金规划的重要工具

E. 通常情况下，由于通货膨胀现象的存在，持有现金不仅没有收益率，反而会贬值

6. 现金规划中所指的现金等价物是指下列金融资产中的（　　）。

A. 活期　　　　B. 各类银行储蓄型存款

C. 货币型基金　　　　D. 股票

E. 债券

7. 现金规划具体包括（　　）。

A. 评估家庭资产流动性水平

B. 评估家庭收支状况

C. 合理确定家庭日常所需现金数量、配置方式

D. 合理调整家庭储蓄额

E. 提出临时性现金需求满足方案

8. 家庭结余（　　）。

A. 应保持为正，以此提高家庭资产实力

B. 为负时，说明家庭出现财务赤字

C. 为负时，可能仅是一次财务波动

D. 为负时，说明家庭已经出现财务危机

E. 持续为负，后果严重

9. 以下说法正确的是（　　）。

A. 家庭持有的流动性资产应该至少可以满足家庭 3 个月的开支

B. 家庭持有的流动性资产最多不宜超过 6 个月的开支

C. 家庭持有的流动性资产应该至少可以满足家庭 12 个月的开支

D. 收入支出不稳定的家庭，流动性比率可以低一点

E. 收入支出均稳定的家庭，流动性比率应当高一点

10. 在理财中，现金规划作为基础规划是首先和必须考虑的规划，这是因为（　　）。

A. 家庭资产财务安全需要通过现金规划以保证实现

B. 合理的现金规划对保证家庭投资资金来源十分重要

C. 现金规划可使家庭资产保持高度流动性

D. 编制任一单项规划，都需要与现金规划相平衡

E. 现金规划可以对其他专业子规划起到基本支撑作用

11. 影响客户现金需求的因素有（　　）。

A. 家庭生活费用　　B. 预防突发事件的现金准备

C. 抓住投机机会　　D. 持有现金的机会成本

E. 金融市场的融资便利

12. 结构性存款与普通定期存款的主要区别有（　　）。

A. 结构性存款具有投资风险

B. 结构性存款的收益率不固定

C. 结构性存款的收益与金融市场指标挂钩

D. 结构性存款的流动性较差

E. 结构性存款通常提供更高的利息率

13. 以下哪些因素使得国库券成为风险厌恶型投资者的理想选择？（　　）

A. 国家信用保证　　B. 期限短

C. 流动性强　　D. 收益稳定且风险低

E. 由专家团队进行资金运作

14. 信用卡融资相比普通银行储蓄卡的优势有（　　）。

A. 无须预存资金即可消费　　B. 提供一定期限的免息还款期

C. 可享受个性化的消费服务　　D. 积累个人信用记录

E. 适用于大额长期贷款

15. 小额信用贷款的特点是（　　）。

A. 贷款额度一般在 1 万元以上，20 万元以下

B. 无须抵押物或担保人

C. 办理流程烦琐，需要较长时间

D. 利率水平可能因产品而异

E. 贷款期限通常较长，适合长期规划

16. 保单质押贷款的条件和限制有（　　）。

A. 只有具有保单现金价值的保险才能办理

B. 贷款期限一般不超过6个月

C. 贷款额度不超过保单现金价值的90%

D. 利率固定不变，由保险公司统一规定

E. 贷款期满后必须及时归还，否则保单将失效

17. 相比传统银行贷款，典当融资的优势有（　　）。

A. 手续简单快捷，放款速度快

B. 适用于大额长期资金需求

C. 可接受多种质押物，包括动产和不动产

D. 利率水平相对较低

E. 对借款人的信用记录要求不高

三、案例分析题

1. 客户于2025年1月3日持A银行信用卡刷卡消费3 000元，1月5日消费1 000元。2月3日还款100元（账单日为每月的10日，次月3日为还款日，手续费率1%，日利率0.05%）。请问该客户2月的最低还款额是多少，2月的滞纳金是多少？

2. 客户办理了A银行信用卡，该卡的账单日为每月2日，还款日为账单当月的25号。若客户于5月1日刷卡消费2 000元，那么该笔款项需要于何时还款？享受了多久的免息期？若客户于5月3日刷卡消费2 000元，那么该笔款项需要于何时还款？享受了多久的免息期？

3. 小李今年26岁，每月工资收入税后5 000元，每年年终奖10 000元，每月消费支出为3 500元，今年一年各类休闲娱乐消费20 000元，手头拥有定期存款30 000元，小李自认为家庭财务打理得不错，有结余、有存款。请结合小李的家庭情况进行深入分析，并给出进一步的规划建议。

项目六　家庭形成期的消费规划

项目目标

知识目标

1. 了解家庭常见的大额消费需求以及目标设定
2. 掌握消费信贷的概念与特点
3. 掌握消费信贷的种类
4. 掌握等额本金还款法和等额本息还款法
5. 熟悉购房规划设计与实施

能力目标

1. 能够建立正确的消费理念，合理安排消费支出
2. 能够对比分析公积金贷款与商业贷款的优劣势
3. 能够区分不同还款方式的优劣势
4. 能够设计完成购房规划
5. 能够理性判断购房与租房的优劣势

素养目标

1. 树立正确的消费观念
2. 增强自我约束和责任感
3. 强化法律意识，提升道德修养

案例引入

房子是我们遮风挡雨的地方。有了房产便有了固定居住的家，家是我们的温柔乡，是我们的避风港。每个家庭都有购房的需求与愿望。一方面，我们不确定自己的实力能否买得起房产；另一方面，我们不确定自己能承担多少价位的房产。在购房时，我们到底需要考虑哪些因素？购置了房产，我们是不是在成就自我、实现自我？还是幸福感一下子就下降了呢？

家庭消费中，除了有日常消费支出，也有典型的大额消费，一般以购房需求或购车需求为主。为了满足消费需求和提高生活满意度、幸福感，我们需要进行消费规

划，规划出合理的目标，进行资金安排。

思考：使用哪些工具能够进行量化的测算与规划呢？

任务一　掌握家庭大额消费与消费贷款

类似于企业，家庭也需要经营，它是一种“生活式经营”。如果我们能控制好生活中的“成本”，即生活消费支出，就可以通过“节流”提高结余，增加的可支配收入便可以用于满足其他的理财需求。尤其是对于家庭大额消费，一旦执行，不仅会给家庭财务状况带来实质影响，而且需要合理的规划才能顺利完成与消费需求的匹配。

一、家庭大额消费需求

在进行家庭大额消费需求分析前，我们需要对自身的财务状况做全面的分析，即全面掌控家庭的所有消费开支去向，做基本的占比分析。我们要懂得开源节流中“节流”的作用，发现消费开支中不合理的构成、过高消费的占比等，通过合理安排消费决策，优化家庭消费结构。

常见的家庭大额消费需求以家庭购房需求或购车需求为主。下面以购房需求为例介绍如何进行家庭大额消费需求的确定。

理财规划师一定要充分了解客户自身的购房需求，并帮其制定可量化的购房需求目标。只有专业到可量化时，才能更加细致地规划设计目标，以按时保质地完成。首先，理财规划师要求客户初步提出购房的原因（结婚、改善居住环境、上学）、计划购房的时间（3 年内、3～5 年）、希望的居住面积（至少 100m^2、三居室）、预计房价等。其次，理财规划师与客户一同分析购房需求的影响因素。最后，理财规划师与客户制定适宜居住且经济上能够承担的购房需求目标。

影响因素中的“预计房价”的不确定性是最大的。比如，某家庭购房需求因素中确定的因素是 4 年后，孩子上学前，购得一处 100m^2 以上的三居室，未来房价并不确定，这需要理财规划师通过参考房地产专业报告或其他资料并结合房价的历史走势等估算确定。具体来说，房价取决于房子地段与使用面积两个因素。地段不同，房价单价差距可能会很大。同样一笔钱，买地段较好的房子，房价较高，面积相应较小；而买地段较差的房子，房价较低，面积相应较大，但可能无法满足家庭购房的初始需求（如上学）。所以，理财规划师要综合考虑客户提出的对社区生活质量、配套设施、子女上学、上班距离等需求，以及财务负担能力等，为其制定适合的购房需求目标。

在最终确定家庭购房需求时，需要确定一个可量化的、具体的实施目标，方便后续的具体操作与实现。比如，客户希望在 4 年后购买一套单价为 1 万元/m^2，110m^2 左右的三居室，此时理财规划师便可以具体量化出，该客户的准备期是 4 年，总房价约为 110 万元。

二、家庭消费贷款

在家庭消费规划中，不仅需要审视家庭的消费支出与消费结构是否合理，还需要合理地运用家庭消费信贷。

（一）消费信贷的概念与特点

消费信贷不仅是个人和家庭用于满足个人需求的信贷形式，也是商业企业、银行或其他金融机构对消费者个人提供的信贷。消费信贷主要用于消费者购买耐用消费品（如家具、家电、汽车等）、房屋和各种劳务。消费信贷是金融创新的产物，它打破了传统的个人与银行单向融资的局限性，开创了个人与银行相互融资的全新的债权债务关系。消费信贷是当期得到现金、商品和服务，在未来免息或付息还款的一种安排，它以个人未来的购买力为放款基础，旨在通过信贷方式预支远期消费能力，来满足个人当期消费需求。

和其他贷款形式相比，消费信贷具有以下特点：贷款对象为个人或家庭，而不是针对一般的法人或组织；贷款用途是以个人和家庭的各类消费需求为目的，而非以盈利为目的；消费信贷既有小额短期贷款，也有用于特殊目标（如购房）的大额长期贷款；消费信贷期限灵活，既有对应小额短期贷款的短期免息期，比如一个月左右的免息期，也有对应大额长期贷款的最长贷款期限，比如 30 年的个人住房贷款期限。

（二）消费信贷的种类

对于小额短期消费贷款，不仅有普遍的信用卡消费，还有各大电商平台提供的消费信贷，比如支付宝的花呗、京东的白条等。对于大额长期消费贷款，有个人住房贷款和汽车贷款。以个人住房贷款为例，它可以细分为个人住房公积金贷款、个人住房商业性贷款以及个人住房组合贷款。

个人住房公积金贷款是以住房公积金为资金来源，向缴存住房公积金的职工发放的定向用于在本市城镇购买、建造、翻建、大修自住住房的专项住房贷款，具有义务性、互助性和保障性特点。其中，住房公积金制度是解决职工家庭住房问题的一条政策性融资渠道。住房公积金由国家机关、事业单位、各种类型的企业、社会团体和民办非企业单位及其在职职工各按职工工资的一定比例逐月缴存，归职工个人所有。

个人住房商业性贷款，又称按揭，是银行用信贷资金所发放的自营性贷款，具体指具有完全民事行为能力的自然人，购买本市城镇自住住房时，以其购买的产权住房（或者银行认可的其他担保方式）作为偿还贷款的保证而向银行申请的住房商业性贷款。目前我国所有的银行在为客户办理个人住房抵押贷款时，都要求贷款人必须购买商业保险。具体而言，贷款银行要求抵押人到其认可的保险公司办理抵押物财产保险及贷款信用保险，并明确贷款银行为保险的第一受益人；保险期限不得短于贷款期限；投保金额不得低于借款的全部本息额；保险费用由抵押人承担；抵押期间，保单由贷款银行保管；在借款合同执行期间，抵押人不得以任何理由中断或撤销保险，否则贷款银行有权代为投保，保费由抵押人承担。贷款期间如遇国家调整利率，贷款期限在 1 年以内（含 1 年）的，实行合同利率，不分段计息；对于 1 年期以上贷款，于下一年年初开始，按相应期限档次利率进行调整。

个人住房组合贷款是指在购买商品房时，符合个人住房商业贷款条件的借款人同时缴存了住房公积金，在申请个人住房贷款的同时，也向银行申请个人住房公积金贷款。

作为家庭购买房产优先考虑使用的个人住房公积金贷款，与个人住房商业性贷款相比，它具有如下优势特征：第一，个人住房公积金贷款利率比个人住房商业性贷款利率低，具有优惠性质。第二，个人住房公积金贷款对贷款人年龄的限制不如个人住房商业性贷款那么严格，它没有年龄上限。第三，个人住房公积金贷款额度大于个人住房商业性贷款额度。一般个人住房商业性贷款最高可以贷到房屋总价的 80%；而根据所购住房性质不同，个人住房公积金贷款可以贷到房屋总价的 90%或 95%。

个人公积金贷款的使用确实也有特殊之处。第一，它对贷款人有特殊要求，即要求贷款人是当地公积金系统公积金缴存人。第二，它有最高贷款额度要求，一般以当地公积金中心的规定以及国家政策要求为准。个人住房商业性贷款对单笔贷款最高额度没有营销额度规定，会以客户自身财务实力以及信用状况为依据。第三，两者在实施中所需支付的费用不同。个人住房商业性贷款一般有律师费、保险费，而个人住房公积金贷款一般有担保费和评估费。

（三）消费贷款的还款方式

小额短期贷款的还款方式一般包括：免息期内按期还款、短期分期还款和到期连本带息一次性还款。大额长期贷款的还款方式一般包括：等额本金还款法、等额本息还款法、等额递增还款法和等额递减还款法等。这里我们主要介绍等额本金还款法和等额本息还款法。

1. 等额本金还款法

等额本金还款法的特征是每个固定还款期间内还款的本金部分是等额的。以按月还款为例，还款人将贷款本金平均分到每月，等额偿还，当月同时支付当期应付贷款利息，等额的本金加上当期应付贷款利息便构成当月的还款额。具体还款公式为：

每月偿还的本金＝贷款本金÷还款期数

还款期数＝贷款年限×12(抵押贷款按月还款)

每月应付利息＝当月贷款余额×月利率＝(贷款本金－累计已还本金)×月利率

月利率＝年利率÷12

年利率＝360×日利率

等额本金还款的月还款额＝每月需偿还的本金＋每月需支付的利息

＝贷款本金÷还款期数＋(贷款本金－已累计还款本金)×月利率

某笔个人住房贷款额为 50 万元，贷款期限为 20 年，贷款年利率为 6%，现选择等额本金还款法，每月还款额将如何变化？结果如表 6－1 所示。

表 6-1 等额本金还款法下的每期还款情况

单位：元

还款期数	还款额	还款本金	还款利息
1	4 583.33	2 083.33	2 500.00
2	4 572.91	2 083.33	2 489.58
3	4 562.50	2 083.33	2 479.17
4	4 552.08	2 083.33	2 468.75
…	…	…	…
238	2 114.58	2 083.33	31.25
239	2 104.16	2 083.33	20.83
240	2 093.75	2 083.33	10.42

2. 等额本息还款法

等额本息还款法的特征是每个固定还款期内还款的本金和利息之和是等额的。以按月还款为例，还款人每月还款额是固定不变的，它是将贷款本金与利息总额平均分到每个月。这样的一笔还款现金流是典型的年金形式。因为每月还款额相同，还款人偿付时容易记忆且操作简便，所以目前广泛采用等额本息还款法。

既然在等额本息还款法下还款额是一笔年金，那么我们就可以通过年金的现值（贷款本金）求解年金额度。我们可以选择普通年金现值系数求解法，或者选择 Excel 中的函数 pmt 求解法，或者选择财务计算器的现金流变量求解法等方法求解，得出具体的年金额度，即还款额度。以普通年金现值系数求解法为例，求解每月等额本息还款的还款额，公式如下：

$$\text{贷款本金}=\text{月还款额}\times\text{普通年金现值系数}$$
$$=\text{月还款额}\times[1-(1+\text{月利率})^{-n}]/\text{月利率}$$
$$\text{月还款额}=\text{贷款本金}\times\text{月利率}/[1-(1+\text{月利率})^{-n}]$$
$$\text{还款月期数}=\text{贷款年限}\times 12$$

其中，n 为还款月期数。

某笔个人住房贷款额为 50 万元，贷款期限为 20 年，贷款年利率为 6%，现选择等额本息还款法，每月还款额将如何变化？结果如表 6-2 所示。

表 6-2 等额本息还款法下的每期还款情况

单位：元

还款期数	还款额	还款本金	还款利息
1	3 582.16	1 082.16	2 500.00
2	3 582.16	1 087.57	2 494.59
3	3 582.16	1 093.00	2 489.16
4	3 582.16	1 098.47	2 483.69
…	…	…	…

续表

还款期数	还款额	还款本金	还款利息
238	3 582.16	3 528.96	53.20
239	3 582.16	3 546.60	35.56
240	3 582.16	3 564.33	17.83

任务二　家庭购房规划案例分析

住房是一个家庭的刚性需求，一般在家庭形成期，家庭购房需求会更加迫切。

在为家庭进行购房规划前，首先，理财规划师需要与客户进行充分的沟通，清晰且具体地了解客户的购房需求和目标。其次，理财规划师需要得到家庭全面的财务与非财务信息，并且进一步得出家庭最主要的两张财务报表——家庭资产负债表和收入支出表。最后，理财规划师要综合家庭现实与理想，协助客户确定合理的、经过优化的购房需求和目标，并进一步确定购房规划中的首付能力以及贷款额度设置等，促成客户购房。

下面我们举例说明。

小王与小李结婚1年了，一直在租房居住，他们打算3年后在城中心买一套三室一厅的房子。两人也准备孕育下一代，房子买在市中心，也是为了孩子之后的教育做打算。两人对房子的地理位置是有明确要求的，但对于房子的居住面积，两人只是希望越大越好，至于自身能买得起多大的房子，他们并不清楚。理财规划师进行了系统整理，与购房规划相关的财务信息以及家庭的资产负债表、家庭的收入支出表如表6-3、表6-4所示。

表6-3　王先生家庭的资产负债表　　单位：元

资产		负债	
存款	189 000	短期消费贷款	10 000
基金	81 000		
住房公积金账户余额	115 400		
汽车	50 000	负债合计	10 000
资产总计	435 400	净资产	425 400

表 6-4 王先生家庭的收入支出表

单位：元

收入	月度	年度	支出	月度	年度
固定月收入	15 000	180 000	家庭日常支出	5 000	60 000
年终奖		60 000	汽车支出	2 000	24 000
住房公积金收入	4 000	48 000	房租支出		40 000
总收入		288 000	总支出		124 000
净收入		164 000			

理财规划师掌握了客户对购房的需求后，需对其财务状况进行分析。理财规划师在确保客户家庭生活基本平稳的前提下，对客户的购房能力进行测算，需要测算其首付款能力以及贷款能力，再综合考虑需要缴纳的契税、印花税、公证费、律师费等各种费用后，最终得出购房资金需求额度。接下来以此信息为例，协助该家庭完成购房规划。

一、购房规划设计与实施

首先，根据家庭基本财务状况进行购房能力之首付款能力测算。

客户预计 3 年后在市中心购买一处房产。3 年后客户可以支付的首付款主要来源于两个部分，一部分是目前可用于持有至购房时刻的资产在目标时刻的终值，另一部分是从当下开始将年净收入的全部或一定比例持续积累至购房时刻的终值。

通过分析该家庭的资产负债表可以发现，存款和基金两笔金融资产均可以通过适当的投资安排，持有至购房时刻，其终值即为首付款来源。另外，两人的住房公积金账户余额，假定按 1.5%的收益率复利增值，其终值也为首付款来源。结合家庭自身风险特征情况，家庭的金融资产选择按照预期收益率为 6%的资产组合进行配置。

通过分析该家庭的收入支出表可以发现，家庭每年能结余 164 000 元。由于该家庭生活平稳、成员工作固定，假定每年的结余都会及时用于稳健性投资，这里假定每年结余固定不变，形成一笔 3 年期的年金，其间的收益率为 4%，那么该家庭可负担的首付款为：

家庭可负担的首付款＝目前资产在购房时刻的终值＋购房准备期家庭年结余年金的终值

＝家庭金融资产的终值＋家庭公积金账户的终值＋3 年期年结余年金的终值

＝270 000×复利终值系数($n=3,i=6\%$)＋115 400×复利终值系数($n=3,i=1.5\%$)＋164 000×普通年金终值系数($n=3,i=4\%$)

＝321 574.32＋120 671.28＋511 942.40

＝954 188.00(元)

其次，根据家庭基本财务状况进行购房能力之贷款能力测算。

客户在申请贷款额度时，公积金中心或者商业银行主要考虑客户的收入能力，考虑客户能否按期还款的能力。所以，客户的可负担贷款额一般通过客户可负担的每月还款额来测算。在得到每月还款额后，以每月还款额为年金，计算年金现值，即为购房时刻的贷款额。一般来说，将每月固定的还款额限制在家庭每月收入的40%以内，这样的债务压力在承受范围之内。以该家庭当期的年收入288 000元为例进行测算，40%的比例为115 200元，那么该家庭每月的还款额应该限定在9 600元之内。再观测该家庭的月度收入与月度支出，得到月度净收入为12 000元(15 000+4 000−5 000−2 000)，每月9 600元的贷款完全在承受范围内。

但我们要测算的是购房时刻家庭可承受的月还款额。假定家庭的收入成长速度为3%，那么购房时刻家庭的年收入＝288 000×复利终值系数($n=3, i=3\%$)＝314 705.38。所以，限制在40%的比例下，该家庭的月还款额＝314 705.38×40%/12＝10 490.18元。

按购房后的贷款利率为6%，贷款期限为30年，计算月还款额年金的现值，即为客户的可负担贷款额。

客户的可负担贷款额＝月还款额年金×普通年金现值系数($n=360, i=6\%/12$)

＝10 490.18×166.79＝1 749 657.12(元)

一般来说，公积金中心可提供的贷款额度上限为120万元，所以该家庭可以在购房时可以选择组合贷款，使得购房资金实力提高，购置合适的住房。

该家庭可负担的房屋总价＝可负担首付款＋可负担贷款额

＝954 188.00＋1 749 657.12＝2 703 845.12(元)

家庭自身提出的需求是，要在市中心购房，且房型为三室一厅，但对于能买多大面积的房产并不清楚。在知道了客户购房资金实力后，理财规划师可以对目标区域的房产单价进行收集、整理、分析。因为是3年后购房，所以理财规划师需要做好系统性的分析与预测，给出一个合理的房屋单价或房屋单价范围，以此让客户对未来的房屋面积有初步的了解。另外，理财规划师也可以通过对目标区域的房产情况进行综合分析与判断，计算具体住房面积数，以此让客户对未来购房的房屋单价有初步的了解。

二、购房与租房的对比

一般来说，住房是刚需。如案例中所述，该家庭想要配置学区房，对于单身青年或者购房实力不足的家庭来说，租房也是一个不错的选择。租房的负担较小，更容易选择居住条件更好的地段和户型。购房与租房最主要的差别在于购房者有产权，因而购房者有使用期间的自主权，而租房者有时会面临房东要求搬家的窘境。

在面临同一个标的物可售、可租时，不同的人可能在购、租之间做出不同的选择。对于如何判断购房与租房哪个更加划算，涉及个人拥有自己房产的心理效用与对未来房价的预期。购房者期待房地产增值的利益，而租房者期待房东不要随时调涨房租。购房与租房应如何抉择，可以用年成本法与净现值法来计算比较。

根据下面的案例信息，分别使用年成本法和净现值法对购房或租房进行判断选择。

王先生看中北京市朝阳区的一处房产。若是租房，每年租金为 30 万元，押金为半年租金即 15 万元。王先生确定要在该处住满 5 年，5 年后可能受到工作调整等不确定性因素影响，现在无法确定 5 年后是否继续居住。若是购房，房产总价 800 万元，首付款 300 万元，贷款利率为 6.5%。假设押金的机会成本利率选择一年期的存款利率 3%，首付款的机会成本利率选择稳健型投资产品的预期收益率 6%。假定 5 年后售房所得为 1 000 万元。请分别以年成本法和净现值法分析王先生是租房划算还是购房划算。

(一) 年成本法

年成本法比较的是购房与租房的年成本。

购房的年成本＝首付款成本＋贷款成本＋其他费用
＝首付款×机会成本利率＋贷款额度×贷款利率＋其他费用

其中，首付款成本以机会成本来计算，即如果支付了首付款来买房，首付款的资金就不能做其他投资了，这构成了首付款的机会成本。贷款成本是指由于贷款而产生的贷款利息费用，以贷款利率来计算。其他费用包括每年平摊的房屋维修费用、税费等。

租房的年成本＝押金成本＋租金成本＝押金×机会成本利率＋年租金＋其他费用

其中，押金成本以机会成本来计算。因为押金是交给房东的，其货币时间价值被房东占用了，这构成了押金的机会成本。其他费用是指租户可能自行支付的水费、电费、物业费、取暖费等。

结合王先生的案例信息，计算得出购房的年成本和租房的年成本，其中其他费用忽略不计。

王先生购房年成本＝3 000 000×6%＋5 000 000×6.5%＝505 000(元)
王先生租房年成本＝150 000×3%＋300 000＝304 500(元)

使用年成本法对比分析发现，王先生的租房成本明显低于购房成本，租房比较划算。尤其是考虑到王先生居住一段时间后可能会更换住所，若是租房，更换相对简便高效。但如果同时考虑房租有可能调高，而未来房价的升值能力较强，以及其间各种利率水平的变化，那么从经济角度出发，购房也有可能是一个有利的选择。下面使用的净现值法便综合考虑到了房子未来的升值空间。

(二) 净现值法

净现值法是考虑在一个固定的居住期间内，将购房与租房的现金流量还原为现值，比较两者的现值，支付的净现金流越小越好。

购房的净现值＝购房开销成本＋居住期间房屋维修费用成本－居住期结束后售房净所得
＝(购房的房价＋支付的相关费用)＋居住期间的房屋维修、翻新等相关费用－(售房的房价－支付的相关费用)

其中，购房的净现值由两部分构成，一部分是正向成本，即因为购房产生的现金流支出；另一部分是反向成本，即在居住期结束后，售出房产可以获得的现金流收入，这笔现金流收入以售房的净所得来衡量。

租房的净现值＝押金成本＋居住期间内的租金成本
＝押金×机会成本利率＋租金的年金现值

其中，押金成本仍为押金的机会成本。因为租金是每年年初支付，所以居住期间形成了一笔期初年金。租金成本即为这笔年金的现值。

另外，不管是租房还是购房，居住期间都会产生类似的生活费用，比如水费、电费。这类费用无须单独计算，两者在对比时会抵消。

结合王先生的案例信息，以居住期 5 年为限，计算得出购房的净现值和租房的净现值。其中房屋维修费、购房售房期间的相关费用忽略不计。

王先生购房净现值＝8 000 000－10 000 000×复利现值系数($n=5,i=6\%$)
＝527 418. 27

王先生租房净现值＝150 000×3%＋300 000×期初年金现值系数($n=5,i=6\%$)
＝1 344 031. 68

以净现值法对比分析发现，王先生的购房成本明显低于租房成本，所以购房比较划算。净现值法关键的影响因素是该房产在居住结束后房价的涨幅情况。

课后习题

一、单选题

1. 李女士看中一处房产，该房产总价为 700 万元，她现可负担的首付款为 300 万元，打算向银行申请贷款 400 万元，贷款 30 年，贷款利率 6%，约定每月等额本息还款，请问李女士每月的还款额为（　　）元。

A. 508 542. 38　　B. 290 595. 65
C. 240 000. 00　　D. 23 982. 02

2. 李女士看中一处房产，该房产总价为 700 万元，她现可负担的首付款为 300 万元，打算向银行申请贷款 400 万元，贷款 30 年，贷款利率 6%，约定每月等额本金还款，请问李女士第一个月的还款额为（　　）元。

A. 19 444. 44　　B. 23 982. 02
C. 31 111. 11　　D. 54 444. 44

3. 张先生购买了一套总价为 500 万元的房产，首付款 200 万元，向银行贷款 300 万元，贷款 25 年，贷款利率 6%，约定每月等额本息还款，请问张先生每月的还款额为（　　）元。

A. 19 556. 68　　B. 19 329. 04
C. 18 162. 23　　D. 17 986. 52

4. 张先生购买了一套总价为 500 万元的房产，首付款 200 万元，向银行贷款 300 万元，贷款 25 年，贷款利率 6%，约定每月等额本金还款，请问张先生第一个月的还款额为（　　）元。

A. 15 000　　B. 18 980

C. 22 500　　D. 25 000

5. 理财规划师通常会建议客户尽可能采用个人住房公积金贷款买房以降低购房成本，个人住房公积金贷款是指银行根据公积金管理部门的委托，以（　　）为资金来源，按规定要求向购买普通住房的个人发放的贷款。

A. 储蓄型存款　　B. 央行存款

C. 公积金存款　　D. 派生存款

6. 关于家庭购房需求的影响因素，以下哪项不是主要考虑的因素？（　　）

A. 房价预期　　B. 社区生活质量和配套设施

C. 购房者的年龄　　D. 子女上学和上班距离

7. 个人住房公积金贷款的主要特点是（　　）。

A. 利率高于商业贷款　　B. 对贷款人年龄有严格上限

C. 贷款额度不设限制　　D. 具有义务性、互助性和保障性

8. 在等额本金还款法中，每月还款额的变化趋势是（　　）。

A. 逐月递增　　B. 逐月递减

C. 保持不变　　D. 先增后减

9. 以下哪种还款方式下，每月还款的本金和利息之和是固定的？（　　）

A. 等额本金还款法　　B. 等额本息还款法

C. 等额递增还款法　　D. 到期连本带息一次性还款

二、多选题

1. 购房规划的基本步骤包括（　　）。

A. 评估自家财产　　B. 评估还款能力

C. 确定购房的总价和单价　　D. 购房后家庭收入支出测算

E. 购房后感受评价

2. 在比较购房与租房时，理财规划师可以通过年成本法进行计算，帮助客户在租房与购房之间做出正确的决定，利用年成本法计算购房成本时需要考虑的因素有（　　）。

A. 开发商未来的发展前景　　B. 房价涨升潜力

C. 利率的高低　　D. 政府领导者的变动

E. 国际关系变化

3. 家庭大额消费需求通常包括哪些？（　　）

A. 购房　　B. 购车

C. 子女教育　　D. 养老

E. 股票投资

4. 在制定家庭住房规划目标时，需要考虑哪些因素？（　　）

A. 购房原因（如结婚、改善居住环境）　　B. 预计房价

C. 购房时间计划　　D. 居住面积需求

E. 家庭成员的个人喜好

5. 消费贷款的特点包括哪些？(　　)

A. 贷款对象为个人或家庭　　B. 贷款用途以投资为目的

C. 贷款期限灵活　　D. 贷款金额较大

E. 可以通过信贷方式预支远期消费能力

6. 关于等额本息还款法，以下哪些说法是正确的？(　　)

A. 每月还款额固定不变　　B. 每月还款的本金逐月递增

C. 每月还款的利息逐月递减　　D. 适用于贷款期限较长的贷款

E. 还款初期，利息占比较大

三、案例分析题

1. 钱先生一家三口，本人30岁，妻子29岁，女儿1岁。钱先生每月的税后收入为20 000元，年终奖为10万元。妻子每月的税后收入为10 000元，年终奖为2万元。家庭持有市值5万元的股票，30万元的混合型基金，10万元的货币市场基金。家庭有一辆汽车，现市值10万元。一家人现居住在一个三居室的出租房中，每月的租金为5 000元。每月日常生活支出为8 700元，平均每月的医疗费用600元，每年的旅行费用为40 000元，孩子的年教育费用为18 000元，每年的置装费用约为9 000元，家庭汽车燃油费用每月支出为500元，每月休闲娱乐费为500元。钱先生为自己和妻子各买了40万元的意外保险，还为女儿购买了保额为60万元的少儿综合保险，每年需缴纳保险费共计2 050元。

为了结束租房生活，钱先生计划5年后贷款购买一套自有产权房，当地学区房25 000元/m^2。通过向专业理财规划师咨询，贷款后的“月供/月税后收入”的比值最多不能超过20%，年利率6.5%，贷款期限20年，采用等额本息还款法。钱先生计划将50%的货币基金和全部混合型基金用作购房准备金，预期投资收益率为8%。请分析钱先生的购房需求，确定其可承受的购房总价，并计算其每月月供额度。

2. 李女士考虑在上海市购买或租赁一处作为长期居所的房产，以下两种情况可供选择：

(1) 有一处可长期租赁的房产，年租金为60万元，押金为3个月租金，即15万元，李女士计划至少居住7年，但7年后可能会因个人原因（如子女教育、工作变动）而选择搬家。

(2) 有一处合适的房产在售，房产总价为1 200万元，首付款480万元，剩余的进行贷款，贷款期限为25年，年利率6%，采用等额本息还款法。假设如果7年后出售房屋，预计售价为1 500万元（假设无其他税费影响）。

注：押金和首付款都具有机会成本，假设押金以一年期存款利率2%计算，首付款则以投资于混合型基金的预期年化收益率7%计算。

请分别使用年成本法和净现值法分析李女士是租房划算还是购房划算。

项目七　家庭成长期的教育规划

项目目标

知识目标

1. 了解教育规划的定义与分类
2. 掌握子女教育规划的特点
3. 了解各类教育规划中的教育产品
4. 掌握教育规划的步骤

能力目标

1. 能够理解教育规划无弹性的特点
2. 能够合理利用教育规划的教育产品
3. 能够理解教育规划的原则
4. 能够完成教育规划设计与实施

素养目标

1. 树立正确的世界观、人生观和价值观
2. 弘扬社会主义核心价值观
3. 培养爱国情怀和社会责任感

案例引入

儿童越来越成为家庭消费的核心，家庭逐渐形成以儿童为中心的消费模式。作为未来的希望，子女的教育消费成为家庭消费的一个重要方面。

家庭教育费用的支出成为我国家庭消费结构中的重要组成部分，一般仅次于日常消费支出与房租房贷支出。对于中产人群或高收入家庭，子女教育方面的支出占比会更高。调查显示，家庭子女教育年支出主要集中在 12 000～24 000 元和 24 001～36 000 元，占比分别为 22.4%和 21.7%。38.8%的受访家庭用于子女校外教育和培养的投入占家庭年收入的 20%～30%。另外，子女处于“学龄前及初中阶段”的家庭教育投入最高，呈现子女越低龄支出越高的趋势。因为家长不希望自己的孩子输在起跑线上，所以不少家长几乎从子女出生就为他们制订了详尽的教育计划。调查显示，接近 40%的受访家庭认为对子女的教育最好从 2～7 岁开始，其次为

11～15 岁，主要投入集中在托管班/接送班、兴趣特长班、课外补习班。接近 70%的受访家庭希望教育的提早介入能够帮助子女在未来谋生、过上体面的生活。

《中国留学发展报告蓝皮书（2023—2024）》指出，中国依然是最大留学生源国，出国留学逐步恢复，印度、越南、乌兹别克斯坦等国出国留学人数增长显著。

思考：子女教育一直是家庭备受关注的一个方面，为了帮助子女获得更高质量的教育，家庭是否需要提前做准备？又该做哪些准备？

任务一　认知教育规划

一、教育规划的定义与分类

教育规划是指根据家庭的需求和经济状况确定合理的教育目标，并评估测算为实现预期教育目标所需的教育费用，以及制定财务规划对所需资金进行稳健投资管理以实现目标的过程。

根据教育对象的不同，教育规划可分为个人教育规划和对子女教育费用进行财务规划（即子女教育规划）两种。自我提升是人生道路上亮丽的风景线，子女教育是家庭发展中浓墨重彩的一笔。

个人教育是指个人接受政治、经济、文化、科学、技术、生活等方面的继续教育、培训教育和社会文化生活教育，是个人自我完善和终身学习的重要形式，是提高个人素质、劳动生产率、个人生活质量的重要途径。通过自我完善与提升，个人可以增强工作能力，提高工作收入，获得转岗、升职的机会。个人教育主要可以通过自学、培训和进修等方式来进行，比如个人读在职 MBA、考取硕士或博士研究生等方式。个人教育规划是对以上个人教育方式、费用等进行的规划。

子女教育又可分为基础教育和大学教育。当今社会的子女教育最早可以追溯到胎儿期，已经有很多的家庭在胎儿期便开始制定子女教育规划，基础教育期包括早期幼儿培育期、九年义务教育期和高中（职高）期。在基础教育期，子女教育的大额花销主要是各类培训费用、艺术专业材料费用等。大学教育期间，虽然培训费用几乎没有，但相对来说每学年的学费明显提高，尤其是当子女有出国留学的打算时，留学费用更不可忽视。子女教育规划是对以上子女教育方式、费用等进行的规划。

无论是何种教育消费，使用的教育规划技术都十分相似。相对于个人教育规划，子女教育规划通常是家庭规划的核心。本项目主要讨论的是子女教育规划。

二、教育规划的特点

人需要知识储备，需要知识积累，需要通过知识这笔无形的财富来改变人生，这也是家庭重视子女教育的关键原因。以教育规划中的子女教育规划为例，教育规划的特点如下所述。

（一）子女教育支出的持续时间长、金额大

从小到大，个体受教育的年限在20年左右，因此子女教育总支出可能比一般支出多。基础教育期的培训费用和后期的留学费用或艺术教育费用相对较高；同时存在某个阶段处于长期高支出状态。为了避免收入跟不上支出，提早的规划是必要的，它可以均衡财务状况，使家庭轻松应对预期的教育费用的变化。

（二）子女教育支出具有时间无弹性和费用无弹性的特征

儿童的语言、行为、艺术等都具有敏感期，家长越来越重视，不愿错过。子女达到学龄时，就应如期入学，接下来的上学时间表将是完全可预知的。如果家长进行长期子女教育规划，对子女在某个阶段有相应的安排，就不可能因为当年收入能力降低了，推迟子女教育规划。然而，在现实情况下，如果家庭教育金不足，很可能会中止教育。所以为了避免出现这种情况，只有事先做好规划，为教育专门锁定一笔经费，未到期绝不挪用，才能更好实施规划。这也是教育规划的特点，即时间无弹性和费用无弹性。

（三）教育储蓄受通货膨胀影响缩水，而教育支出费用增加

一般教育支出的增长率要比一般物价水平的增长率高。教育金的收益率要至少高于通货膨胀率，教育储蓄才能做到基本的保值和增值。如果不做好资产安排，教育储蓄就可能会因通货膨胀而贬值。因此，家庭需要进行充分规划，寻找良好的途径，使现有资金保值和增值，并保持收益的稳定性，以抵御通货膨胀和学费的高速增长。

（四）子女教育费用无法准确预测，应尽早、从宽规划

尽管部分家长对于子女的教育有从众的心理，但也需要根据子女自身的发展来量身定制教育规划。其实家长很难知道子女在经济独立前到底需要花费多少教育金，因为这与子女的资质、注意力和学习能力有很大关系。如果子女在美术、音乐等艺术方面很有天分，所需要的教育金数额更高。所以家庭应尽早、从宽多做准备，才能免于将来因子女的教育问题而导致家庭财务陷入困境，甚至耽误子女的前程。如果教育储蓄有富余，就可转为退休资金或作为子女的创业基金。相对于用于退休规划强制储蓄的个人养老金账户，和用于购房规划强制储蓄的住房公积金账户，现在并没有用于子女教育的强制性储蓄账户。所有的子女教育金都必须靠家庭自觉准备，这就要求家庭尽早树立教育规划的意识。

三、子女教育规划中的教育产品

基于教育规划资金需求量大、费用无弹性等特点，家庭要未雨绸缪，为子女教育做好事前规划。可供选择的教育规划工具包括融资类和投资类教育产品。融资类教育产品包括国家助学贷款、商业助学贷款、出国留学贷款等。投资类教育产品包括教育储蓄、教育保险、教育金信托、基金产品以及资产组合。

（一）融资类教育产品

1. 国家助学贷款

国家助学贷款是由政府主导、财政贴息，对普通高校贫困家庭学生进行在校学习期间所需的学费、住宿费及生活费的资助。借款学生通过学校向银行申请贷款，用于弥补在校学习期间相关费用的不足，毕业后分期偿还。该贷款由银行、教育行政部门与高校共同操作，财政和高校共同给予银行一定风险补偿金。国家助学贷款是利用金融手段完善中国普通高校资助政策体系，加大对普通高校贫困家庭学生资助力度的一项重大措施。国家助学贷款的申请、发放与偿还方式是借款人一次性申请，贷款银行一次性审批，单户单独核算并分次发放，要求专款专用并按期偿还。

2. 商业助学贷款

商业助学贷款是贷款银行按基本商业原则向校内家境困难的学生或其直系亲属或法定监护人发放的商业性贷款，贷款额度只能用于学生的学费、住宿费、就读期间的基本生活费以及其他与学习有关的费用支出。商业助学贷款的贷款期限一般在 6 个月到 5 年，最长不超过 8 年；同时需以贷款银行认可的财产抵押、质押或第三人保证作为贷款担保条件；贷款利率既可按照中国人民银行规定的同期同档次贷款利率执行，也可在中国人民银行规定的基准利率基础上进行优惠调整。商业助学贷款要求提供有效担保，同样要求专款专用和按期偿还。此方式可以协助家庭完成教育经费的部分自筹。

3. 出国留学贷款

若计划子女出国留学接受教育，除了一般的商业助学贷款，家庭还可以考虑向银行申请专项的出国留学贷款。出国留学贷款是指商业银行向出国留学人员本人、配偶或其直系亲属发放的，用于支付出国留学人员学费、基本生活费等必需费用的个人贷款。出国留学贷款的额度不超过国外留学学校录取通知书或其他有效入学证明上载明的报名费、一年内的学费、生活费及其他必需费用的等值人民币总和。出国留学贷款的担保抵押方式包括房产抵押、质押和信用担保。一般来说，房产抵押的贷款最高额不超过经贷款人认可的抵押物价值的 60%。质押的贷款最高额不超过质押物价值的 80%。信用担保须由第三方提供连带责任保证，若保证人为银行认可的法人，可全额发放；若是银行认可的自然人，贷款最高额不超过 20 万元人民币。

（二）投资类教育产品

教育是国之大计，也是家庭的头等大事，是家庭的未来寄托。教育产品的选择与资产配置需以稳健为首要目标，教育规划的资产配置应重视长期的稳健收益，应以零风险、低风险的投资产品为主。本项目重点介绍以下投资类教育产品。

1. 教育储蓄

教育储蓄是指个人按国家有关规定在指定银行开户、存入规定数额资金、用于教育目的的专项储蓄。教育储蓄是面向在校生开设的专项储蓄账户，用于学生支付九年义务教育之外的全日制高中（中专）、大专和大学本科、硕士和博士研究生等非义务教育期间所需的教育金的专项储蓄。教育储蓄采用实名制，开户时，储户要持本人（学生）户口簿或身份证，到银行以储户本人（学生）的姓名开立存款账户，同时储户须与银行约定每次固定存入的金额。开立账户后，储户须按期每月存入固定金额，到期一次性支取本息。

教育储蓄的最低起存金额为 50 元，本金合计最高限额为 2 万元，存期分为 1 年、3 年、6 年。教育储蓄享有免征利息税，并以整存整取方式计息。1 年期、3 年期的教育储蓄按开户日同期同档次整存整取定期储蓄存款利率计息；6 年期的教育储蓄按开户日 5 年期整存整取定期储蓄存款利率计息；教育储蓄在存期内遇利率调整，仍按开户日利率计息。基于非义务教育的三个学习阶段，在校生可分别享受一次 2 万元教育储蓄优惠政策，即以零存整取方式缴存，以整存整取方式计息，且享受免征利息税。

2. 教育保险

相对于教育储蓄，教育保险在投保期限和投保金额方面具有更多的可操作性和灵活性。子女的教育保险可以是家庭针对子女在不同成长阶段的教育需要而购置并相应提供的保险金。通过保险的方式，家庭为子女积累教育金，保证专款专用，同时起到强制储蓄的作用。教育保险相当于将短时间急需的大笔资金分散，家庭逐年储蓄，通过保险约定的方式分多次给付，在子女上初中、高中或大学等特定时段时提取。为了达到一定的教育金数额，投资年限越短，每次缴存的保费就越高。为了长期投资后获得充足的教育金，同时降低缴费压力，家庭应该越早投保越好。另外，市场上销售的教育保险，除了可以在子女上初中、高中或大学几个时期约定提取，还可以设置在子女参加工作以后约定提取，作为创业基金、婚嫁基金甚至是退休之后的养老基金等。

具体来说，教育保险主要具有以下功能：

(1) 保费豁免的功能。保费豁免功能是指一旦投保的家长遭受不幸，身故或者全残，保险公司将豁免所有未交保费，子女还可以继续得到保障和资助。

(2) 强制储蓄的功能。家长可以根据自己的预期和子女未来受教育水平的高低来为子女选择险种和金额。一旦为子女建立了教育保险计划，就必须每年存入约定的金额，从而保证这个储蓄计划一定能够完成。

(3) 理财分红的功能。教育保险能够在一定程度上抵御通货膨胀的影响。它一般分多次给付，回报期相对较长。

当然，教育保险也有缺陷，其流动性较差。一旦选择投保，就需按照约定定期支付保费给保险公司，且短期内不能提前支取。家庭在投保期间需要支付较高的保费，经济压力会比较大，如果选择早期退保可能面临本金的损失。不过，教育保险作为储蓄险的一种，所缴的保费可以用于积累保单现金价值。若急需用钱，家庭可向保险公司申请在保单现金价值的基础上进行保单质押贷款，按约定利率计息。若在贷款期间发生了保险事故，保险责任金须将贷款余额扣除后再予以支付。

3. 教育金信托

信托是指委托人基于对受托人的信任将其财产权委托给受托人，由受托人按委托人的意愿以自己的名义为受益人的利益或特定目的进行管理或者处分的行为。教育金信托是指家长通过信托机构进行投资理财规划（如投资境内外基金等），待资产积累到一定程度时，在未来某一条件（如子女某阶段学业毕业）成立时，将信托的资产转移给子女，让子女未来的教育和生活更有保障。

教育金信托具有以下优势：

(1) 信托财产具有隔离机制。信托制度可以使信托财产在依法设立后即可免于委托人、受托人的债务纠纷，成为一种安全的财产管理制度。

(2) 教育金信托能够节省赠予税，轻松完成财产转移。

(3) 委托人赠予后仍享有对财产的掌控权。

(4) 信托财产由专业机构投资管理，专款专用，可避免子女挥霍财产。

(5) 专业机构投资管理的收益高，稳定性好。委托人还可随时了解财产状况。

信托业在我国金融行业发展比较滞后，但随着近年来投资市场逐渐理性，信托理财以其收益高、稳定性好的优势越来越受投资者的青睐。目前来看，信托投资的门槛较高。

4. 基金产品以及资产组合

如果教育金数额较大，就可以通过投资基金产品或配置资产组合的方式，提前筹备教育金。其中基金产品具有稳健的投资收益，是教育金积累的良好选择。投资者一般选择基金定投的方式进行基金投资。此方式操作方便，收益稳定，以类似强制储蓄的方式稳步积累资产。另外，家庭可以根据子女不同年龄段选择匹配不同的投资方案，合理考虑风险、收益以及投资期限，根据家庭的风险特征配置投资产品，进行资产组合。

四、教育规划的步骤与原则

教育规划的步骤主要包括：明确教育需求，设定规划目标；计算教育需求的额度与缺口；配置教育规划产品，完成投资安排；教育规划的执行与反馈调整。在逐步开展教育规划时，需要遵循教育规划的原则，主要包括目标合理原则、提早规划原则、资金充裕原则和稳健投资原则，具体操作见各步骤中的说明。

第一步，明确教育需求，设定规划目标。

在对子女的教育进行规划时，家庭必须了解子女自身特征，可以通过一系列问题了解子女教育的具体需求，明确切实符合子女自身情况的教育安排，有针对性地设定规划目标。在设定规划目标时，需遵循目标合理原则以及提早规划原则。一般来说，可以通过以下问题逐步明晰具体的教育需求。比如，子女的具体年龄，子女本身的兴趣爱好、学习能力，希望重点关注哪个阶段的教育，希望达到哪个级别的教育水平，是否有艺术培养的需求、出国留学的需求，留学的时间点、目的地等，教育目标对子女、对家庭的重要程度等。

在明确教育需求后，要设定家庭的具体规划目标。目标的设定一定要结合子女自身的特征以及家庭的实际状况。家庭要设定合理的规划目标，不可出现盲目地攀比或不切实际的想法。在基本确定规划的关键期后，一定要提早开始规划。越提早规划，距离目标实现的时间间隔就越长，教育规划的准备期就越长，越能够降低教育金的准备压力。越提早规划，教育规划的操作空间就越大，越容易更加平稳地实现教育规划目标。

第二步，计算教育需求的额度与缺口。

严格来说，教育规划的目标中应该包含具体的需求额度。不仅是谁在哪个时间做什么事，而且要确定需要多少资金来完成这件或这些事。在计算确定需求额度时需要遵循资金充裕原则。因为教育规划有时间无弹性和费用无弹性的特点，所以家庭必须严格执行资金充裕原则，确保按时保质实现目标。一般在估算子女教育费用时，家庭需要先根据子女的当前年龄，结合当前生活和受教育地的消费水平和教育收费水平，尤其是关键规划阶段的教育金，系统地计算出子女教育费用的需求额度。需求额度确定后，需要使用当期教育准备金以及安排准备期的资金投入，共同凑足教育需求额度。此时，家庭需要设定预期投资收益率，方便核算当期教育准备金的增值。补足资金缺口是通过准备期的资金投入安排实现的。在投资期，同样需要使用预期投资收益率。同样是因为教育规划具有时间无弹性和费用无弹性的特征，所以家庭必须严格执行稳健投资原则，选择合理的预期投资收益率，确保对应的投资风险是家庭可承受的。通过准备期的资金投入补足资金缺口，家庭可以顺利实现教育规划。

第三步，配置教育规划产品，完成投资安排。

根据稳健投资原则，家庭可以参考预期投资收益率配置教育规划产品，同时教育规划产品应该是符合家庭自身财务状况以及风险特征的。为了实现教育规划目标、教育准备金能够如愿增值、准备期的资金能够如数补齐，家庭需要配置合适的教育规划产品，比如教育储蓄、教育金信托等，设置资产组合方案，完成投资安排。提早规划可为第三步的产品配置提供更多的空间。因为时间线较长，家庭在前期投资时可以进行积极、灵活的投资安排，争取更高的投资收益率。而到临近教育实现期时，家庭可以选择更多稳健保守型的投资产品，确保资金到位。这样整体均化的投资收益率只要高于预期投资收益率，就一定能实现教育规划的目标。

第四步，教育规划的执行与反馈调整。

为了保证子女教育目标的实现，教育规划的执行是关键的一步。家庭首先需要保证资金按计划投入，且严格做到专款专用，不得出现因为其他临时需求而动用子女教育金的情况，这样不合理的操作，有可能导致竹篮打水一场空，教育规划落空了，其他临时需求也并未满足。在执行过程中，切记不得死板硬性执行，而应及时关注反馈，做出适当调整。比如，家庭出现了重大变化，财务状况急剧下降或是收入能力明显提升等，此时家庭便需要根据最新情况对教育需求、预期投资收益率、教育金安排等重新调整。一般来说，无特殊情况，家庭要做到定期检查落实情况，每年重新做一次评估，计算当年的教育金筹备额和收益率，将结果和预期进行比较，以达到预期目标为准。如果未达到预期目标，就应适当提高来年的投资额或相应的收益率，以保证目标的如期实现。

任务二 家庭教育规划案例分析

当家庭步入成长期，有了第二代的成员，家长开始关心、重视子女的教育，希望通过提供良好的教育，给子女带来一生的收益。接下来，以教育规划中的子女教育为例，进行家庭教育规划案例分析。

王先生和王太太目前均为40岁，有一个13岁的孩子小王，是刚上初二的初中生。目前来看，小王小学毕业后会直升对应的初中部。王先生对孩子能否考上重点高中信心不足，对高中毕业后的大学情况更加不清晰。鉴于孩子对艺术的偏爱与优势，王先生打算为孩子准备足够的大学教育金，以满足孩子在5年后的大学教育需求，可能是上艺术学校，或是出国留学。如果是上艺术学校，他们倾向选择上海市的艺术学校；如果是出国留学，他们倾向选择某国的学校。

王先生家庭目前有10万元的教育启动金，可以完全用于未来教育金的资金储蓄安排。今年家庭年收入为125万元，年支出为30万元。家庭除教育启动金外的其他金融资产为135万元，有一处住房，市价320万元，剩余贷款100万元。王先生与王太太的收入仍有增长的趋势，两人单位的保障福利较高。两人认为，为了每年的净收入能够保证在50万元以上，他们可以接受将每年40%的资金用于教育储蓄。

分析家庭教育需求，测算需求额度，匹配教育产品，具体教育规划设计与实施如下。

一、王先生家庭子女教育规划目标的初步确定

王先生明确提出的是5年后积累一笔教育金，但对于教育金的需求额度并不清楚。因为王先生本身并不确定孩子最终选择何种大学教育方式，可能是艺术学校也可能是出国留学。理财规划师需要做的是协助王先生分析目标市场概况，计算预期教育水平的教育费用。比如，理财规划师在确定小王打算在上海音乐学院音乐表演专业求学后，需要协助该家庭明确求学的年限，求学期间的基本学费、生活费以及培训费等。理财规划师通过充分的调研了解到该专业学制为5年，每年全部开销合计为50万元。再如，理财规划师在确定小王选择到某国出国留学深造后，调研后显示学制为4年，每年总计的开销为60万元。

在后续的规划设计中，理财规划师可以将王先生主要的两个或多个教育需求目标分别进行需求额度的测算，并对需求额度高者进行资金的安排、产品的配置等操作。一般来说，理财规划师在面对客户有多种想法时，争取协助客户确定最终的教育规划目标，再进行后续的规划设计与实施。假定王先生最终确定子女教育目标为5年后，孩子到某国出国留学深造，每年的总费用为60万元。同时根据市场情况，理财规划师确定，出国留学的学费每年的增长率为3%，并假定在出国上学后，4年间的总学费不再变化，即4年的学费为一笔期初年金。理财规划师根据稳健投资原则，同时结合家庭财务状况与风险特征，确定王先生家庭教育金资产配置的预期投资收益率为7%，即准备期和目标实现期期间的投资收益率均为7%。

二、王先生家庭子女教育金需求额度与缺口的计算

家庭教育金的准备期是从当期到出国留学时刻，即5年的准备期。教育规划的实现期是从出国留学时刻到4年制学业结束，即4年的实现期。准备期与实现期由出国留学

时刻这个基准点相连接。通过调研得到当期一年留学总费用为 60 万元，按 3%的学费增长率计算，5 年后学费将增长至 695 580 元。计算公式如下：

基准点时刻的一年总学费＝当期一年总学费×复利终值系数($n=5, i=3\%$)

＝600 000×1.159 3＝695 580(元)

以基准点的年度学费作为期初年金，为期 4 期的年金现值即为王先生家庭子女教育需求额度，计算结果为元。计算公式如下：

教育需求额度＝基准点年度学费×期初年金现值系数($n=4, i=7\%$)

＝695 580×3.624 3＝2 520 990.59(元)

王先生家庭当期储备的 10 万元启动金，经过准备期的时间积累增长至 140 260 元。计算公式如下：

基准点时刻教育启动金＝当期 10 万元启动金×复利终值系数($n=5, i=7\%$)

＝100 000×1.402 6＝140 260(元)

所以在基准点时刻，教育金缺口为 2 520 990.59 元减去 140 260 元等于 2 380 730.59 元。

三、王先生家庭子女教育金的产品配置

家庭子女教育金的产品配置，一个是对教育启动金的资产配置，可以在市场中选取稳定性强的、能够达到预期投资收益率 7%的金融产品，通过资产组合分散风险。另一个是对资金缺口的投资安排，一般选择合适的基金产品作为教育资金缺口的补齐选项，常使用的方式是基金定投，利于家庭更好地掌控风险。以期间均化投资收益率 7%为标准选取合适的基金产品，按月定投，每月需要定投的额度为 33 253.72 元。计算公式如下：

每月定投额度＝基准点时刻教育金缺口÷普通年金终值系数($n=5\times12, i=7\%/12$)

＝2 380 730.59÷71.592 9＝33 253.72(元)

每月定投 33 253.72 元，对于王先生家庭来说应该是可以负担的（1 250 000×40%÷12＞33 253.72）。其中，准备期为 5 年，按月定投，定投期限为 60 个月。预期收益率为 7%为年化收益率，定投间隔为月度，复利计息的利率应为月利率 7%/12。

四、王先生家庭子女教育规划的执行与实时调整

在现实的资金配置安排后，由于经济市场和金融市场变化多端，需要及时观测资产配置的收益率情况。如果前期表现良好甚至优异，可以考虑后期的资产配置，保守操作。如果前期表现糟糕，需要考虑重新进行资产配置，必要时追加投资，以确保教育金的足额积累。一般是一年一次的测评与调整，如果家庭自身发生了重大变化或变故，就需要及时评估与调整。

课后习题

一、单选题

1. 教育保险相当于将短时间急需的大量资金分散，逐年储蓄，投资年限通常最高为（　　）年。

A. 18　　B. 20　　C. 22　　D. 26

2. 如果李女士的儿子以后出国需要办理留学贷款，下列可以作为留学贷款抵押物的是（　　）。

A. 可设定抵押权利的汽车　　B. 可设定抵押权利的房产

C. 可设定抵押权利的首饰　　D. 可设定抵押权利的土地

3. 理财规划师在为李女士子女做教育规划之前，要对她的财务信息和非财务信息有所了解。在做子女教育规划时，可以不必考虑的因素是（　　）。

A. 李女士儿子现在的理想　　B. 李女士家庭收支水平

C. 李女士家庭的资产负债状况　　D. 李女士对子女的期望

4. 教育储蓄的优点不包括（　　）。

A. 风险小　　B. 收益稳定

C. 享受税收优惠　　D. 数额大

5. 下面关于教育保险的说法错误的是（　　）。

A. 保险金额越高，每年需要缴付的保费也就越多

B. 有的保险产品的回报率是参照当时银行存款利率设定的

C. 银行一旦生息，参照当时银行存款利率设定的险种回报率将低于现行的银行存款利率

D. 教育保险是一种最有效率的资金增值手段

6. 教育储蓄是国家特定的储蓄项目，它免利息税、零存整取并以（　　）方式计息。

A. 零存整取　　B. 存本取息

C. 整存零取　　D. 整存整取

7. 李女士对教育储蓄表示感兴趣，教育储蓄在非义务教育的各阶段最高储蓄额为（　　）万元。

A. 2　　B. 3　　C. 4　　D. 5

8. 与教育储蓄相比，教育保险的缺点是（　　）。

A. 范围广　　B. 可分红

C. 变现能力差　　D. 特定情况下保费可豁免

9. 教育储蓄存在一些缺点，因此不能完全依赖教育储蓄解决子女高等教育费用，理财规划师建议可以考虑购买部分教育保险，与教育储蓄相比，教育保险最大的优点是（　　）。

A. 客户范围广泛　　B. 流动性强

C. 投保人出意外保费可豁免　　D. 获得免税的好处

10. 下列关于教育保险的说法中，错误的是（　　）。

A. 教育保险具有强制储蓄的功能

B. 有些教育保险可分红，所以这类保险买得越多越好

C. 保险金额越高，每年需要缴付的保费也就越多

D. 一旦银行升息，参照银行存款利率设定的险种的现金回报率将低于现行银行存款利率

11. 以下教育规划工具中，能实现风险隔离的是（　　）。

A. 教育储蓄　　B. 定息债券

C. 投资基金　　D. 子女教育金信托

12. 能够达到防止林女士的儿子养成不良嗜好等其他相关目的的教育规划工具是（　　）。

A. 教育储蓄　　B. 定息债券

C. 投资基金　　D. 教育金信托

13. 留学房产抵押贷款最高额不超过经贷款人认可的抵押物价值的（　　）。

A. 50%　　B. 60%

C. 70%　　D. 80%

14. 下列投资品种中，比较适合作为子女教育筹划的投资工具的是（　　）。

A. 权证　　B. 基金　　C. 期货　　D. 外汇

15. 基于稳健性原则，理财规划师一般不鼓励客户通过（　　）进行子女教育规划。

A. 股票　　B. 基金　　C. 国债　　D. 大额存单

16. 下列各项中，属于长期教育规划工具的是（　　）。

A. 学校贷款　　B. 政府贷款

C. 教育保险　　D. 银行贷款

17. 目前大学学费平均每年5 500元，假设学费平均上涨率为每年5%，那么邢女士的8岁女儿在18岁读大学时，平均每年学费的近似值为（　　）元。

A. 7 000　　B. 8 000

C. 9 000　　D. 10 000

18. 考虑到大学四年的学费加生活费对于家庭而言是不小的负担，因此理财规划师会建议采用定期定投的方式为子女准备大学学费，定期定投的好处在于（　　）。

A. 各项收益是确定的

B. 可以最大限度地规避投资风险

C. 可以强制储蓄，并且每期负担不会太重

D. 在所有投资方式中，定期定投获得的收益率最高

19. 关于教育规划的必要性，下列叙述错误的是（　　）。

A. 良好的教育对于个人来说意义重大

B. 教育费用逐年增长

C. 教育金在各种理财规划中金额最大

D. 教育金是最没有时间弹性与费用弹性的理财目标

20. 下列关于子女教育规划原则的说法，错误的是（　　）。

A. 理财目标要合理　　B. 应提前规划

C. 定期定额、强制储蓄　　D. 应积极投资，追求高收益

21. 教育规划最基本的特性是（　　）。

A. 费用较高　　B. 没有时间弹性

C. 时间弹性较大　　D. 费用具有不确定性

二、多选题

1. 教育储蓄是一种主要的长期教育规划，具有很多优点。但是它也有很大的局限性，其局限性主要体现在（　　）。

A. 能办理教育储蓄的投资者数量比较小

B. 教育储蓄收益不稳定

C. 教育储蓄回报率低

D. 教育储蓄也有较大的风险

E. 教育储蓄的规模非常小

2. 教育支出最主要的资金来源是客户自身的收入和资产。除此以外，教育资金来源还有（　　）。

A. 政府教育资助　　B. 奖学金

C. 工读收入　　D. 教育贷款

E. 留学贷款

3. 目前（　　）可以用来强制储蓄，以保证到时获得足额的教育金。

A. 自动划转定期定额投资　　B. 教育保险

C. 公司债券　　D. 国债

E. 大额存单

4. 设立教育金信托的优点有（　　）。

A. 鼓励子女努力奋斗　　B. 防止子女养成不良嗜好

C. 从小培养理财观念　　D. 规避家庭财务危机

E. 专业理财管理

5. 理财规划师确定客户子女教育规划目标时，应考虑的因素有（　　）。

A. 学校的特点　　B. 学费的高低

C. 学校所在城市的生活水平　　D. 子女的兴趣爱好

E. 子女的学习能力

6. 教育规划主要包括（　　）。

A. 个人教育规划　　B. 子女教育规划

C. 幼儿教育规划　　D. 义务教育规划

E. 高等教育规划

7. 子女教育规划的特点有哪些？（　　）

A. 子女教育支出持续时间长，金额大

B. 子女教育支出具有时间弹性和费用弹性
C. 积蓄受通货膨胀因素影响缩水，支出费用增加
D. 无法准确预测费用，应尽早规划
E. 可以通过国家助学贷款完全解决

8. 融资类教育产品主要包括哪些？（　　）
A. 国家助学贷款　　B. 教育储蓄
C. 商业助学贷款　　D. 留学贷款
E. 教育金信托

9. 在进行教育规划时，需要遵循的原则有哪些？（　　）
A. 目标合理原则　　B. 提早规划原则
C. 资金充裕原则　　D. 激进投资原则
E. 稳健投资原则

10. 教育规划的步骤主要包括哪些？（　　）
A. 明确教育需求，设定规划目标　　B. 计算教育需求、额度与缺口
C. 配置教育规划产品，完成投资安排　　D. 立即投入全部资金
E. 执行与反馈调整

11. 在计算教育需求额度时，需要考虑哪些因素？（　　）
A. 子女的当前年龄　　B. 教育和生活地的消费水平
C. 预期投资收益率　　D. 家庭财务状况
E. 子女的兴趣爱好

三、案例分析题

1. 周先生，30 岁，本科毕业，是一名艺术展览策划经理。为了更好地提升自己的工作能力，周先生计划 2 年后到法国进修。目前在法国培训的年费用支出为 125 000 元，并且会以平均每年 4%的速度增长，预计培训 2 年时间（假设入学后，学费及生活费增长率为 0）。周先生准备将手头的 10 万元混合型基金拿出来作为教育准备金，预期投资收益率为 7%。请计算周先生的教育金需求额度以及缺口。

2. 刘先生，32 岁，研究生学历，任销售总监一职。刘太太，32 岁，研究生学历，现任财务经理一职。夫妻二人有一个 4 岁的女儿，在上幼儿园。刘先生夫妇希望他们的女儿能够接受更好的教育，于是想请理财规划师提供方案以解决女儿的出国留学费用问题。他们的女儿到高中毕业还有 14 年时间，综合考虑各种因素后估计目前国外留学每年费用约为 240 000 元，并且会以平均每年 4%的速度增长，预计本科加研究生一共 6 年时间（假设入学后，学费及生活费增长率为 0）。刘先生夫妇家庭资产中可以考虑用作女儿的教育准备金的项目有市值 10 万元的股票、30 万元的混合型基金以及 20 万元的货币基金，其中 20 万元的货币基金需要至少留存一半用于家庭基本生活开支，可以考虑拿出另一半用于投资教育产品。假设市场投资的预期投资收益率为 8%。另外家庭的年结余大约为 20 万元，可以考虑每年拿出 20%以内的额度用于女儿的教育规划安排。请在市场中选取合适的投资产品进行资产配置。

项目八　三代同堂的保险规划

项目目标

知识目标

1. 了解典型场景中的风险类型
2. 了解保险的分类和功能
3. 掌握保险规划设计原则
4. 掌握保险规划步骤

能力目标

1. 能够判断客户家庭面临的风险
2. 能够与客户进行有效沟通，分析客户的保险需求
3. 能够为客户配置合适的保险规划产品
4. 能够设计与实施保险规划，为客户提供理财建议

素养目标

1. 具备理财规划师职业道德素养
2. 培养自主学习，进行产品创新的能力

案例引入

巴菲特对投资十分感兴趣，他高度认同保险的作用。他曾评价人寿保险是唯一具有保证性结果的投资工具，能创造价值并百分百保全资产。

比尔·盖茨也是保险的狂热粉丝。他认为将所有风险转嫁给保险公司既是二十一世纪家庭投资理财的最佳方式，也是送给自己和家人最切实际的礼物。他强调人寿保险能有效地解决企业和家庭的医疗财务问题。

在发生不幸事故的家庭里，没有保险的家庭因不幸的发生，不但要遭受失去亲人的痛苦，还会丧失经济来源；而有保险的家庭，虽然也遭遇失去亲人的痛苦，但不会雪上加霜，因为保险可以缓冲经济压力……保险不是为死去的人准备的，而是为活着的人准备的，它是爱心、责任心的体现和延伸。

风险无处不在，人的一生中，生、老、病、死、残，我们都不知道意外会发生在哪天。小到意外磕伤、碰伤、扭伤、烧伤、烫伤，大到重大疾病，都会给家庭带

来意外开支。家庭需要理财，更需要保险。理财专家建议：在进行家庭理财规划时，配置保障类的保险（如重大疾病保险）是不可或缺的一步。购买保险，并不代表我们将来一定会用到，而是一种资产配置的刚需。在理财规划中配置保险，不仅是对经济损失的未雨绸缪，更是不测突发时，处变不惊、安心的保证。

保险的意义，是今日做明日的准备，生时做死时的准备，父母做儿女的准备，儿女幼小时做长大时的准备。因此，趁着年轻、健康、有赚钱能力的时候，我们应珍惜现在所拥有的一切，做好保险规划，为未来的挑战做好充分的准备，让我们的生活更美好。

思考：你是否认同巴菲特、比尔·盖茨对保险的解读？你认为保险的意义和作用是什么？

任务一 认知保险规划

"无风险，无保险"，风险与保险紧密相连。风险及风险管理是一个永久的话题，保险是管理风险的有力措施之一，个体必须认知风险并对风险进行有效管理。保险既可作为管理风险的有效手段，又能成为理财工具，因此，借助保险对家庭风险进行管理、做好保险规划成为家庭理财中不可缺少的重要内容。

一、认知风险

（一）风险的含义与衡量

1. 风险的含义

在保险理论研究下，风险是指损失的不确定性。它有两层含义：一是可能存在损失；二是这种损失是不确定的。不确定性意味着预期结果与实际结果之间可能存在差异。风险具有客观性、普遍性、不确定性、可测性、可变性、损失性等特点。

保险理论研究和实务研究通常从狭义的角度理解和界定风险，具体来说就是保险标的损失发生的不确定性，包括是否发生的不确定性、何时发生的不确定性以及产生损失程度的不确定性。

2. 风险的衡量

衡量风险大小的两个指标是损失频率和损失程度。

（1）损失频率。损失频率，也称损失机会，是在一定时间内一定数目的危险单位中可能受到损失的次数，通常以分数或百分率来表示。

损失频率＝损失次数/危险单位数

（2）损失程度。损失程度是指一次风险事故发生所导致的标的的损毁程度。

损失程度＝损毁价值/风险标的总价值

损失频率与损失程度一般成反比关系：往往是损失频率越高，损失程度越小；损失频率越低，损失程度越大。例如：地震、洪水等自然灾害，损失频率虽小，但是损失程度通常很大。

（二）风险的构成要素

1. 风险因素

风险因素是指促使或引起风险事故发生的条件，以及风险事故发生时，致使损失增加、扩大的条件。风险因素是风险事故发生的潜在原因，是造成损失的间接的和内在的原因，分为实质风险因素、道德风险因素、心理风险因素三种。

实质风险因素是指某一标的增加风险事故发生概率或损失严重程度的直接条件，它是一种有形的风险因素。比如，环境污染导致人类健康受害、年老体弱导致丧失劳动能力、汽车刹车系统失灵导致交通事故、建筑材料堆积导致建筑物失火，这里提到的因素都是实质风险因素。

道德风险因素是指与人的不正当社会行为相联系的一种无形的风险因素，常表现为出于不良企图，故意促使风险事故发生或扩大损失。比如，偷工减料引起产品事故、通过欺诈或纵火等方式骗取保险赔偿。

心理风险因素是指导致风险事故发生概率提高或损失程度扩大的人主观上的疏忽或过失，它是一种无形的风险因素。比如，外出忘记锁门导致室内被盗、工程设计差错导致工程项目失败、电线陈旧未予及时更换导致火灾事故，这里提到的因素皆属于心理风险因素。

上述三种风险因素中，道德风险因素和心理风险因素均为与人的行为有关的风险因素，故二者合并可称为无形风险因素或人为风险因素。因此，风险因素也可分为两种：一是实质风险因素，二是人为风险因素。

2. 风险事故

风险事故又称风险事件，是指引起风险损失的直接或外在的原因，它是使风险造成损失的可能性转化为现实的媒介。比如，火灾、爆炸、雷电、地震、船的沉没、人的死亡和疾病等都是风险事故。野炊引起森林大火属于人为事故；闪电引起森林大火则属于自然灾害（天灾）。

3. 风险损失

风险损失是指非故意、非计划、非预期的经济价值的减少。此处应注意两点：一是经济价值的减少，强调的是损失能以货币衡量，即使对于人身伤亡，也是从由风险引起的对本人及家庭造成的经济困难或者对其创造社会经济价值的能力减弱角度出发来考虑的；二是非故意、非计划、非预期。比如，“折旧”“馈赠”虽然都是经济价值的减少，但不满足第二点，它们都属于计划和预期中的经济价值减少，故不是此处所定义的风险损失。

在保险实务中，一般将损失分为直接损失和间接损失两种形态。直接损失是指风险事故导致的财产本身损失和人身伤害，这类损失又称实质损失；间接损失则是由直接损失所引起的其他损失，包括额外费用损失、收入损失和责任损失。在风险管理中，通常将损失分为实质损失、额外费用损失、收入损失和责任损失四种。比如，某工厂因遭受火灾，损毁厂房一座，此属实质损失；由于厂房损毁，工厂一度无法正常生产，又形成收入损失；这会进一步导致客户无法如期取货，工厂产生违约责任，此为责任损失；厂房损毁后必须修理或重置，会增加支出，此为额外费用损失。

4. 构成要素间的关系

风险因素增加是风险事故发生的潜在原因；风险事故发生可能造成风险损失，是产生风险损失的直接或外在原因，是风险因素与风险损失的媒介。

风险是由风险因素、风险事故、风险损失三者构成的统一体，风险因素引起风险事故；风险事故发生可能造成风险损失。

（三）个人风险的分类

生活中存在各种各样的风险，有些风险呈现出一些共同的特征，依据不同的标准，风险可分为不同类型。

1. 按风险性质不同，风险可分为纯粹风险和投机风险

纯粹风险是指只有造成损失而无获利可能性的风险。

投机风险是指既可能造成损失也可能产生收益的风险。其所致结果有三种：损失、无损失和获利。

2. 按风险环境不同，风险可分为静态风险和动态风险

静态风险是指自然力变动或人的行为失常所引起的风险。静态风险是纯粹风险。

动态风险是指人类社会活动而产生的各种风险。动态风险既可能是纯粹风险也可能是投机风险。

3. 按风险的影响面不同，风险可分为基本风险和特定风险

基本风险是指风险起源与影响方面都不与特定的人有关，至少是个人所不能阻止的风险，即全社会普遍存在的风险。

特定风险是指与特定的人有因果关系的风险，即由特定个人所引起且损失仅涉及个人的风险。

一般情况下，基本风险包括纯粹风险和投机风险，而特定风险属于纯粹风险。

4. 按标的不同，风险可分为财产风险、人身风险、责任风险和信用风险

财产风险是指可能导致财产发生毁损、灭失和贬值的风险。

人身风险是指人们因生、老、病、死、残等原因而导致经济损失的风险。

责任风险是指因侵权或违约造成他人遭受人身伤亡或财产损失，而应依法负赔偿责任的风险。

信用风险是指在经济交往中，权利人与义务人之间，由于一方违约或犯罪而给对方造成经济损失的风险。

5. 按风险发生的原因，风险可分为自然风险、社会风险、经济风险和政治风险

自然风险是指自然现象或物理现象所致损失的风险。

社会风险是指个人行为的反常或不可预料的团体行为所致损失的风险。

经济风险是指在产销过程中，各种因素的变动或估计的错误，导致产量减少或价格涨跌所致损失的风险。

政治风险是指种族宗教的冲突、叛乱、战争所引起的风险。

6. 按风险可否管理，风险可分为可管理风险和不可管理风险

可管理风险是指可以预测及可以控制的风险。

不可管理风险是指不可以预测及不可以控制的风险。

二、风险管理与保险概述

（一）风险管理

1. 风险管理的含义

风险管理是经济单位在一个有特定风险的环境里，通过对风险的识别、分析和评估，采用合理手段对风险实施有效的控制与处理，以最小成本取得最大安全保障的管理方法。

风险管理的对象——风险。

风险管理的主体——经济单位、个人、家庭、企业以及其他法人团体。

风险管理的途径——通过对风险的识别与衡量，选择有效的管理方法。

风险管理的目的——以最小的成本取得最大的安全保障。

2. 风险管理方法

风险管理方法分为控制法和财务法两大类，前者的目的是减少风险频率和降低损失程度，重点在于改变引起风险事故和扩大损失的各种条件；后者的目的在于事先做好吸纳风险成本的财务安排。

（1）控制法。控制法是指避免、消除风险或减少风险发生频率及控制风险损失扩大的一种风险管理方法。主要包括：

避免风险是指设法消除损失发生的可能性，从根本上消除特定风险。避免风险的方法适用于那些损失频率高且损失程度大的风险。它的局限性在于有些风险无法回避，或者回避了风险的同时失去了相应的收益或者回避了某种风险又有可能面临另一种风险。

预防损失是指在风险发生前为了消除或减少可能引发损失的各种因素而采取的处理风险的具体措施。具体方法通常有：工程物理法，是指损失预防侧重于物资保障；人类行为法，是指损失预防侧重于人们行为的教育。

损失抑制是指风险事故发生时或之后采取的各种防止损失扩大的措施。

风险中和是风险管理人采取措施将损失机会与获利机会进行平分。

分散风险是指通过兼并、扩张和联营等手段，集合许多原来各自独立的风险单位，增加风险单位数目，提高风险的预测性，达到把握风险、控制风险、降低风险成本的目的。

（2）财务法。财务法是指通过提留风险准备金，事先做好吸纳风险成本的财务安排，来降低风险成本的一种风险管理方法，即对无法控制的风险事前所做的财务安排。财务法的具体措施包括自留风险和转移风险两种。

自留风险是指经济单位或个人自己承担全部风险成本的一种风险管理方法，即对风险的自我承担。

转移风险是指一些单位或个人为避免承担风险损失而有意识地将风险损失或与风险损失有关的财务后果转嫁给另一单位或个人承担的一种风险管理方法。财务型非保险风险转移是指通过订立经济合同，将风险以及与风险有关的财务结果转移给别人的行为。在经济生活中，常见的财务型非保险风险转移有租赁、互助保证、基金制度等。财务型保险风险转移是指通过订立保险合同，将风险转移给保险公司（保险人）。财务型保险风险转移是个人（家庭）常选择的方式。个体在面临风险的时候，可以向保险人缴纳一定的保险费将风险转移。一旦预期风险发生并且造成了损失，保险人必须在合同规定的责任范围之内进行经济赔偿。

（二）保险

1. 保险的含义

《中华人民共和国保险法》（以下简称《保险法》）第二条将保险的定义表述为："保险，是指投保人根据合同约定，向保险人支付保险费，保险人对于合同约定的可能发生的事故因其发生所造成的财产损失承担赔偿保险金责任，或者当被保险人死亡、伤残、疾病或者达到合同约定的年龄、期限等条件时承担给付保险金责任的商业保险行为。"《保险法》对保险的定义是限于商业保险范围的，是狭义的保险，广义的保险还包括政策性保险。

从经济学的角度来看，保险是分摊意外事故损失的一种财务安排；从法律的角度来看，保险是一种合同行为，是一方同意补偿另一方损失的一种合同安排；从社会学的角度来看，保险是社会经济保障制度的重要组成部分，是社会生产和社会生活"精巧的稳定器"；从风险管理的角度来看，保险是风险管理的一种方法。有句俗语："天有不测风云，人有旦夕祸福。"人的一生不可避免地面临着生、老、病、死、残的风险。"生"就会有生活风险，需要衣食住行，需要生活费用，不未雨绸缪就会陷入困境之中；"老"就会有生活质量下降的风险，长寿虽好，但如果退休后无稳定的收入来源，那么生活质量就会下降；"病"就会有医疗费用风险，高昂的医疗费用很容易让人"一病回到解放前"；"死"就会有早亡的风险，若家庭支柱早亡，家庭收入就会中断或减少，其余成员的生活可能无以为继；"残"就会有意外伤残的风险，让人遭受精神和金钱上的双重打击。保险规划是家庭理财中的一项重要内容，任何一种风险的发生都是不幸的，但保险能在家庭遭遇不幸时给予成员经济上的安慰和帮助，减少损失。

2. 保险的功能

（1）保障功能。保险的保障功能是指购买保险可以给家庭提供财产、人身方面的保障，避免因意外导致家庭经济危机。保障功能是保险业的立业之基，最能体现保险业的特色和核心竞争力。保险的保障功能具体表现为财产保险的补偿功能和人身保险的给付功能。

1）财产保险的补偿。保险是在特定灾害事故发生时，在保险的有效期和保险合同约定的责任范围以及保险金额内，按实际损失金额给予补偿。

2）人身保险的给付。人身保险是与财产保险完全不同性质的一种保险。人的生命价值很难用货币来计价。人身保险的保险金额是由投保人根据被保险人对人身保险的需要程度和投保人的缴费能力，在法律允许的范围与条件下，在与保险人协商约定后确定的。

（2）资金融通功能。保险的资金融通功能是指将保险资金中闲置的部分重新投入社会再生产过程中所发挥的金融中介作用。保险人为了使保险经营稳定，必须保证保险资金的保值与增值，这也要求保险人对保险资金进行运用。保险资金的运用不仅有其必要性，而且也是有可能性的。一方面，由于保险保费收入与赔付支出之间存在时间滞差，为保险人进行保险资金的融通提供了可能；另一方面，保险事故的发生也不都是同时的，保险人收取的保险费不可能一次性全部赔偿出去，也就是保险人收取的保险费与赔付支出之间有时存在数量滞差，为保险人进行保险资金的融通提供了可能。但是，保险资金的融通应以保证保险的赔偿或给付为前提，同时要坚持合法性、流动性、安全性和效益性的原则。

（3）社会管理功能。保险的社会管理功能是通过保险内在的特性，促进经济社会的协调发展以及社会各领域的正常运转和有序发展。保险的社会管理功能是在保险业逐步发展成熟并在社会发展中的地位不断提高和增强之后衍生出来的一项功能。保险的社会管理功能，主要体现在社会风险管理、社会关系管理、社会信用管理和社会保障管理等方面。

保险因其具有损失补偿与风险管理功能，一直是人类社会发展和社会保障的安全卫士。党的二十大报告指出，“我们深入贯彻以人民为中心的发展思想，在幼有所育、学有所教、劳有所得、病有所医、老有所养、住有所居、弱有所扶上持续用力，人民生活全方位改善”“建成世界上规模最大的教育体系、社会保障体系、医疗卫生体系，教育普及水平实现历史性跨越，基本养老保险覆盖十亿四千万人，基本医疗保险参保率稳定在百分之九十五”。

（三）风险管理与保险

1. 风险管理与保险的关系

风险管理与保险有着密切的关系，二者相互影响，共同成为人类处置风险的有力手段。

（1）风险是风险管理与保险的共同对象。风险的存在是保险产生、存在和发展的客观原因与条件，并成为保险经营的对象。但是，保险不是处置风险的唯一办法，更不是所有的风险都可以通过保险来化解。风险管理所管理的风险要比保险的范围广泛得多，其处理风险的手段也比保险多。

（2）保险是风险处理的有效措施之一。人们面临的各种风险损害，一部分可以通过控制的方法消除或减少，但不可能全部消除，转移就成为风险管理的重要手段，保险作为转移方法之一，长期以来被人们视为传统的处理风险措施。投保人通过保险，把不能自行解决、承担的集中风险转嫁给保险人，以小额的固定支出换取对巨额风险的经济保障，使保险成为处理风险的有效措施。

（3）保险与风险管理是相互制约的关系。一方面，保险人在风险管理方面有丰富的经验和知识，经济单位与保险人合作，会使经济单位更好地了解风险，并通过对风险的系统分析，提出哪些风险需要保险以及投保什么险种等，从而促进风险管理；另一方面，由于经济单位不断加强和完善风险管理，要求提供更好的保险服务以满足自身的发展要求，这又促进保险业不断创新发展。

2. 可保风险的条件

可保风险是保险公司可接受承保的风险，即符合保险公司承保条件的风险，是风险的一种形式。可保风险必须具备下列条件：

（1）可保风险是纯粹风险。

（2）风险的发生必须具有偶然性。

（3）风险的发生是意外的。

（4）风险必须是大量标的均有遭受损失的可能性。

（5）风险的损失必须是可以用货币计量的。

以上 5 个可保风险条件是相互联系、相互制约的。

三、保险规划的含义及意义

（一）保险规划的含义

理财规划是确保个人财务安全和实现财务自由目标的重要策略之一。在这一过程中，风险管理和保险规划扮演着至关重要的角色。通过有效的风险管理，个人可以识别、评估和控制潜在的财务风险，而保险规划则为这些风险提供了额外的保护层。

保险规划是指为了规避、管理个人（家庭）面临的人身风险、财产风险和责任风险所需要制定的规划。人们通过办理和购买不同品种、金额、期限的保险来实现对风险的规避和管理。保险规划具有风险转移和合理避税的功能。

（二）保险规划的意义

在理财规划的众多组成部分中，风险管理与保险规划占据了至关重要的地位。它们不仅为个人财务安全兜底，也是确保资金运作顺畅和实现资产增值的保障。在金融的世界里，风险无处不在，而精明的投资者会通过合理的风险管理与保险规划，将潜在的威胁转化为可控的因素，从而保护自己的财富并使其增值。

风险管理是一个动态的过程，涉及对各类风险的识别、评估和控制。对于个人而言，风险可能来自多个方面，包括但不限于投资风险、市场风险、信用风险以及意外伤害风险。理解并管理这些风险，是确保财务稳健的关键步骤。保险规划则是风险管理中不可或缺的一环，它为个人和家庭提供一张安全网，能够在意外事件发生时减轻经济负担。比如，人寿保险和健康保险可以保证在投保人意外死亡或患病时，其家属不会因此陷入财务危机；财产保险，如房屋保险和汽车保险，可以保障个人资产不受意外损失。在个人或家庭的生命周期的不同阶段，都有着不同的生活重心和财务目标，无论处于哪个阶段，个人或家庭财务问题始终围绕着消费、保障和投资三大方面。按照家庭理财风险管理优于追求收益的基本原则，家庭理财中有三个基本的部分：消费理财、保障理财和投资理财。这三个基本部分使理财结构呈“金字塔”状。消费理财体现了人们最基本的理财需求，处于底层；保障理财是次于消费理财的理财需求，处于中间层；投资理财满足人们最高的理财需求，处于顶层。在保险、股票、房地产、债券等众多理财工具中，只有保险是可以同时适用于消费理财、保障理财和投资理财的工具，保险理财规划也就成为实现个人或家庭财务安全最科学有效的方式之一。通常，保险理财规划涉及家庭保障计划、教育基金计划、退休金计划、应急现金计划和储蓄计划等方面。保险理财规划涉及死亡风险、残疾风险、医疗风险、养老风险和财产风险等风险的防范，它是理财规划中非常重要的一个内容。

保险规划是个人理财不可缺少的重要组成部分，处于家庭理财结构中的中间层——保障理财，使财务和人身获得保障。在理财规划中，风险管理与保险规划是不可分割的，它们共同保障个人财务的稳固与成长。通过实施综合的风险评估、制订合适的保险计划以及建立紧急基金，个人可以在享受财富增长的同时，拥有面对未来的坚定信心。正如在进行航海冒险前需要做好各项准备，理财也需要谨慎规划，以确保我们在风浪中稳健前行。

任务二　保险规划工具

想为自己或者家庭配置保险，首先需要了解保险的分类，即保险规划工具。厘清保险的种类之后才能够更好地匹配需求和最大化发挥不同保险的价值。

按照不同的分类方式，保险可以被划分为不同的种类。比如，按保险人是否承担全部责任划分，保险分为原保险和再保险。按保险经营性质划分，保险分为政策性保险和商业性保险。按保险实施方式划分，保险分为自愿保险和强制保险。按保险主体划分，保险分为个人保险和团体保险。但大多数国家是按保障对象（即标的）进行划分的，保险可以分为人身保险、财产保险、责任保险和信用保险 4 个类别。

一、人身保险

人身保险是指以人的寿命和身体为保险标的的保险，是当被保险人发生死亡、伤残、疾病等事故或保险期满时给付保险金的保险。在我国，人身保险又可以分为社会保险和商业保险。社会保险包括养老保险、医疗保险、工伤保险、生育保险和失业保险，也就是我们常说的“五险一金”中的“五险”。商业保险是对社会保险覆盖范围不全、保障金额不足等缺陷进行必要补充的一类保险。按照保险责任的不同，人身保险可以分为人寿保险、意外伤害保险、健康保险和年金保险。在《保险法》规定的保险公司的业务范围中，人身保险业务包括人寿保险、健康保险、意外伤害保险等保险业务。

（一）人寿保险

人寿保险是指以被保险人的生命作为保险标的，以被保险人的生存或死亡为保险事故，当发生保险事故时，保险人对被保险人履行给付保险金责任的保险。最初的人寿保险仅指死亡保险，是为了保障由于不可预测的死亡所可能造成的经济负担。

随着社会的发展，人们更希望高质量生存、长寿，高质量生存和长寿所需要的不确定性支出成为新的人身风险，因此，人寿保险中引进了储蓄的成分，对在保险期满时仍然生存的人，保险公司也会给付约定的保险金，这就出现了将生存和死亡相结合的两全保险等。

1. 定期寿险

定期寿险是指以在特定保险期间内死亡为保险金给付条件的人寿保险。特定保险期间一般以特定的保单年度或是特定的年龄表示。只有被保险人在合同约定的特定期限内发生死亡事故，保险人才给付保险金；如果被保险人在保险期限届满时仍然生存，保险合同随即终止。

定期寿险保险期限较为灵活，长短皆可，如 1 年、5 年、10 年、20 年或者到某年龄为止。定期寿险大多具备续保选择权，也就是说，保险期满后，被保险人可通过行使续保选择权延长保险期限。由于定期寿险属于消费型保险，不具备储蓄因素，没有保单现金价值，因此保险费用较低。

由于定期寿险只提供某一特定期间的保险保障，保费低廉，因此适合收入较低但保障需求较高者。比如，家庭经济状况较差，子女较小需要抚养，被保险人又是家庭经济支柱的人适合购买定期寿险；在特定期间内对被保险人生命具有合同上经济利益关系的人适合购买定期寿险；短期内从事较为危险工作且急需保障的人适合购买定期寿险。

2. 终身寿险

终身寿险是一种不定期的死亡保险，保险期间为被保险人终身，自合同生效日起，至被保险人死亡为止。由于人死亡有必然性，保险人最终必然要支付受益人保险金，因此终身寿险具有一定的储蓄性质，终身寿险保单具有保单现金价值。这一特性保证了保单持有人既可以中途退保领取退保金，也可以在保单现金价值限额内进行贷款。

终身寿险的缴费方式分为趸缴和分期缴付，其中分期缴付又可以分为 5 年、10 年、15 年和 20 年等。

同定期寿险一样，终身寿险保险金通常也是由受益人领取的，其主要目的是保障被保险人死亡后受益人的基本生活，因此，终身寿险同样适用于家庭经济负担较重者。但是，具有储蓄性质的终身寿险保险费率相对高于定期寿险，因此，终身寿险更适用于中高收入阶层。

3. 两全保险

两全保险又称生死两全保险，是指在保险期间内，无论被保险人是生存还是死亡，保险人均给付保险金的一种人寿保险。由于被保险人不是在保险期限内死亡，就是生存至保险期届满，因此与终身寿险相似，保险金的给付具有必然性。

两全保险具有责任全面、兼具保障与储蓄双重功效的特点。两全保险适合缴费能力强，未来特定时期有确定资金需求（如养老、子女教育等）的家庭。

4. 年金保险

年金保险，是一种以被保险人生存为给付条件的人寿保险，即在合同约定的期限内，若被保险人存活，保险公司将按照合同约定的金额、方式、期限等，定期向被保险人或受益人给付保险金。年金保险旨在为被保险人提供稳定的养老金或其他定期收入，以满足退休、教育、医疗等生活需求。

年金保险有以下特点：

（1）长期性。年金保险通常具有较长的保险期限，可以覆盖被保险人的一生或某个特定阶段。

（2）定期给付。保险公司将按照合同约定的金额、方式、期限等，定期向被保险人或受益人给付保险金。

（3）风险保障。年金保险在被保险人去世后，通常会提供一定的身故保障金，以应对家庭的经济风险。

（4）理财属性。年金保险的保费在保险公司进行投资运作，产生一定的收益，从而增加被保险人的财富。

5. 投资型寿险

投资型寿险又称创新型寿险，是指与投资挂钩，兼有投资和保障双重功能的保险，是保险人为适应新的保险需求，增加产品竞争力而开发的一系列新型保险产品。除传统的保险账户外，它还为客户设置了投资账户，提供保障与投资双重服务。保单持有人的利益直接与投资收益率挂钩。保单持有人拥有获得所有投资利益的权利，当投资表现好时，保单持有人享有所有的收益；反之，当投资表现差时，保单持有人则要承担投资风险。

投资型寿险的投资账户是单独设立的。保险公司将收取的保费部分或全部放入投资账户进行专业投资操作。一般而言，保险公司将投资账户分为稳健型、成长型和进取型等不同类型以供不同风险偏好的客户进行选择，不同的投资账户可以投放不同的投资工具。投资型寿险对投保人有更高的透明度。投保人在任何时候都可以通过电脑查询其保险单的保险成本、费用支出以及独立账户的资产价值，使投保人明明白白地消费，确保投保人的利益。投资型寿险的种类包括分红保险、投资连结保险、万能保险等。

（1）分红保险。分红保险是指保险公司在每一个会计年度结束后，将本年度由死差益、利差益、费差益所产生的可分配盈余，按照一定的比例，以现金红利或增值红利的方式分配给被保险人的一种人寿保险产品。这种保险因为具有分红的功能，所以一般保费较高，保障不高，分红率与其他理财产品相比不高。目前市场上教育储蓄险、养老保险等都属于分红保险。

（2）投资连结保险。投资连结保险是一种将寿险与投资相结合的人寿保险，它包含保障功能并至少在一个投资账户中拥有一定的资产价值。人寿保险公司将客户缴纳的保险费分成保障和投资两个部分，设立保障账户和投资账户。其中，投资连结保险的投资账户是单独设立的，保险公司将所收取保费的部分或全部放入投资账户进行专业投资操作。

（3）万能保险。万能保险是一种缴费灵活、保险金额可调整、非约束性的保险。保单持有人在缴纳一定量的首期保费后，可以根据自己人生不同阶段的保障需求和财力状况，选择在任何时间支付任何金额的保险费，并且任意提高或降低死亡给付金额，只要保单积存的保单现金价值足够支付以后各期的成本和费用就可以。

万能保险是风险保障与投资并存，介于分红保险与投资连结保险的一种投资型寿险。万能保险所缴保费分成两部分：一部分用于保险保障；另一部分用于投资账户。设置保障和投资额度的主动权在投保人，投保人可根据不同需求进行调节；账户资金由保险公司代为投资理财，投资利益上不封顶、下设最低保障利率。

投资型寿险并不适合所有人，它并不一定保证收益，却存在一定风险，投资者应根据自身的财务状况和风险承受能力进行选择。分红保险投资策略较保守，收益相对于其他投资型寿险较低，适合风险承受能力低、有稳健理财需求的投资者；投资连结保险的投资策略相对进取，无保底收益，适合追求高收益且具有较高风险承受能力的投资者；万能保险设置保底收益，主要投资工具为国债、公司债券、协议存款等，存取灵活，适合需求弹性大且有一定风险承受能力的投资者。

（二）意外伤害保险

意外伤害保险是指以被保险人在合同有效期内因意外伤害导致身故或残疾为保险金给付条件的保险。意外伤害保险保障的是由于外来的、突发的、非本意的客观事件为直接且单独的原因致使身体受到伤害的风险，其主要分为综合意外险、交通工具意外险、旅游意外险。

综合意外险的保险责任一般涵盖意外身故、意外残疾、意外医疗、住院津贴等保障，保障范围较为全面。

交通工具意外险能够保障被保险人乘坐公共交通工具时，因遭受意外伤害事故导致的身故、残疾或者医疗费用支出等风险，也就是只保障乘坐公共交通工具时发生的意外，这里的公共交通是指公共汽车、飞机、轮船、火车、动车等。

旅游意外险能够保障被保险人在出差或旅游的途中因意外事故导致死亡或伤残等风险，与一般意外险不同的是，旅游意外险大多时效性较强，一般与出行时间对应。

（三）健康保险

健康保险是指保险公司通过疾病保险、医疗费用保险、失能收入损失保险和护理保险等方式对因健康原因导致的损失给付保险金的保险。健康保险以身体内部疾病引起的治疗作为保险事故。健康保险的承保责任范围主要包括两个方面：一是疾病或意外事故所产生的医疗费用；二是疾病或意外事故所导致的收入损失。健康保险主要分为：重大疾病险（简称重疾险）、特定疾病险、门诊和住院医疗险。

重疾险是指当恶性肿瘤、心肌梗死、脑出血等疾病发生时，由保险公司根据保险合同约定支付保险金的保险。重大疾病通常具有以下3个基本特征：一是病情严重，会在较长一段时间内严重影响患者及其家庭的正常工作与生活；二是治疗花费巨大，此类疾病需要进行较为复杂的药物或手术治疗并支付昂贵的医疗费用；三是不容易治愈，会持续较长一段时间，甚至是永久性的。

特定疾病险是指针对一种或几种特定疾病展开保障的保险，主要分为针对女性和少儿的特定疾病保险，像女性特有的卵巢癌、宫颈癌等疾病和儿童患病率较高的白血病等。

门诊和住院医疗险可以看作社保的补充，能够很大程度缓解“没钱看病”或“看病贵”的问题。门诊医疗险报销的是日常看病的费用，住院医疗险报销的是住院期间的费用，包括床位费、膳食费、医生诊疗费、检验检查费等合理的、必需的医疗费用。

二、财产保险

财产保险是指投保人根据合同约定，向保险人缴付保险费，保险人按保险合同的约定对所承保的财产及其有关利益因自然灾害或意外事故造成的损失承担赔偿责任的保险。财产保险有广义与狭义之分。广义财产保险是指以财产及其有关的经济利益和损害赔偿责任为保险标的的保险，包括财产损失保险、责任保险、保证保险、信用保险等以财产及其有关利益为保险标的的各种保险。此处所讲财产保险特指有形财产，即狭义的财产保险。与个人家庭相关的财产保险主要有以下两种。

（一）家庭财产保险

家庭财产保险指的是以个人生活资料、农机具、私住房屋等财产为保险标的的财产保险，主要包含三大保障：房屋主体、房屋装潢及附属设备、房屋内财产等。家庭财产保险产品主要有普通型家庭财产保险、家庭财产两全保险、投资保障型家庭财产保险和个人贷款抵押房屋保险。

（二）机动车辆保险

机动车辆保险是承担机动车所造成的人身伤亡或财产损失的赔偿责任的一种财产保险。机动车辆保险分为交强险和商业险。

三、责任保险

责任保险是以被保险人对第三者依法应负的赔偿责任为保险标的的保险。被保险人由于过失或意外事故造成第三者的财产损失或人身伤亡，根据法律或合同的规定，应由被保险人承担的经济赔偿责任，保险人按照保险合同约定负责赔偿。

与其他形式的保险相比，责任保险一定程度上具有更强的社会属性。首先，责任保险有效隔绝了生产经营中的风险蔓延和扩散现象，将风险对市场主体的影响置于可控环境，为市场经济的平稳健康发展提供了稳定的风险预期和制度环境。其次，责任保险在完善社会治理体制机制与积极参与社会治理全过程中，通过自身的市场化运作机制，沟通了被保险人和第三者，将可能的侵权责任关系转化为市场经济关系，同时起到了保障被保险人利益和保护第三者合法利益的效果，有效化解了社会矛盾产生和激化的可能。责任保险的市场化机制使得政府下场参与化解社会纠纷时可能存在的“又当运动员又当裁判员”的情形发生改变，推动社会治理由“维稳”向“维权”转型，对政府在突发事件中承受的社会压力有着良好的疏解效应，进而推动社会治理思路和模式以及具体做法朝着更加专业化、现代化、法治化的方向迈进。

责任保险主要有以下几种：

（1）公众责任保险，是指承保企事业单位在列明的场所范围内从事经营活动或自身业务过程中，因过失导致意外事故发生造成第三者人身伤害或财产损失，依法应由被保险人承担的经济赔偿责任的保险。

（2）产品责任保险，是指承保被保险人因制造或销售的产品质量缺陷导致消费者或使用者遭受人身伤亡或其他损失所引起的赔偿责任的保险。

（3）雇主责任保险，又称劳工险，是指承保雇主根据法律或雇佣合同对受雇人员的人身伤亡应负的经济赔偿责任的保险。

（4）职业责任保险，是指承保被保险人在提供专业服务中因过失、差错或疏忽所发生的不当行为造成第三者人身损害或财产损失，依法需要其承担的经济赔偿责任的保险，如律师职业责任保险、会计师职业责任保险、建筑工程设计责任保险等。

（5）第三者责任险，是指被保险人由于自身疏忽、过错给第三方造成的人身伤害和财产损失，依法须由被保险人承担的经济赔偿责任由保险人承担的保险。典型的第三者责任险主要是指机动车第三者责任保险。绝大多数地方政府将第三者责任险列为强制险种。

四、信用保险

信用保险是指保险人对被保险人信用放款或信用售货，债务人拒绝履行合同或不能清偿债务时，所受到的经济损失承担赔偿责任的保险，是一项企业用于风险管理的保险产品。

信用保险的主要功能是保障企业应收账款的安全，原理是把债务人的保证责任转移给保险公司，当债务人不能履行其义务时，由保险公司来承担赔偿责任。

信用保险主要有：忠诚保证保险，承保雇主因雇员的不法行为所致损失；履约保险，承保合同当事人中一方违约所负的经济责任。

任务三 保险规划设计原则与保险规划步骤

一、保险规划设计原则

（一）量身定制保险规划

保险规划的首要原则是根据个人的风险承受能力和需求进行量身定制。不同人的风险状况、财务状况和理财目标都不同，因此保险规划应该是个性化的。

（二）保障优先与合理投资

家庭投保的主要目的是转移风险，在发生保险事故时可以获得约定的经济赔偿。因此，在投保之前，就要全面分析自身或家庭面临的风险状况，对风险进行规避、预防或者抑制，将尽可能多的风险转嫁给保险公司。

以保障为导向的保险有助于解决风险发生时的财务问题，以储蓄为导向的保险有助于现金流规划和资产稳定增值。保险规划的核心是提供保障，确保在风险发生时被保险人能够得到经济上的支持。在保障需求得到满足的基础上，可以考虑将部分保险费用于合理投资，以获取一定的收益。

（三）长期规划与持续调整

保险规划是一项长期的任务，需要考虑到个人的整个生命周期。人处在不同生命周期，保险需求也必然不同。在进行理财规划时，投保人需要充分考虑不同生命周期的保险需求。单身期需要考虑重大疾病保险和意外伤害保险；家庭形成期需要侧重考虑重大疾病保险、意外伤害保险以及养老保险；家庭成长期需要考虑重大疾病保险、意外伤害保险、养老保险和投资型寿险；家庭衰老期则出于身体状况和遗产分配的需求，需要重点考虑更大疾病保险和人寿保险。

同时，随着个人状况和市场环境的变化，保险规划也需要进行持续的调整和优化。

（四）费用控制与效益最大化

保险是一种经济行为，投保人需要付出一定的经济代价及保险费才能获得相应的保险保障。在不同的情况下，投保人支付的保险费是不同的。投保险种越多，保险金额越高，保险期限越长，保费也就越高。因此，投保人在投保时必须充分考虑自身经济承受能力，根据自身的年龄、职业和收入等实际情况，力所能及地适当购买保险产品，一般建议将年可支配收入的5%～10%作为保障类保险产品的资金安排是比较合适的，在制定保险规划时，需要合理控制保费支出，确保不会给个人或家庭带来过大的经济压力；同时追求效益最大化，通过选择合适的保险产品和方案，实现保障和收益的平衡。

二、保险规划步骤

保险规划是个人理财规划中很重要的一环。要做好个人或家庭的保险规划，首先就要明确4个问题：（1）个人或家庭需要购买什么样的保险？（2）个人或家庭需要购买多少保额的保险？（3）个人或家庭能够承担多少保费？（4）保险期限与缴费期限应如何选择？

基于这4个问题，我们总结出了个人或家庭保险规划步骤：

第一步，评估个人或家庭财务状况与所处阶段。

第二步，选择合适的保险险种。

第三步，确定个人或家庭所需保险金额度。

第四步，确定个人或家庭能承担的保险费用。

第五步，选择合适的保障对象。

第六步，合理规划保险期限与缴费期限。

三、保险规划需求分析

（一）个人或家庭需要什么样的保险

1. 与生命相关的风险与损失

（1）死亡损失。死亡损失主要包括两点：一是死亡的费用；二是逝者死亡所带来的收入损失。

死亡的费用一般包括丧葬时置办逝者服装、整容、遗体存放、火化和安葬的一系列费用，以及葬礼过后帮逝者偿还债务的费用和进行逝者遗嘱安排的费用等。

个体死亡也意味着家庭收入的减少。在做寿险规划分析时，理财规划师需重点关注逝者的死亡会给家庭收入状况造成什么样的影响。如果逝者是家庭经济支柱，那么其死亡就会对家庭经济状况造成巨大影响，使生存的其他家庭成员产生一些经济负担和保险需求。这些需求主要体现在抚养子女的费用、配偶的生活费用以及赡养老人的费用等方面。

（2）健康损失。健康损失主要包括医疗费用和收入损失两项，医疗费用主要有住院费用、手术费用、精神损失费用、康复理疗费用以及长期护理费用等。收入损失则是指人们因为疾病暂时或永久不能工作所带来的收入损失。

（3）退休消耗。退休所带来的第一个问题肯定是收入的减少。退休所带来的第二个问题是支出水平的难以维持。据估计，一对夫妇要维持退休前的生活水平，他们退休后的收入水平就需要保持在退休前收入水平的70%～80%。这样，除非进行适当安排以提供充足的收入来源，否则，退休必然意味着生活水平的下降。

2. 保险需求分析

在分析保险需求时，首先应明确保险客户在家庭中的地位、责任、作用以及经济贡献等，然后估算出其面临的各种风险可能产生的最大费用需求。人生的不同阶段、家庭的不同时期，收入水平也会有所不同。不同的个体、不同的家庭，在不同的生活阶段，对保险的需求也不尽相同。根据家庭生命周期做好人生财务规划，将保险配置作为理财的风险控制器，结合个人及家庭所在的阶段与保险需求定制方案将会达到保险、理财的双重效果。

每个家庭在不同时期会表现出显著的阶段性，伴随家庭生命周期的轮回，一个家庭在物质和精神层面的需求会呈现出明显的时间特征。家庭生命周期展现的是一个家庭发展的脉络，每个阶段之间的转折与过渡容易引起家庭关系和财务需求的变化，这些也是决定家庭成员成长与发展的主要因素。

结合生命周期理论，分析总结了家庭生命周期的保险需求，如表8-1所示。

表8-1 家庭生命周期保险需求分析表

项目	青年单身期	家庭形成期	家庭成长期	家庭成熟期	家庭衰老期
阶段特点	从工作到结婚，收入低，消费大，储蓄少，户外活动比较多	从结婚到生子，收入增加，消费支出增加，社保逐渐完善	从生子到子女工作，收入达到巅峰，处于家庭财富积累期，赡养父母、子女教育费用和生活费用猛增	从子女参加工作到退休，随着子女大学毕业，家庭责任慢慢减轻，自身养老问题逐渐呈现	退休以后，大部分家庭的收支相抵，收入来源为退休金，主要支出有生活费用、健康医疗和休闲支出等

续表

项目	青年单身期	家庭形成期	家庭成长期	家庭成熟期	家庭衰老期
需求分析	健康状况良好，无家庭负担，保险意识较弱	这个阶段所面临的风险是自身的大病风险与意外风险。由于有了家庭，夫妇双方更应该注意对疾病的防范和保证房屋供款的连续性。在遇到风险之时，不拖累家人，甚至遇到不测也能给家人留下一些资金	这个阶段所面临的风险有意外风险以及大病风险，此阶段是保险需求的高峰期，特别是子女教育费用和生活费用是理财的重点，保证自己能平安地承担责任，通过保障自己从而保障家人	这个阶段是规划养老生活的时期，逐渐步入老年，身体的机能明显下降，在保险需求上，对健康的需求较大	这个阶段主要风险为疾病风险，同时面临死亡问题和财产传承问题。这时期应是享受保险保障的时候，如果年轻时有投保储蓄型保险，如今可领回满期金，等于多一笔财富保障；有投保健康保险者，也不需要为生大病筹不出过多的医药费发愁
保险规划要点	意外保险、必要的医疗保障	意外伤害保险、基本的健康保险是保障的重点；有条件的可以考虑给父母买健康保险	根据职业特征选择意外伤害保险；根据社会保障情况选择健康保险；根据财力选择重疾险；如果财力允许，可以购买一些投资型寿险	养老、健康、重大疾病、投资风险防范；此时要为将来的老年生活做好安排，应该重点配置养老保险	养老生活期间，在有银行存款应急的同时，健康保险是重点；养老金（生活费）、医疗费用、遗产规划
保险产品配置	意外伤害保险＋健康保险＋责任保险	定期寿险＋重疾险＋意外伤害保险＋父母医疗费用保险＋财产保险＋投资储蓄	定期寿险＋意外伤害保险＋子女教育保险＋财产保险＋养老保险＋投资储蓄	定期寿险＋重疾险＋财产保险＋投资储蓄＋意外伤害保险	养老保险＋健康保险＋遗嘱保险

（二）家庭需要购买多少保额的保险

保额是当保险标的的保险事故发生时，保险公司所赔付的最高金额。明确所需险种之后，量化保险需求，确定所需保额是每个购买保险的人必须考虑的问题。一般情况下，有3种方法可用于帮助人们确定需要多少保额的保险（主要指保障型保险）。

1. 生命价值法

生命价值是探讨个人未来净收入的资本化价值的学说，由美国保险学教授休布纳于1924年提出。该学说认为，人的生命价值是指个人未来收入或个人服务价值扣除个人衣、食、住、行等生活费用后的资本化价值。从定量角度看，他认为生命价值是一个人预期净收入的资本化价值（现值），其中资本化价值是指维持自身消费以外的余额。利用生命价值法计算保额的步骤如下：

（1）确定个人的工作或服务年限；

（2）估计未来工作期间的年收入；

（3）从预期年收入中扣除税收、保险费及自我消费，得到净收入；

（4）选择适当的贴现率计算预期净收入现值，得到个人的经济价值。

比如，王先生40岁，预计再工作25年后退休，目前年净收入12万元，个人年消费支出5万元，预计年通货膨胀率3%、收入增长率4%、贴现利率5%。使用生命价值法计算，王先生需要的保额为多少？（负号表示现金流出，通常可以忽略。）

净现值＝收入现值－支出现值

收入现值 $PV(25,0.962\%,-12,0)=265.538$

支出现值 $PV(25,1.942\%,-5,0)=98.288$

净现值＝265.538－98.288＝167.258

其中：

$0.962\%=(1+5\%)/(1+4\%)-1$

$1.942\%=(1+5\%)/(1+3\%)-1$

2. 经济需求法

经济需求法是一种根据未来家庭的经济需求来确定适当的寿险保额的方法。这个方法的目的是确保在主要经济提供者不在世时，家庭仍能够满足基本需求，支付债务，并维持相对稳定的生活水平。它主要考虑了家庭未来的支出和财务需求，以确定保险保额。使用经济需求法计算保额的步骤如下：

（1）确定家庭未来支出。考虑家庭成员的生活费用、子女教育费用、供养金、负债、丧葬费等未来可能的支出。

（2）扣除已有资产。从上述未来支出中扣除已经拥有的资产，包括存款、储蓄、有价证券、投资性房产等。

（3）估算保险保额。

保额＝家庭总未来支出－家庭总已有资产

比如，王先生今年30岁，年收入30万元，家庭每年生活费支出12万元，剩余未还房贷100万元，给父母养老钱每年约5万元，子女上学预计需要30万元。王先生家庭现已有资产总额为30万元，如果发生不幸，他想保证家人在10年内的生活费不受影响。王先生的保额需求为：保额＝生活费12万元×10年＋房贷100万元＋父母养老钱5万元×10年＋子女上学30万元－已有资产30万元＝270万元，考虑到未来通货膨胀，还需多准备些保额。

3. 收入倍数法

所谓收入倍数法其实是一种经验总结，是以家庭年收入的一定倍数来计算家庭所需保障金额，其优势是简单明了，操作方便。最常用的收入倍数法为“双十定律”。

“双十定律”是指将保额确定为家庭年收入的十倍及总保费支出为家庭年收入的10%为宜。“双十定律”是目前最为常用的简易确定保额的参考方法之一。以“双十定律”确定的保额可以保障被保险人遭遇不测后，该家庭大约十年内不会因被保险人的死亡而出现生存困难。以“双十定律”确定的保费则较为符合家庭合理支出细则。“双十定律”并非一成不变，也可根据现实家庭状况进行调整。家庭保险“双十定律”在实际运用中，上下浮动5%以内均为正常。

需要注意的是，无论选用哪种方法来测算，都要基于通货膨胀率、收入增长率、投资收益率等很多假设条件。因此保险的测算并非绝对，任何精确、周到的测算都不能保证万无一失，需要根据预算制约、目标调整、财务缺口、退休年龄变化等家庭实际需求进行调整。

（三）确定家庭能负担的保费

投保人要确定每年需要缴多少保费来满足自身保险需求，首先要明确自己每年愿意且能够拿出多少资金进行保险保障。要确定家庭能够负担的保费，可以从以下3个方面入手：

（1）确定家庭每年可结余的资金总额。

（2）明确可结余资金总额中分别计划用于投资、保障的资金额所占的比例，从而确定家庭每年可以用于保障的资金。

（3）决定能够购买保险的金额总量。

当然，需要的保费也有简单的计算方法，比如前文所讲的“双十定律”，家庭保费可定位为家庭年收入的10%。这一比率同样可根据实际情况调整，如低收入家庭购买保险时，其保费的比率可以调整为家庭年收入的8%。

（四）合理规划保险期限与缴费期限

1. 保险期限的选择

在保险期限的选择上，很多人存在的误区是“保险期限越长越好”。其实，过长的保险期限没有实际必要。比如，对于固定保额的保险来说，保障到80岁和保障到70岁相比，虽然可以多保障10年，但考虑到通货膨胀因素，相同保额的实际保障能力是急剧萎缩的。一名30岁的投保人，投保保额为20万元的保险，70岁和80岁发生事故的赔付一样，但按照5%的通货膨胀率计算，70岁时保险的实际保障能力为2.8万元，而80岁时保险的实际保障能力为1.7万元，效果几乎无差，只是心理安慰而已。另外，在同等情况下，过长的保险期限会导致高昂的保费。以定期寿险和终身寿险为例，定期寿险可能只保30年，终身寿险能保终身，但费用却相差3倍以上。因此，家庭要根据自身的情况，合理选择保险期限。

2. 缴费期限的选择

缴费期限的选择主要针对购买期缴保费的保险产品而言。一般情况下，个人购买保险产品，尤其是健康保险时，建议尽量选择较长的缴费期限。原因主要有三点：其一是在同等保额下，缴费期限越长，每期所缴金额越低，可以降低投保人的缴费压力。其二是绝大多数期缴保险产品采取的是均衡费率，一旦产品选定，每年保费额度是固定的，延长缴费期限可以抵制通货膨胀压力。其三是很多保险产品设有保费豁免条款。比如，张先生作为投保人，给儿子（被保险人）买了1份重疾险，缴费期限30年，在第5年张先生罹患重疾，根据合同约定，孩子未来25年的保费不用交了，且孩子的保障依然有效。

任务四 家庭保险规划案例分析

上有父母，下有子女，还有一个他（她）陪你共度风雨，这是我国典型的三代同堂家庭。上有老、下有小的家庭，往往“牵一发而动全身”，这种家庭结构及保险需求在我国具有代表性。

王先生，33岁，硕士毕业，从事银行管理工作，月收入1.5万元，年终奖10万元；刘女士，32岁，硕士毕业，从事企业工程师工作，月收入1.2万元，年终奖5.6万元；目前他们有一个8岁的儿子，正在上小学。王先生父母均为58岁，王先生夫妇两人因工作需要经常出差，因此由王先生父母照顾孩子的日常起居。

家庭每年日常开支16万元，其中王先生的个人年支出为3万元，刘女士的个人年支出为4万元；尚有110万元房贷需要偿还，剩余偿还期还有20年，每年房贷支出约10万元；有银行存款及各种基金28万元；还有一辆价值30万元的小轿车。家中老人每月有养老金3 000元，预期寿命为85岁。

夫妻俩单位都有社保，夫妻俩和孩子均没有购买任何商业保险。由于现在教育费用高昂，他们觉得应该给孩子购买一份子女教育保险；又因为家中有亲戚得了重疾，他们意识到了重疾险的重要性。

请根据上述材料中王先生家庭的现有情况，为其提供合理的保险规划建议。

家庭保险规划如下。

一、保险需求分析

王先生夫妇仅有单位社保，夫妇俩和孩子均没有任何商业保险，保障水平低，需要补充商业保险。王先生家庭处于家庭成长期，个人收入稳定，未来家庭财富将保持持续增长的态势。王先生的家庭支出以偿还房贷为主，家中父母每月均有养老金，赡养压力较小，但是随着小孩年龄的增长，子女教育支出负担也会加重。

对于王先生夫妇而言，他们是这个家庭的重要收入来源，家庭责任最大，同时发生意外伤害和疾病的概率低但是后果大，一旦发生，将给这个家庭带来无法预料的伤害。王先生夫妇的保险需求应以自身死亡保障、积累子女教育金、医疗以及养老金为主，建议购买意外伤害保险、定期寿险或终身寿险、重疾险、子女教育保险和适当的养老保险。

我们可以采用收入倍数法来确定王先生家庭需要购买多少金额的保险。

根据“双十定律”，王先生的家庭年收入（不加老人养老金收入）＝28＋20＝48 万元，王先生家庭的保险金额＝48×10＝480 万元，总保费支出＝48×10%＝4.8 万元。

王先生家庭保险金额的分配应与收入、贡献相匹配。王先生作为家庭的经济支柱应该受到重点保护，在保额分配上，王先生、刘女士、王先生父母、孩子的比例大概为 5∶3∶1∶1。

二、确定家庭能负担的保费

（1）确定家庭每年可结余的资金总额。

王先生家庭的年收入包括：

1）王先生和刘女士的年工资以及年终奖：(1.5×12＋10)＋(1.2×12＋5.6)＝48 万元。

2）王先生父母的养老金：0.3×12＝3.6 万元。

3）王先生家庭的年支出包括：家庭每年日常开支 16 万元和房贷支出 10 万元。

王先生家庭每年可结余的资金总额＝年收入－年支出＝(48＋3.6)－(16＋10)＝25.6 万元。

（2）计划用于投资的金额占结余总额的 30%，计划用于保障的金额占结余总额的 20%。

（3）决定能够购买保险保障的金额总量：25.6×20%＝5.12 万元。

三、合理规划保险期限与缴费期限

（一）保险期限的选择

在制订保险计划时，应该将长短期险种结合起来考虑。对于人寿保险而言，保险期限一般较长。王先生的定期寿险至少 14 年，最低保障至儿子独立（大学毕业一般在 22 岁），最好 27 年（保障至个人退休）。刘女士的定期寿险至少有 15 年。意外伤害保险一般为中短期保险合同，如半年或者一年，在保险期满之后可以选择续保或者是停止投保。

（二）缴费期限的选择

一般情况下，购买保险产品应尽量选择较长的缴费期限，但不能盲目认为缴费期限越长越好。从王先生家庭的总体收支能力来看，收入能力中等，暂不考虑一次性缴清；从保障利益来看，选择中长期缴费更划算，减少资金占用的成本。每隔 3～5 年，王先生要检视个人保单配置金额，确保保障金额能够全额覆盖风险发生的损失。

四、选择保险公司、保险产品

王先生应当选择资产结构好、偿付能力强、信用等级优、管理效率高、服务质量好的保险公司，可查阅各大保险公司官网选择对应保险产品进行组合。

五、保险规划建议

（1）建议配置品种（见表8－2）。

表8－2 建议配置品种

家庭成员	定期寿险	重疾险	意外伤害保险	子女教育保险
王先生	√	√	√	
刘女士	√	√	√	
王先生父母		√		
儿子			√	√

（2）具体品种（见表8－3，仅为举例示意，可选择其他同类产品）。

表8－3 具体品种

家庭成员	定期寿险	重疾险	意外伤害保险	子女教育保险
王先生	友邦附加经典定期寿险	友邦友如意顺心版重大疾病保险	友邦附加经典意外伤害保险	
刘女士	友邦附加经典定期寿险	友邦友如意顺心版重大疾病保险	友邦附加经典意外伤害保险	
王先生父母		友邦附加倍如意重大疾病保险		
儿子			友邦附加经典意外伤害保险	泰康阳光旅程教育金保障计划（分红型）

（3）产品对应保额及保费（见表8－4）。

表8－4 产品对应保额及保费

单位：元

家庭成员	定期寿险	重疾险	意外伤害险	子女教育保险	保费小结
王先生	保额1 000 000 保费2 880	保额500 000 保费17 800	保额2 000 000 保费2 000		22 680
刘女士	保额1 000 000 保费2 880	保额500 000 保费17 800	保额1 000 000 保费700		21 380

续表

家庭成员	定期寿险	重疾险	意外伤害险	子女教育保险	保费小结
王先生父母		保额 1 000 000 保费 4 100			4 100
儿子			保额 1 000 000 保费 700	保额 50 000 保费 3 300	4 000
保费总计					52 160
保额总计					8 050 000

课后习题

一、单选题

1. 依据风险的影响面分类，风险可以分为（　　）。

A. 基本风险和特定风险

B. 财产风险、人身风险、责任风险和信用风险

C. 纯粹风险和投机风险

D. 静态风险与动态风险

2. 在火箭发射中，如果因发射当天遇到恶劣的天气导致火箭发射失败，那么引起火箭发射失败的风险因素是（　　）。

A. 火箭设计没有达到技术要求　　B. 操作人员操作失误

C. 火箭发射失败　　D. 发射当天遇到的恶劣天气

3. 在保险实务中，引起或增加风险事故发生的机会或扩大其损失幅度的原因和条件被称为（　　）。

A. 风险因素　　B. 风险事故

C. 损失　　D. 风险行为

4. 根据保险理论，可保风险的条件之一是（　　）。

A. 风险应当是投机性风险

B. 风险应当具有确定性

C. 风险应当使少量标的均有遭受损失的可能性

D. 存在大量具有同质风险的保险标的

5. 在风险管理中，主体可以在风险事故发生前，为了消除或减少可能引起损失的各种因素而采取一些具体措施，这一方式被称为（　　）。

A. 放弃　　B. 预防　　C. 避免　　D. 抑制

6. 在风险管理手段中，保险属于（　　）手段。

A. 风险分散　　B. 风险控制

C. 风险回避　　D. 风险转移

7. 如果一个人想要获得意外事故或疾病所致的医疗费用支出或收入损失的赔偿，他应该购买（　　）。

A. 意外伤害保险　　B. 人寿保险

C. 年金保险　　D. 医疗保险

8. 各个险种最主要的区别标志是（　　）。

A. 保险费率不同　　B. 保险期限不同

C. 保险责任不同　　D. 保险金额不同

9. 保险金额是当保险标的的保险事故发生时，保险公司所赔付的（　　）金额。

A. 最低　　B. 适中　　C. 最高　　D. 合适

10. 保险产品具有其他投资理财工具不可替代的（　　）。

A. 投资功能　　B. 套利功能　　C. 保障功能　　D. 储蓄功能

二、多选题

1. 风险的构成要素有（　　）。

A. 风险损失　　B. 风险频率　　C. 风险因素　　D. 风险事故

2. 下列风险中，属于纯粹风险的是（　　）。

A. 房屋遭受火灾的风险　　B. 小张炒股票亏本的风险

C. 长江沿岸居民遭遇洪水的风险　　D. 小李外出面临交通事故的风险

3. 可保风险必须具备的条件有（　　）。

A. 风险损失必须是意外且非故意的　　B. 风险一般是纯粹的

C. 风险损失是可衡量的　　D. 存在大量具有同质风险的保险标的

4. 与财产保险相比，人身保险的特点包括（　　）。

A. 保险标的的不可估价性　　B. 保险金额的定额性

C. 保险利益的特殊性　　D. 保险期限的长期性

5. 意外伤害保险的主要保障项目包括（　　）。

A. 死亡给付　　B. 疾病给付

C. 误工补偿　　D. 残疾给付

6. 理财规划中防范的个人风险包括（　　）。

A. 过早死亡　　B. 丧失劳动能力

C. 医疗护理费用和托管护理费用　　D. 财产损失以及失业

7. 常用的“人生价值”评估方法有（　　）。

A. 收入倍数法　　B. 生命价值法

C. 经济需求法　　D. 预估法

8. 影响客户保险需求的因素有（　　）。

A. 客户所处的生命周期　　B. 客户承担的家庭责任大小

C. 客户期望实现的理财目标　　D. 客户的工作性质

三、案例分析题

1. 经商的李先生家境殷实，他是家里的顶梁柱，是位家庭责任感和事业心都很强的人。2019 年他购买了一份保额 50 万元的重疾险和医疗险，随后又加保了一份 300 万元的终身寿险，并且购买了年金保险。天有不测风云，2020 年 12 月 2 日，李先生突然感觉头晕头疼，被确诊为脑瘤，这次患病对李先生及其家人来说就像晴天霹雳，让其家庭生活及生意都经受了很大的打击。除此之外，先后两个月的手术及康复治疗也花费了数十万元。在患病期间，他申请了重疾理赔，并于 2021 年 3 月 7 日及时收到重疾险赔付 50 万元，同时收到医疗险赔付 8 万余元。经过这次事件，李先生为自己的太太和女儿也分别购买了一份 50 万元的重疾险。病魔无情，2022 年 8 月 5 日，李先生因脑瘤复发病情加重，于 2023 年 4 月 3 日医治无效身故。在李先生身故后，保险公司赔付 300 万元。请问上述案例中，提到了哪些保险工具，它们有哪些特点和作用？

2. 25 岁的李某喜欢旅游，她参加工作刚满 3 年，年收入 7 万元，单位为她缴纳了“五险一金”。李某是个不折不扣的“月光族”。请你为李某制定一份适合她的保险理财规划。

3. 居住在 A 市的陈女士前来寻求保险规划建议，希望保障、养老、教育能够齐头并进。陈女士家庭基本情况如下：陈女士，30 岁，当地某上市公司的职员，目前怀孕，3 个月后孩子将出生。丈夫蔡先生，32 岁，工程师。陈女士每月税后工资 5 000 元，年终奖金 2 万元；蔡先生年薪 12 万元（含奖金）。两人拥有一套自住房，总价 80 万元，市值 150 万元，其中银行贷款尚有 30 万元未还；另拥有一辆家用小轿车，价值 10 万元；家庭银行活期存款 4 万元，基金和股票投资 5 万元，每月开支 8 000 元左右。陈女士和蔡先生的公司为其缴纳社保，无商业保险，于是陈女士在前年为自己和丈夫购买了重疾险，保额 10 万元，每人年缴保费 2 000 元。请你为陈女士一家设计一份合理的保险理财规划方案。

项目九　高净值家庭的投资规划

项目目标

知识目标

1. 了解高净值客户理财规划的意义
2. 了解投资工具与市场
3. 掌握高净值客户资产规划方案的内容
4. 掌握高净值家庭理财规划的方法

能力目标

1. 会设计高净值客户资产规划方案
2. 能够制定投资策略与方案，包括资产配置、投资品种选择、投资时机把握等
3. 能够进行投资反思与调整，根据市场变化和个人需求，及时调整投资策略和方案，以实现更好的投资效果
4. 会使用高净值家庭理财规划的方法

素养目标

1. 培养细心严谨的工作态度、诚实守信的职业素质和爱岗敬业的职业精神
2. 加强团队合作意识的培养，深刻理解团队精神的重要性
3. 提高创新思维能力，激发创造力和想象力
4. 培养社会责任感，了解社会现状，关注社会问题

案例引入

赵先生今年38岁，从事服装零售行业，年收入500万元，太太王女士在外贸公司上班，年收入50万元。夫妻育有一子，今年12岁。赵先生早年一直经商，家庭资产已达3 000万元，不过家庭生活开销较大，每月基本生活费用达8 000元，同时孝敬双方父母2 000元、娱乐项目费用2 000元、医疗费用400元、子女教育费用600元，另外每月支付商铺租金6 000元。

赵先生希望再工作10年就退休，运用目前资产满足生活需要，同时，赵先生希望在6年后将孩子送到国外读大学。

通过朋友介绍，赵先生来到某银行的一家支行，找到了客户经理王小姐，王小姐了解到赵先生目前家庭总资产为 3 000 万元，其中投资性资产 2 000 万元，剩余 1 000 万元的资金均为活期存款。

思考：针对赵先生这种财务状况，客户经理如何制订理财规划？

任务一　认知高净值客户投资规划

何为高净值人群？即可投资资产大于 600 万元人民币资产的人群，其中可投资资产包括离岸资产，但不包括房地产。高净值人群也是金融资产和投资性房地产等可投资资产较高的社会群体。在我国，随着经济的发展和财富的积累，越来越多的高净值家庭涌现出来。《胡润百富 2023 中国高净值家庭现金流管理报告》中显示，中国拥有 600 万资产的"富裕家庭"达 518 万户，拥有千万资产的"高净值家庭"达 211 万户，拥有亿元资产的"超高净值家庭"达 13.8 万户。高净值人群作为社会结构金字塔的上层，在信息获取、渠道选择、方向感知等各方面都优于普通投资者。伴随着家族财富的与日俱增，高净值家庭的资产规划需求日渐增加。如何做好资产的保值增值，如何实现家族资产的安全妥善传承，是每个高净值家庭都要研究的话题。

一、高净值客户投资规划的意义

投资规划是一种对个人（家庭）财富进行管理和分配的长期策略，旨在实现财务安全、财富增值和理想的生活目标。投资规划涉及对各种资产（如房产、股票、债券、保险等）的合理配置，以达到风险分散、收益最大化的目的。

投资规划的核心在于平衡风险与回报，同时考虑个人（家庭）的财务状况、理财需求和目标。投资规划作为一种重要的资产管理手段，对于高净值家庭来说具有重要意义。投资规划可以帮助高净值家庭实现资产的保值增值，降低投资风险，提高生活质量。在当前全球金融市场日益成熟和多样化的背景下，高净值家庭面临着更多的投资机会和挑战。通过投资规划，高净值家庭可以根据自身的风险承受能力、投资偏好和财务目标，合理配置资产，实现投资组合的优化。在保证资产安全的前提下，提高投资收益，为家庭创造更多的财富。投资规划可以帮助高净值家庭实现教育、旅游、养老等梦想，提高生活品质。投资规划还可以帮助高净值家庭实现财富的传承。通过投资规划，高净值家庭可以采取合适的税收规划方式，降低税收负担，保障家族财富的安全传承。此外，投资规划还可以帮助家庭应对突发事件，如疾病、失业等，提供充足的资金保障。

二、高净值客户投资规划方案的内容

当前适用于高净值家庭投资理财的方式日益多元化，如境外投资、私募股权、股票、基金、债券、互联网理财、房地产投资等，而哪种方式应该成为最主要的资产配置方案？该如何做好整体规划呢？可从以下几个方面进行规划。

（一）设定理财目标

理财目标分为短期、中期和长期。短期一般指5年以内，中期指5～20年，长期指20年以上。短期目标一般包括买车、改善住房、近期旅游支出等，中期目标的典型代表是子女教育，长期目标的典型代表则是退休计划。这些目标，都可使用投资规划协助完成。

（二）分析家庭财务现状

家庭财务现状分为两部分：一是未来的收入和支出，二是现在所拥有的资产和负债。一般来说，家庭资产包括流动性资产（现金、活期存款等）、投资性资产（股票、债券、基金等）、使用性资产（车、房屋等）。家庭负债则包括日常账单等短期负债和购房贷款、购车贷款等长期负债。通过对财务状况的分析，需要得出两个数据：

（1）在未来的时间里，预期的收入和支出，以及收入和支出之间的结余或者不足。

（2）现在的可投资资产。结合前面两部分的分析，需要粗略算出，为了实现所设定的目标，大约需要一个什么样的预期收益率水平。

（三）确定家庭整体风险承受能力

客户的风险承受能力可以通过在网上搜索评估表进行评估测试，客户了解自己的风险偏好和风险承受能力，以便选择合适的投资理财方式。一般短期目标主要是匹配一些货币基金、到期时间较近的国债和企业债券等变现能力较强的投资品种，还可以另外配置一些银行理财产品，这些产品固定年化收益不高，固定期限一般为一到三个月，也可提前赎回。中期目标主要匹配中期债券、大盘蓝筹股、平衡型基金、指数基金等风险和收益比较适中的投资品种。长期目标主要匹配指数基金、成长型风格交易基金等。

实际操作时，可以根据变现能力、持有期间的现金流入流出情况、风险与收益三方面的考虑，以成熟市场的配置通行策略为基础，结合自身情况进行调整，确定资产配置方案。

（四）选择、购买投资品种

对于长期投资来说，具体产品和投资时间的选择并不是很重要。为了降低选取到极端的产品和在极端的时间进入市场，建议采取分散投资的原则，在品种选择和时间选择上都采取分散投资，并且对于上涨过快的股票减少配置，在市场快速上涨的时期减缓建仓的速度。

对于短期和中期的资产配置来说，因为在选择资产类别时已经确定了中低风险的类别作为配置对象，避开过热和过冷的产品即可。每个人可以结合自己的知识结构、能获得的专业支持选择最合适的产品。按照市场有效性原则，应用简单方法选出的产品和仔细选出的产品的最终收益都是差不多的。

（五）定期进行财务检查和策略调整

在后期的财务检查过程中，需要重点关注以下几个方面，以确保投资策略始终符合财务目标和市场环境：

第一，需要评估理财目标是否发生了变化。随着时间的推移，生活状况、职业发展以及个人需求可能会发生变化，这些变化都可能影响理财目标。

第二，需要观察市场趋势是否发生了改变。市场环境的变化可能会对投资组合产生重大影响，因此需要及时了解市场动态，以便做出相应的调整。

第三，需要检查投资收益是否达到了预期要求。投资的目的是获取收益，如果实际收益与预期收益存在较大差距，那么可能需要重新审视投资策略。

第四，需要关注当初投资的产品是否有新的变化。市场上的产品会不断更新换代，新的产品可能会带来更高的收益或者更低的风险，因此需要及时了解这些变化，以便做出更好的投资决策。

第五，需要关注是否有新的替代产品值得选择。市场上的投资产品种类繁多，新的产品不断涌现，需要保持敏锐的市场洞察力，发现那些具有更高收益潜力或者更低风险的替代产品。

通过定期的财务检查和策略调整，可以确保投资始终处于最佳状态，从而实现理财目标。

任务二 掌握高净值家庭投资规划的方法

投资规划的“三阶资产配置模型”是一种解决高净值客户财富配置难题的常用方法。

一、三阶资产配置模型的定义

三阶资产配置模型是一种侧重均衡收益水平与风险水平的组合管理工具，在预期收益与可承受的风险之间取得最匹配的配置方案。该模型包含三个阶段：第一阶段，顶层设计定框架。在顶层设计框架里，将高净值客户需要面对的三大风险（保障风险、市场风险、成就风险）与三类特定资产（防御性资产、市场性资产、进攻性资产）进行精准匹配，以实现对三类风险的全面抵御。第二阶段，市场分析定策略。在大类资产分析系统中，参照当前的经济周期，结合各类资产的风险收益属性，对市场性资产进行细化配置。第三阶段，量身规划定方案。最终，按照生命周期理论，结合投资者的职业特征、家庭结构情况以及资产状况，提供精细化、定制化的产品配置策略。高净值客户的三阶资产配置模型见图 9-1。

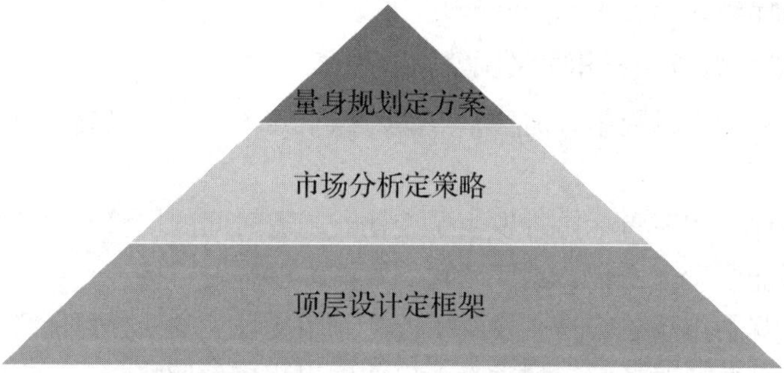

图 9-1　高净值客户的三阶资产配置模型

三阶资产配置模型中的第二阶段十分关键，承前启后，既能向前补充现金，又能向后辅助财富进阶跃升，实现风险收益最大化。

二、三阶资产配置模型的具体阶段分析

（一）第一阶段：顶层设计定框架

在财富配置框架里，个人承受的风险被划分为三种维度：

第一维度：保障风险，即无法保证最基本生活水平的风险；

第二维度：市场风险，即无法维持现有财富水平和社会地位的风险；

第三维度：成就风险，即渴望打破财富瓶颈并提升生活水平的风险。

为抵御这三类风险，需将财富按照适当比例配置于三类资产。三类风险对应资产见图 9-2。

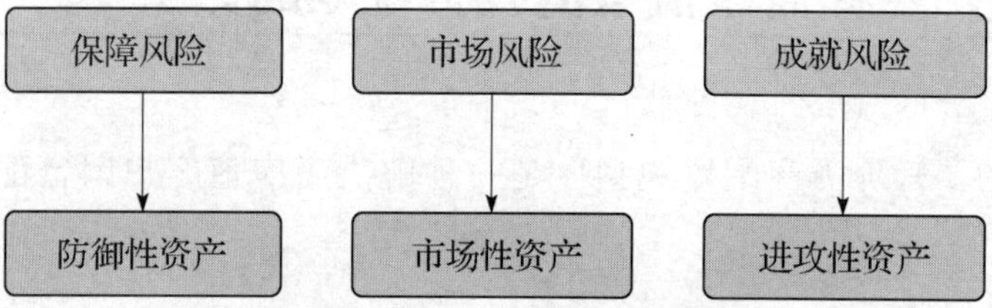

图 9-2　三类风险对应资产

1. 防御性资产

对应保障风险的资产为防御性资产，其主要功能是满足家庭日常所需，维持基本生活水平。

防御性资产不追求收益，最主要是保证资金的安全。防御性资产包括现金和货币类理财产品、保险、实物黄金、自住型房产、人力资本等。

（1）现金和货币类理财产品。

现金和货币类理财等可以保证家庭资产的流动性，在遇到特殊情况时能够保障家庭生活，数额可以参考半年左右的家庭开支。外汇的配置也非常重要，它可以是基于某种需求，比如未来的移民、求学、养老规划等，在当前外汇管制趋严的环境下，投资者需要按照外管局配额早做购汇规划；配置外汇资产也可以有效分散地域风险，保障财富

安全。

货币类理财产品是投资于货币市场的银行理财产品，主要投资于信用级别较高、流动性较好的金融工具，如国债、金融债、中央银行票据、债券回购以及高信用级别的企业债、公司债、短期融资券等。这些产品通常具有投资期短、资金赎回灵活、本金和收益安全性高等特点，因此常被作为活期存款的替代品。

国债是由中央政府发行的债券，信用等级极高，通常被视为无风险资产，是货币类理财产品的重要投资标的。

金融债则是由金融机构发行的债券，其信用等级和收益率一般介于国债和企业债。

中央银行票据是中央银行为调节货币市场而发行的短期债务工具，其信用等级等同于中央银行本身。

债券回购也是货币类理财产品的重要投资方式之一。它是指债券持有人将债券作为抵押品，从市场融入资金，并在约定的时间购回所抵押债券的交易行为。这种投资方式既可以为投资者提供短期的资金流动性，又可以获取一定的利息收入。

总的来说，货币类理财产品以其低风险、高流动性和相对稳定的收益特性，在投资者的资产配置中占据了重要的地位。然而，投资者在选择货币类理财产品时，仍需关注产品的具体投资标的、信用等级、收益率以及风险情况，以便做出明智的投资决策。同时，投资者还需注意市场利率的变动可能对货币类理财产品的收益产生影响。

值得注意的是，虽然货币类理财产品通常被视为相对安全的投资工具，但任何投资都存在一定风险。因此，投资者在选择和购买货币类理财产品时，应充分了解产品的风险性和收益性，并根据自身的风险承受能力和投资目标进行合理配置。

（2）保险。

保险是抵御各类风险的有效工具，在多种极端情况下保障投资者的生活水平。建议按照自身和家庭的需求，关注境内外优质保险产品，尽早加入商业医疗保险和人寿保险等，年龄越小，缴纳的保费越低。不能进入老年期才开始考虑购买保险，因为老年期能够购买的保险种类非常有限，且保费十分昂贵。

（3）实物黄金。

黄金的市场需求比较稳定，供给有限，下行贬值空间不大，黄金是通胀时期的保值首选。相较于其他资产而言，黄金也更适合在个体之间、代与代之间传承，黄金定价简单，没有税收和转让费率的困扰。黄金具有货币属性，在非常时期可充当货币，流动性高。

（4）自住型房产。

当前，房地产逐步回归“住”的属性。但是不管收益如何，对于高净值客户来说，自住型房产还是必要的配置。

（5）人力资本。

除实物资产以外，人力资本是个人财富的重要组成部分，尤其是对于企业家、医生、律师、演员等群体，人力资本的价值很高。最好的投资不仅在于赚到高收益，也在于多看、多学、多尝试，投资自身，提升人力资本。

2. 市场性资产

对应市场风险的资产为市场性资产，主要功能是抵御通货膨胀，实现财富增长和经济增长同步。市场性资产承担市场平均风险并获得市场平均收益。该类资产的业绩比较基准可以选择 M2 增速。

市场性资产包括各类债券、股票、大宗商品、投资性房产、避险资产等，见图 9－3。

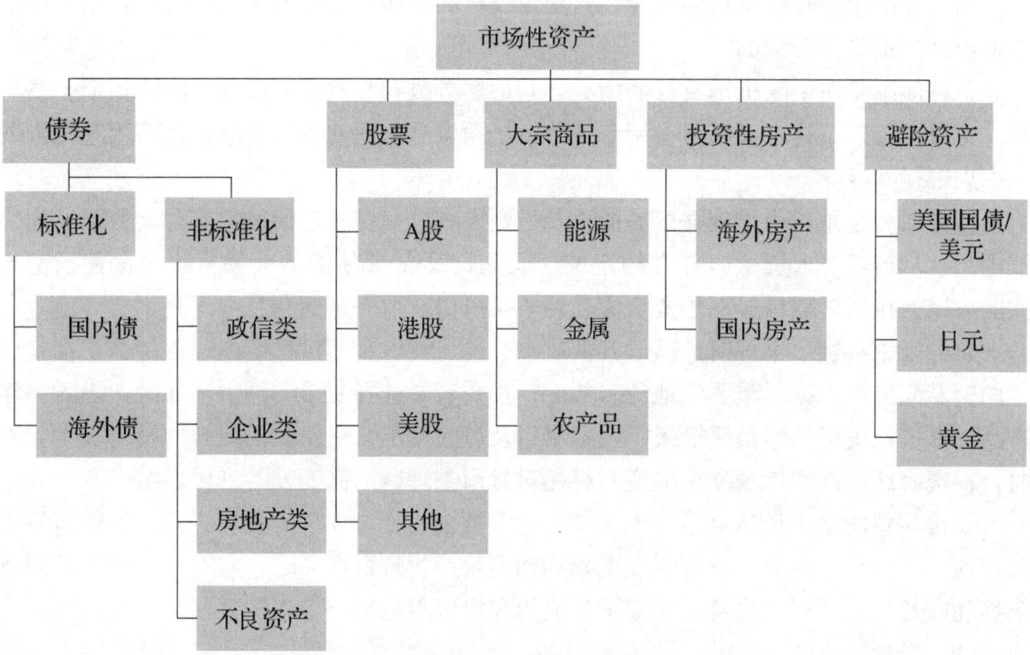

图 9－3　市场性资产分布图

市场性资产投资于资本市场，包括股票、债券等金融产品，其风险和收益通常相对较高。家庭理财环境中，多以选择具有投资组合性质的基金产品为主。典型的基金类理财产品主要有以下几种。

（1）股票型基金。

股票型基金是资本类理财产品中非常重要的一类。它主要投资于股票市场，通过购买并持有上市公司股票来获取资本增值和股息收益。股票型基金的风险和收益与股票市场的表现密切相关，因此适合风险承受能力较高、追求长期资本增值的投资者。股票型基金的优势在于其专业的管理团队和分散投资的特点，能够降低单一股票的风险。同时，通过定期定额投资，投资者可以平摊市场波动带来的风险，实现长期稳定的投资回报。

（2）债券型基金。

债券型基金主要投资于债券市场，包括国债、企业债、金融债等各类债券。与股票型基金相比，债券型基金的风险相对较低，收益也相对稳定。它适合风险承受能力适中、追求稳定收益的投资者。债券型基金的投资策略多样，可以根据市场环境和投资者的需求进行调整。例如，一些债券型基金可能采用积极投资策略，通过主动管理债券组合来获取更高的收益；而另一些则可能采用被动投资策略，以跟踪特定债券指数为目标。

（3）混合型基金。

混合型基金是股票型基金和债券型基金的结合体，它同时投资于股票和债券等不同类型的资产。混合型基金的风险和收益介于股票型基金和债券型基金，适合风险承受能力适中、追求平衡投资的投资者。混合型基金的投资策略灵活多变，可以根据市场环境和投资者的需求进行动态调整。基金经理会根据宏观经济形势、市场利率水平、行业发展趋势等因素，合理配置股票和债券的比例，以实现风险和收益的平衡。

（4）指数基金。

指数基金是一种特殊的股票型基金，主要投资于某个特定的股票指数，如沪深300指数、标普500指数等。指数基金的投资目标是跟踪并复制该指数的表现，因此其风险和收益与所跟踪的指数密切相关。指数基金的优势在于其管理成本较低、透明度较高，且长期来看通常能够获得与市场平均水平相当的投资回报。它适合那些希望分享市场整体增长但不愿承担过多主动管理风险的投资者。

3. 进攻性资产

对应成就风险的资产为进攻性资产，主要功能是最大程度实现资产增值，达到财富等级进阶。进攻性资产收益一般高于市场平均收益，承担的风险也较高。

进攻性资产组合的主要功能是助力财富等级跃升。人们对定义“财富等级跃升”的看法各不相同，这里我们倾向于定义为：三年左右财富翻番，即增速达到30%。

能达到这么高收益率的资产主要是股权类投资，包括私募股权、创业投资、并购基金等，尤其需要关注新兴产业。根据国家战略规划，未来部分新兴产业的年增速可能超过20%，因此其中的优质公司很有可能达到30%的收益率。

对于很多高净值客户来说，其拥有的最重要的进攻性资产就是其发家致富的企业，是否需要进行其他股权投资，可以通过对比扩大已有企业投资能够取得的回报和投资其他企业能够获得的回报来决定。

古玩字画等另类投资很大程度上依赖于投资者的个人爱好、鉴赏能力，应当根据自身情况量力而行。

（二）第二阶段：市场分析定策略

市场分析定策略是每个季度以宏观经济周期分析为基础，并通过大类资产研究和经典金融理论相结合，从而实现对市场性资产配置方案专业制定的过程。

在防御性、市场性和进攻性三类资产中，市场性资产的细分类型最为复杂、配置难度最大。在金融市场中，准确分析市场大趋势是制定有效策略的关键。市场大趋势通常由宏观经济指标、行业发展动态、政策变化等多重因素共同决定。以下是一些分析市场大趋势的方法和步骤，以帮助投资者和决策者更好地理解市场，从而制定出更为合理的策略。

1. 宏观经济分析

关注宏观经济数据，如GDP增长率、失业率、通货膨胀率等，这些数据能够反映一个国家或地区的经济健康状况。例如，经济增长放缓可能预示着消费能力的下降，从而影响多个行业的销售情况。

2. 行业动态跟踪

深入研究特定行业的最新动态，包括技术创新、竞争格局变化、市场需求变化等。例如，随着电动汽车技术的进步，传统汽车行业可能面临重大转型，相关产业链上的企业需要调整策略以适应新的市场环境。

3. 政策和法规的影响

政策和法规的变化对市场趋势有着直接且深远的影响。例如，环保政策的加强可能会推动清洁能源行业的发展，同时抑制高污染行业的增长。因此，密切关注政策动向，理解其对各行业可能产生的影响至关重要。

4. 技术分析

技术分析是通过研究历史价格和成交量数据来预测未来市场走势的方法。常用的技术指标包括移动平均线、相对强弱指数和布林带等。技术分析可以帮助投资者识别市场趋势的转折点，从而及时调整投资策略。

5. 国际市场影响

在全球化的背景下，国际市场的变化也会对本地市场产生影响。例如，全球主要经济体的货币政策调整可能会引起资本流动的变化，进而影响汇率和股市。因此，分析国际市场动态也是理解市场大趋势的重要一环。

通过上述方法，可以梳理出通过市场分析定策略的维度、关键指标和影响因素，见表 9-1。投资者和决策者可以更全面地理解市场大趋势，并据此制定出更为科学和有效的策略。在实际操作中，应结合自身的投资目标和风险承受能力，灵活运用这些分析工具，以达到最佳的投资效果。

表 9-1 市场分析定策略的维度、关键指标和影响因素

维度	关键指标	影响因素
宏观经济	GDP、失业率、通胀率	经济周期、政府政策
行业动态	技术创新、市场需求	竞争格局、行业政策
政策法规	环保政策、税收政策	政府决策、法规变化
技术分析	移动平均线、相对强弱指标	历史价格、成交量
国际市场	汇率、国际贸易	全球经济、地缘政治

（三）第三阶段：量身规划定方案

为了实现投资者的财富增值目标，需要深入分析投资者的个人特点，包括他们的风险承受能力、投资期限、收益预期等因素。同时，还需要详细了解各类金融产品的属性，如风险等级、收益潜力、流动性等。只有将投资者的个人特点与金融产品的属性紧密结合，才能制订出真正符合投资者需求的财富配置规划。接下来，我们将这些规划落实到具体的产品选择和配置上，确保每一项投资决策都与投资者的财富目标和风险偏好相匹配。通过这种精细化的管理，投资者可以更好地实现财富的保值与增值，同时避免不必要的风险。

对于投资者而言，需要重点关注的方面包括其生涯规划、职业属性、风险偏好、资产规模以及投资经验等；对于产品而言，需要分析当前经济周期的影响、监管政策的约束性条件，以及产品的可获得性、产品策略的市场容量和产品特征等，见图 9－4。

图 9－4　规划方案

此阶段，要深入研究生命周期理论，并结合丰富的理财实践经验。在此基础上，才可以充分考虑到客户的个人特点和需求，以及各类金融产品的独特属性。通过综合分析和精心策划，最终为客户制定出一套成熟且全面的财富配置建议。

具体来说，首先要深入探讨生命周期理论的核心思想，理解人们在不同阶段的财务需求和风险承受能力。接着，结合丰富的理财实践经验，这些经验来自多年的市场观察和与客户的互动，能够更好地理解市场动态和客户需求。在此基础上，充分考虑客户的个人特点和需求，包括他们的收入水平、风险偏好、投资目标和时间框架等。同时，也需要深入分析各类金融产品的独特属性，如股票、债券、基金、保险等，了解它们的风险收益特征和市场表现。

通过综合分析投资者的个人情况和金融产品的属性，并运用先进的数据分析工具和专业的投资策略，为投资者量身定制一套成熟且全面的财富配置建议。这些建议不仅涵盖了资产配置、投资组合管理，还包括税务规划、退休规划和遗产规划等方面。财富配置建议的目标是帮助投资者实现理财目标，提高生活质量，并在不确定的市场环境中保持稳健的财务状况。

结合家庭所处的生命周期阶段，以及家庭财富主要由防御性资产、市场性资产和进攻性资产三大类资产构成的前提，每个生命周期阶段下的财富配置建议如表 9－2 所示。

表 9－2　高净值家庭生命周期资产配置

阶段	综合财富配置建议	防御性资产	市场性资产	进攻性资产
单身期	基本的防御性资产配置 多样化配置市场性资产 大胆尝试进攻性资产	10%	40%	50%

续表

阶段	综合财富配置建议	防御性资产	市场性资产	进攻性资产
家庭形成期	适当增加防御性资产配置 持续配置市场性资产 敢于配置进攻性资产	20%	40%	40%
家庭成长期	增加防御性资产配置 关注市场性资产的流动性 继续配置进攻性资产	20%	50%	30%
家庭成熟期	增加防御性资产配置 持续配置市场性资产 维持进攻性资产	30%	40%	30%
老年期	重点配置防御性资产 持有市场性资产 少配置进攻性资产	40%	40%	20%

任务三 高净值家庭投资规划案例分析

在当今经济快速发展的背景下，高净值家庭的投资规划显得尤为重要。高净值家庭通常拥有较多的资产和财富，因此如何合理配置这些资产，实现财富的保值增值，成为他们关注的焦点。通过对高净值家庭投资规划的案例进行分析，我们可以更好地理解他们在投资过程中所面临的挑战和应对策略。

王女士今年 32 岁，她再婚两年，有一个 6 岁的儿子。她的丈夫王先生今年 42 岁，是一家民营企业的高管。王先生的前妻现在 40 岁，他们有一个 16 岁的儿子。最近，王女士发现她的丈夫身体状况似乎不太好，虽然没有严重的疾病，但他的体力和精力都在逐渐下降，显得有些力不从心。

自从结婚以来，家庭的财务管理一直掌握在王女士手中。家里的闲置资金比较多，她发现把钱存放在银行的利息收益越来越低，感觉非常不划算。因此，王女士开始考虑进行更多的投资，以期获得更高的回报。此外，她和家人也有一个长远的计划，那就是在晚年过上更好的生活。为了实现这个目标，她认为有必要对家庭的财务进行更合理的规划和投资。

王女士家庭在一二线城市拥有不动产 4 处，价值合计约为 3 000 万元，存款和理财等投资性资金约为 5 000 万元，家庭总资产约为 8 000 万元。

一、家庭情况分析

（一）生命周期：家庭成长期

生命周期中的家庭成长期是指家庭从新婚阶段逐渐过渡到有子女的阶段，这一时期通常伴随着家庭成员数量的增加和家庭结构的变化。在这个阶段，家庭成员之间的关系变得更加复杂，家庭的责任和义务也随之增加。父母需要花费更多的时间和精力来照顾年幼的孩子，同时还要兼顾工作和家庭的其他事务。

在这个时期，家庭的经济状况通常会发生显著变化。家庭收入可能会增加，以应对日益增长的消费需求，但同时支出也会大幅上升，尤其是教育、医疗和日常生活费用。为了应对这些变化，家庭成员需要进行合理的财务规划，以确保家庭经济的稳定和可持续发展。

此外，家庭成长期还伴随着家庭成员情感需求的变化。父母不仅要关注孩子的成长和教育，还要维护夫妻之间的感情，保持家庭的和谐与稳定。家庭成员之间的沟通和理解变得尤为重要，共同面对挑战和解决问题成为家庭成长期的重要任务。

总之，家庭成长期是一个充满变化和挑战的阶段，家庭成员需要共同努力，适应新的角色和责任，确保家庭的幸福和稳定。

（二）风险偏好：平衡型

在投资和理财领域，风险偏好是指个人或机构在面对投资决策时，对潜在风险和预期收益之间平衡的偏好程度。简单分析家庭现状，发现该家庭属于平衡型风险偏好。平衡型风险偏好是指投资者在追求收益的同时，也注重风险的控制，力求在风险和收益之间找到一个相对均衡的状态。这类投资者通常不愿意承担过高的风险，也不满足于过低的收益，而是希望在稳健的基础上获得相对合理的回报。平衡型风险偏好的投资者往往会选择那些风险适中、收益相对稳定的资产组合，如股票和债券的混合投资，以期在市场波动中保持资产的稳定增长。

（三）经济周期：弱复苏期

结合市场现状，分析发现，现处于弱复苏的经济周期。经济周期中的弱复苏期是指在经历了衰退或萧条之后，经济开始逐渐恢复增长，但这种增长势头相对较弱，复苏力度不足，尚未达到充分就业和潜在产出水平的时期。在这个阶段，经济增长率虽然有所回升，但仍然低于历史平均水平，失业率可能仍然较高，企业投资和消费者信心尚未完全恢复。政府和中央银行可能会采取一系列政策措施，如降低利率、增加财政支出等，以刺激经济增长，推动经济进一步复苏。然而，由于多种因素的影响，如结构性问题、外部冲击等，弱复苏期可能会持续较长时间，经济增长的可持续性也面临一定的挑战。

综上所述，王女士家庭目前处于家庭成长期，在家庭财富的稳定和保值的基础上，可以寻求更多财富等级跃升的机会。王女士的风险偏好为平衡型，因此建议在控制整体风险的同时，可以适度接受一些高风险高收益的项目，以赚取不错的回报。

二、家庭投资规划

（一）防御性资产：建议配置比例20%

首先需要重点考虑王先生的身体状况，一般而言，人在40岁之后身体状况已经进入下行阶段，患病概率上升，未来医疗、保健等开支将会增加。再考虑到王先生是家庭的中流砥柱，因此建议主要以王先生作为被保险人，合理配置境内外保险，包括重疾险、寿险、意外险等。

王女士可以将部分资金投资于流动性较高的金融产品，保持家庭资金灵活性，以备不时之需。由于目前银行活期存款利率过低，建议适当配置货币型基金等产品。

未来，康养产业是非常有前景的，对于许多人来说，尤其是像王女士这样的家庭，康养服务不仅能为他们提供高质量的生活保障，还能在很大程度上满足他们的身心健康需求。随着社会的发展和人口老龄化的加剧，康养产业的重要性日益凸显。王女士的子女们将来也可能会面临康养的需求，因为康养不仅仅是老年人的专利，年轻人在工作压力大、生活节奏快的现代社会中，同样需要适当的康养服务来缓解身心的疲劳，保持健康的生活状态。因此，选择一个优质的康养服务不仅对王女士本人有益，也为她的家庭成员提供了一个潜在的保障和便利。

鉴于王先生的身体状况欠佳，夫妻二人应该开始考虑财富传承方面的问题了，建议借助家族信托尽早进行财富规划，防范日后亲属之间产生财产争夺，导致财产分割风险。

家族信托的优势在于：其一，委托人可以灵活地指定受益人，决定不同受益人之间的分配比例；其二，只有委托人知道信托利益的分配，不用将财产暴露在所有人面前，隐蔽性强。

（二）市场性资产：建议配置比例 50%

为了实现现有资产保值增值的目的，建议王女士尝试涉及各类投资产品的多元化配置，包括优质股票基金、优质债券基金、不良资产投资基金等，在获取较高收益的同时分散风险。

在固定收益产品方面，需要选择具有优质标的资产的投资项目，认真考察融资人的资信情况和管理人的资质。

在证券类投资和大宗商品投资方面，由于王女士可能没有足够的精力和专业能力来进行对宏观经济、行业状况以及投资标的基本面、信息面、资金面、技术面的研究，因此更建议购买基金，借助金融人员的专业和经验进行投资。

在房地产投资方面，国内房产减少配置，卖出投资型房产，转为房地产基金和其他非标债权投资。如果王女士对投资房产热情较高，建议了解海外购房项目。

（三）进攻性资产：建议配置比例 30%

为了进一步提升投资组合的收益水平，建议对现有的资产结构进行优化，特别是在进攻性资产方面。具体而言，可以考虑对那些具有高增长潜力的产业进行股权配置，通过精选优质标的，实现资产的增值。此外，尝试通过股权投资基金和产业并购基金等多种方式，进一步拓宽投资渠道，增加投资的多样性。这样不仅能够提高整体投资组合的收益率，还能有效分散单一投资的风险，实现更为稳健的投资回报。

通过以上详细分析，我们可以清晰地看到，高净值家庭在进行投资规划的过程中，必须全面考虑家庭成员的各种需求、风险承受能力以及投资目标等多个重要因素。合理的资产配置以及专业的财务顾问支持是实现投资成功的关键所在。高净值家庭应当重视投资的多元化和长期性，以此来应对市场的波动和不确定性，确保财富的持续增长和传承。具体来说，家庭成员的需求包括但不限于教育、养老、医疗等方面，而家庭风险特征则涉及家庭成员对投资亏损的容忍度。投资目标则可能包括资产增值、流动性保障、税务优化等。只有综合考虑这些因素，才能制定出真正适合高净值家庭的投资规划。此外，专业的财务顾问不仅能提供资产配置建议，还能帮助家庭识别潜在风险，制定应对策略，从而在复杂多变的市场环境中保持稳健的投资表现。通过长期的投资规划和持续的财富管理，高净值家庭可以更好地实现财富的保值增值和顺利传承。

王女士的财富配置方案可以参考防御性资产占比 20%、市场性资产占比 50%、进攻性资产占比 30%的指导性方案。具体细分资产类型以及各自细分资产的占比如表 9-3 所示，在实际操作中，还需与客户本人具体沟通后再调整。

表 9-3　三大类资产配置表

三类资产	细分资产类型	配置比例	配置金额	配置理由
防御性资产（20%）	现金类	2%	160 万元	需要保留部分流动资金，作为生活基本开支和应急资金。
	自住型房产	10%	800 万元	将原有 4 套房产中的 1～2 套作为自己及子女的自住型房产。
	实物黄金	1%	80 万元	黄金保值性较高，通过黄金进行财富传递没有税收和转让费率的困扰，并可以在非常时期发挥流通货币的作用。
	保险	5%	400 万元	保险是风险的最后一道防线，能够有效保障投保人的生活水平。因此建议王女士合理配置境内外多类险种。
	外汇	2%	160 万元	合理利用外汇额度，持续购入外汇，满足未来境外消费、置业、安家等需求。
市场性资产（50%）	投资性房地产	18%	1 440 万元	可在价格合适时将原有的 4 套房产卖掉 1～2 套，提高资金流动性，用于其他更高收益产品的投资。建议仅保留具有更高升值空间的优质房产。
	债券基金	18%	1 440 万元	债券市场对个人投资者限制较多，王女士可以通过基金的形式间接参与。
	A 股与 A 股基金（主要投资 ETF 基金）	6%	480 万元	建议王女士通过基金进行 A 股配置。可以根据市场行情，切换不同策略，如股票多头策略。
	港股与港股基金	4%	320 万元	港股的低估值优势和充足资金，使港股具有较高配置价值。
	美股基金	4%	320 万元	美股涨幅过大，配置价值降低。港股和美股都适合机构投资者，建议通过基金的形式间接参与。
进攻性资产（30%）	明星股权项目	30%	2 400 万元	关注热门领域股权项目，包括智能制造、医疗健康、文化娱乐等风口行业，并精选其中的优质标的进行投资。

课后习题

一、单选题

1. 理财的最高境界是（　　）。

A. 只赚不亏　　B. 财务独立

C. 零风险　　D. 日进斗金

2. 以下哪种理财产品的变现能力最弱？（　　）

A. 股票　　B. 基金

C. 保险　　D. 活期存款

3. 理财“三步走”中的第一步是（　　）。

A. 测算风险承受能力　　B. 分析市场

C. 制定一定的投资策略　　D. 执行投资策略

4. 在人的成长阶段，主要采取的投资策略是（　　）。

A. 激进型投资　　B. 退却型投资

C. 稳健型投资　　D. 发展型投资

5. 高净值人群的定义是指可投资资产大于（　　）万元人民币。

A. 100　　B. 300

C. 600　　D. 1 000

6. 在高净值家庭的资产配置中，（　　）主要用于抵御市场风险。

A. 防御性资产　　B. 市场性资产

C. 进攻性资产　　D. 以上都不是

7. 债券型基金的收益特点通常是（　　）。

A. 高风险、高收益　　B. 低风险、低收益

C. 高风险、低收益　　D. 低风险、高收益

8. 以下（　　）通常被视为避险资产。

A. 股票　　B. 房地产

C. 黄金　　D. 创业投资

二、多选题

1. 中国房地产价格上涨的原因包括（　　）。

A. 高增长的经济环境　　B. 人口红利

C. 外向型经济　　D. 低通胀的经济环境

2. 如果人们想要享受无风险的收益，那么可以采取的投资方式包括（　　）。

A. 投资股票　　B. 银行存款

C. 投资国债　　D. 投资房地产

3. 高净值客户资产规划的意义包括哪些？（　　）

A. 实现资产保值增值　　B. 分散投资风险

C. 提高生活品质　　D. 实现财富传承

4. 在进行高净值家庭财务现状分析时，需要考虑哪些方面？（　　）

A. 未来的收入和支出　　B. 现有的资产和负债

C. 投资风险偏好　　D. 子女教育计划

5. 进攻性资产的特点包括哪些？（　　）

A. 主要功能是实现资产增值　　B. 承担的风险较高

C. 预期收益率较低　　D. 主要投资于股权类投资

三、简答题

1. 请简述高净值客户投资规划的三阶资产配置模型。

2. 在制定高净值家庭的投资规划时，如何分析家庭财务现状？

3. 在高净值客户的投资规划中，如何平衡风险与收益？

4. 如何为高净值客户制定税务优化策略？

5. 高净值客户在家族财富传承方面应注意哪些问题？

四、案例分析题

王女士，45 岁，是一名企业中层管理人员，年薪约 30 万元。丈夫张先生，46 岁，是一名自由职业者，年收入不固定，平均约 20 万元。两人育有一个 15 岁的女儿，正在上初中。家庭现有住房一套，市值约 500 万元，无贷款。银行存款约 100 万元，股票投资约 50 万元，基金投资约 30 万元，其他投资约 20 万元。家庭年生活开销约 15 万元，女儿教育费用约 5 万元，其他杂项开销约 5 万元。

请根据提供的王女士家庭案例，分析该家庭的财务状况、风险偏好和投资目标，并为其制定一套详细的投资规划方案，包括防御性资产、市场性资产和进攻性资产的具体配置比例和理由。

项目十　成长与成熟家庭的养老规划

项目目标

知识目标

1. 了解我国的养老保险制度
2. 理解养老规划的含义与意义
3. 掌握养老规划的影响因素
4. 掌握养老规划投资产品的特征
5. 掌握养老规划的步骤

能力目标

1. 能够分析养老市场政策的变化
2. 能够分析判断养老规划的影响因素
3. 能够配置合适的养老规划产品
4. 能够设计与实施养老规划

素养目标

1. 能够触类旁通，举一反三
2. 能够独立思考，创新开拓

案例引入

NBA 联盟在创办初期没有为球员充分考虑退役养老生活，而运动员的黄金时期不过寥寥数年，老无所依是他们最担心的一件事情。1965 年，NBA 联盟在此方面进行了改革，决定增加养老金制度。到现在，养老金制度不断完善，几乎令所有在 NBA 效力过至少三年的球员受益。

大致的养老金领取情况是这样的。凡效力于 NBA 三个赛季或以上的球员，从 45 岁开始领退休金，每个月的领取金额为 306.34 美元乘以在 NBA 效力的年限后再乘以三分之二；如果从 50 岁开始领退休金，就是 306.34 美元乘以在 NBA 效力的年限。以姚明为例，从 45 岁开始，他每个月就可以领取 1 838 美元左右；从 50 岁开始领取，每个月就是 2 758 美元左右。对于效力 NBA 年数达到 20 年或 20 年以上的球员来说，他们在 45 岁之后所领到的养老金数目无疑会很大。

养老体系是一个组织的重要支撑保障，更是一个国家重要的服务与保障。我国的养老保险制度分三个层次，也称三大支柱。第一个是社会基本养老保险，其基础性作用最强，覆盖范围最广，但额度相对较小。由《宪法》确定其第一大支柱的地位，《宪法》的第二章第四十四条规定：国家依照法律规定实行企业事业组织的职工和国家机关工作人员的退休制度。这是国家和社会为老年人提供的基础保障。第二个是企业年金，是部分大型企业为自身员工提供的特有福利，覆盖面较窄。第三个是个人掌控的补充养老，一般选择个人储蓄投资类、商业保险类进行补充养老。我们不仅要接受国家和企业提供的养老支持，也要主动出击，进一步完善养老规划，提高晚年生活质量。

资料来源：佚名. NBA 的退休金，要符合什么条件才能领？姚明和易建联能领多少. 搜狐网，2020-10-21.

思考：你认为 NBA 球员拥有的 NBA 联盟为其配备的养老金是否充足？你又会如何储备自己的养老金？

任务一　认知养老规划

一、我国的养老保险制度

目前，我国已建立了适应中国国情、具有中国特色的社会统筹与个人账户相结合的养老保险模式，建立了多层次的养老保险体系，主要分为三个层次，也称三大支柱，包括基本养老保险、企业补充养老保险和个人储蓄性养老保险，见图 10-1。

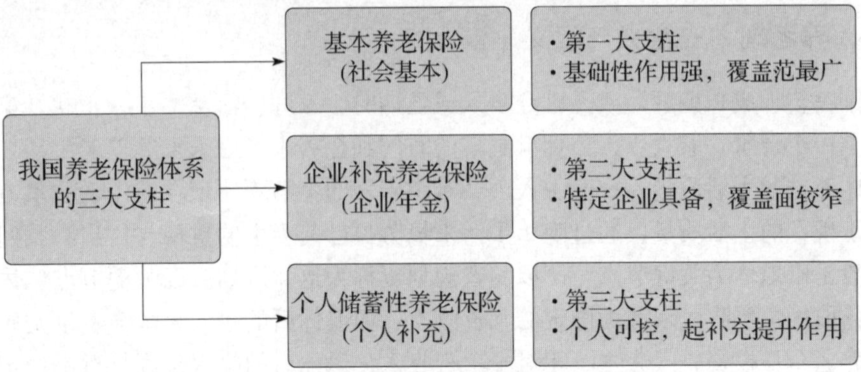

图 10-1　我国养老保险体系的三大支柱

基本养老保险又称社会基本养老保险，是按国家统一政策规定强制实施的，以保证广大离、退休人员基本生活需要为目标的一种养老保险制度。其覆盖范围为城镇所有企业及其职工、自由职业人员和城镇个体工商户。社会基本养老保险制度是由社会统筹和个人账户相结合的基本制度。基本养老保险费用实行国家、企业、个人三方共同负担，社会统筹部分由国家和企业共同承担，个人缴费部分归入个人养老金账户，要求参保单位和个人分别缴纳工资总额的一定比例，缴费满15年并达到退休年龄者可以领取养老金，计发办法采取“新人新制度、老人老办法、中人（新规定实施后退休的参保人员）逐步过渡”的方式。

企业补充养老保险又称为企业年金，是指企业在参加国家基本养老保险的基础上，依据国家政策和本企业经济状况建立的，旨在提高职工退休后的生活水平，对社会基本养老保险进行重要补充的一种养老保险形式。它由国家宏观指导，企业内部决策执行，实行市场化运营和管理，建立完全积累的个人账户。企业补充养老保险费可由企业完全承担，或由企业和员工双方共同承担，承担比例由劳资双方协议确定。建立企业补充养老保险制度，有利于树立良好的企业形象，吸引和留住优秀人才。企业根据员工的贡献设计具有差异性的年金计划，有利于形成公平合理的分配制度，充分发挥员工的潜能，实现有效激励，留住人才。建立企业补充养老保险制度，提高员工福利的同时，可利用国家有关税收政策为企业和个人合理节税。

个人储蓄性养老保险是由职工自愿参加、自愿选择经办机构的一种补充保险形式。职工个人根据自己的工资收入情况，按规定缴纳个人储蓄性养老保险费，记入当地社会保险机构在有关银行开设的养老保险个人账户，并应按不低于或高于同期城乡居民储蓄存款利率计息。个人储蓄性养老保险可以实行与企业补充养老保险挂钩的办法，以促进和提高职工参与的积极性。当职工退休后，凭个人账户将储蓄性养老保险金一次性支付或分次支付给本人。如果职工跨地区流动，个人账户的储蓄性养老保险金应随之转移。职工未到退休年龄而死亡，记入个人账户的储蓄性养老保险金应由其指定人或法定继承人继承。个人储蓄性养老保险的另一种主要方式是投资商业性养老保险。商业性养老保险是一种市场行为，投保人可以根据自己的经济状况以及想要的养老保障来设计养老保险，其缴费水平比社会养老保险费用高，相应的保障水平也高。

二、养老规划的含义与意义

当家庭步入成长期后期或是已经步入成熟期时，家庭生活基本步入正轨，家庭财务实力更上一个台阶。家庭主人公拥有更多的时间和金钱来考虑未来的养老生活，会重点关注退休养老的生活质量。家庭主人公会希望未来的生活不比现在的生活质量差，甚至还要高于现在的生活质量，通过晚年生活来犒劳自己前半生的拼搏与付出。我们的养老生活一般是以退休为关键节点，所以养老规划也称为退休规划。以关键节点退休时刻为界，退休前的主要收入来源为固定的工资收入，而退休后的收入来源会发生实质性的变化，以养老金、投资收入为主。相对于工资收入，退休后的收入来源具有不稳定、额度低等特征。养老规划是在综合考虑家庭成员生命周期和家庭财务状况的基础上，运用科学的分析方法对家庭成员退休后的生活进行财务安排的过程。通过合理的养老规划，让家庭成员在退休后过上一个高品质、有尊严、舒适的养老生活。

不同家庭基于不同的家庭生活状态、生活理念，对未来的养老生活需求不尽相同。养老规划不仅包括基本生活的满足，也应覆盖更高层次的追求。马斯洛需求层次理论将人的需求分成生理需求、安全需求、社交需求、尊重需求、自我实现需求五个层次。人们从低到高不断追求更高层次的需求满足，在满足生理和安全等物质性的需求后，会去追求满足社交、尊重和自我实现等精神性的需求。正因为这样，随着家庭财富的增长，家庭成员的需求层次也在逐渐提高。这就决定了不同家庭对未来养老的需求层次也不一样。

社会基本养老保险制度为人们提供了最基本的生活费用，但水平较低，距离理想的养老生活质量还具有一定的差距。为了幸福的晚年生活，养老规划势在必行。综合考虑到人口老龄化问题不断凸显，推迟退休、寿命延长等事实的客观存在，养老规划并不是简单地存一笔钱，而应该是针对自身家庭特征合理设定规划目标，配置适当的养老产品，平衡家庭财富，最终实现晚年幸福生活。

三、养老规划的具体步骤

养老规划包括职业生涯设计、退休后生活设计和弥补养老金缺口设计等内容。结合职业生涯设计，确定工作年限、退休年龄等；结合退休后生活设计，重点确定养老规划目标，即养老生活水平以及养老需求总费用；结合弥补养老金缺口设计，若想如期退休，过上目标的养老生活是否存在资金缺口，并准确计算资金缺口，最终通过前期储蓄进行弥补。养老规划的具体步骤如下：

第一步，确定养老规划目标。养老规划目标的设定需要包含客户确定的退休年龄、确定的退休养老生活时长以及要求的养老生活水平。比如，客户根据家庭自身条件与自我需求，与理财规划师充分沟通分析后，确定养老规划目标为：60 岁退休，退休后养老生活 25 年，要求的生活质量水平是当期年度生活费用 10 万元的消费标准。

第二步，核算退休时刻总需求。现实中，我们需要充分考虑通货膨胀的影响，再测算在退休时刻满足生活质量水平要求的年度消费水平。得到每年度的消费支出后，再结合退休后的生活时长，核算出退休养老总需求。

第三步，核算养老金缺口。养老金缺口是指退休养老总需求减去家庭在退休时刻已具有的养老储备金。家庭在退休时刻可能拥有的养老储备金包括到达法定退休年龄后固定领取的养老金以及家庭在退休前配置的专项养老金在退休时刻的终值。将所有资金状况（包括资金需求、资金储备）在退休这个关键节点处进行汇总，核算出养老金缺口。

第四步，配置养老规划产品。养老金的缺口需要通过退休前的准备期进行资金积累，需要配置合理的养老规划产品以达成资金积累的目的。养老规划产品的合理性主要体现在该产品的风险与收益水平是否匹配家庭的财务实力和风险特征状况，要求匹配的产品具有安全性、收益性、多样性和流动性等特征。在现实中也可以按照“用社会养老保险和商业养老保险满足退休后的基本支出，以报酬率较高的证券投资满足退休后的生活品质支出”原则进行养老产品的资产配置。

第五步，养老规划的执行与反馈调整。养老规划执行的时限很长，一般长达二三十年。养老规划在实施过程中需要每个年度进行定期检测，适时调整。如果发生重大变化，比如市场行情大幅震荡、客户养老目标发生实质改变等，需要及时做出调整。一般常做的调整有提高储蓄比例、延长工作年限并推迟退休、进行更高投资收益率的投资、减少退休后的花费和参加额外的商业保险等。

任务二 养老规划的影响因素分析与投资产品

一、养老规划的影响因素分析

家庭养老规划的初步分析需要综合考虑家庭成员的生命周期以及家庭财务状况。家庭成员的生命周期方面要重点考虑家庭主人公的年龄以及退休安排；家庭财务状况方面，需要提前了解家庭已储备的养老专项资金情况。养老规划进一步分析的关键是掌握家庭的养老费用额度以及如何通过储蓄投资等安排补足养老需求。在进行投资等安排时要考虑投资收益率等利率水平情况。

现假定某位客户年龄 30 岁，预计寿命 90 岁，表 10-1 简单分析了客户在选择不同退休时间、不同退休生活水平下的退休总费用与储蓄压力的变化情况。

表 10-1 客户在选择不同退休时间、不同退休生活水平下的退休总费用与储蓄压力的变化情况

退休年龄	退休后生存时间	退休生活水平（元/每月）	退休期间总费用（元）	剩余工作年限	准备期每年储蓄（元）
50	40	3 000	1 440 000	20	72 000
		5 000	2 400 000		120 000
		8 000	3 840 000		192 000
		12 000	5 760 000		288 000
55	35	3 000	1 260 000	25	50 400
		5 000	2 100 000		84 000
		8 000	3 360 000		134 400
		12 000	5 040 000		201 600
60	30	3 000	1 080 000	30	36 000
		5 000	1 800 000		60 000
		8 000	2 880 000		96 000
		12 000	4 320 000		144 000
65	25	3 000	900 000	35	25 714
		5 000	1 500 000		42 857
		8 000	2 400 000		68 571
		12 000	3 600 000		102 857

说明：为了简便地得出表中数据，做了三个方面的简化处理。第一，假定家庭已储备的养老专项资金为零；第二，计算退休总费用时，未考虑市场物价水平的变化；第三，计算退休期每年储蓄金时，未考虑投资收益率。

表 10－1 以简单、直观的方法列出了不同的退休年龄、退休后生存时间和退休生活水平下，所需要的退休期间总费用，以及利用剩余工作年限攒足总费用需要每年储蓄的额度。从该表中可看出，如果客户在 60 岁退休，并且想要过上高质量的晚年生活，每月生活支出在 12 000 元，那么他就需要积累 432 万元的退休资金，通过剩余的 30 年工作年限，每年需要拿出 144 000 元作为专项养老金进行储蓄。如果觉得每年储蓄的压力过大，那么可以选择降低生活水平标准。比如降低至每月 8 000 元，那么每年的储蓄压力下调至 96 000 元。如果客户拥有每月 5 000 元的养老消费水平就能满足，并且想要尽早退休安享晚年，那么选择 50 岁退休，他需要积累的退休资金是 240 万元，每年的储蓄压力是 12 万元。而客户如果选择延迟退休 5 年，退休资金将至 210 万元，每年的储蓄压力将下降至 84 000 元。所以可以看出，养老规划的影响因素之间存在此消彼长的关系。理财规划师需要与客户做充分的沟通，综合分析各影响因素，最终协助客户确定适当的养老规划目标。

除了表 10－1 已经分析的养老规划影响因素外，还有已储备养老专项资金、预期投资收益率、通货膨胀率等影响因素，下面对每一个影响因素进行详细介绍。

第一，退休年龄。客户的退休年龄既可以按照国家法定的企业职工退休年龄来确定，也可以根据实际情况安排提前或延迟退休。一般来说，退休年龄越早，工作时长越短，养老生活越长，养老储蓄压力越大。

第二，退休后生存时间。一般需要先确定预计寿命，再结合退休年龄便可以计算得出退休后的生存时间。相对于客户步入社会的工作时长，其退休后的养老生活时长其实与其不相上下。所以客户需要足够重视较长的退休后生存时间，重视养老规划，做到尽早安排，减轻储蓄压力。一般退休后生存时间越长，养老资金需求越高，养老储蓄压力越大。

第三，退休生活水平。退休后的生活质量的高低一般取决于消费支出水平，额度越高，代表的生活质量越高。生活质量的设定需要参考客户原消费水平，是打算同等质量还是要求有所提高。一般对退休后生活水平要求越高，养老资金需求越高，养老储蓄压力越大。

第四，已储备养老专项资金。在为客户进行养老规划时，需要充分考虑客户自身已有的养老专项资金，至少要关注到养老金账户余额，以及法定退休后对应的每月退休养老金。另外，还要考虑客户是否已经做了一部分的养老储备，是否有养老专项资金。前期的积累越丰富，后期的退休养老压力就越小。

第五，预期投资收益率。表 10－1 中并未考虑货币时间价值，但真正设计养老规划时必须要考虑投资期间的预期投资收益率。在进行养老资金储备时，需要将资金进行投资安排，也就需要选定合适的投资收益率，进行合适的投资安排。需要注意的是，设定的预期收益率需要匹配家庭的风险特征，不得急功近利，影响家庭基本的财务安全。在初期投资安排时可以相对积极灵活些，争取更高的收益能力，越靠后期越需要选择稳健投资。期间实现的投资收益率越高，资本增值效果越好，为实现目标养老生活而做的养老储蓄压力越小。

第六，通货膨胀率。市场中的通货膨胀是客观存在的，在养老规划的相关测算中，不应该忽略通货膨胀率。一般我们可以得知退休前当期的家庭消费支出水平，但随着市场通货膨胀的影响，未来时刻同等生活质量的消费支出水平已经悄然升高，此时需要选定一个均化的年度通货膨胀率核算得出未来时刻的消费支出水平。例如，当期家庭生活质量下每年的消费支出为10万元，选定3%的年化通货膨胀率，那么10年后，同等生活质量下家庭每年的消费支出约为134 392元。所以，因为通货膨胀的存在，同等质量的退休生活年费用会增高。通货膨胀率越高，退休生活年费用越高，退休养老资金总需求越高，养老储蓄压力越大。

二、养老规划投资产品

养老规划是对退休养老生活开展保障安排与设计的规划。需要在退休前做好资产投资安排，为退休生活提供充足的资金准备。在退休后同样需要做好资产投资安排，确保资产的安全与保值。在选择养老规划投资产品时，需要根据个人接受风险的程度及对投资收益率的要求，从安全性、流动性和收益性三个原则出发，进行资产投资。下面介绍一些可以作为养老规划的投资产品。

（一）国债

国债具有收益稳定、安全，利率较同期储蓄高，不征收利息税，债券变现能力较强等良好特征。同时，其投资操作方式简单便捷，所以是退休人员首选的理财方式之一。国债适合于长期投资，而当一笔资金并无明确去处，且可作为养老金储备时，选择购置国债较为适宜。

我国国债种类有凭证式国债、无记名（实物）国债、记账式国债三种。凭证式国债是指国家采取不印刷实物券，而用填制国库券收款凭证的方式发行的国债。它是以国债收款凭单的形式来作为债权证明，不可上市流通转让，从购买之日起计息。在持有期内，持券人如遇特殊情况需要支取现金，可以到购买网点提前兑取。提前兑取时，除偿还本金外，利息按实际持有天数及相应的利率档次计算。无记名国债为实物国债，是一种票面上不记载债权人姓名或单位名称，以实物券面形式（券面上印有发行年度、券面金额等内容）记录债权而发行的国债，又称实物券，是我国发行历史最长的一种国债。记账式国债又名无纸化国债，是由财政部通过无纸化方式发行的、以电脑记账方式记录债权，并可以上市交易的债券。

（二）基金

相较于直接股票投资，证券投资基金的风险收益程度适中，较为适合作为养老投资产品。其中保本基金最具稳健性，它是一种保证投资者本金或本金的一定比例不受损失的基金品种。基金的投资风险比较低，适合风险厌恶型、稳健型投资者。

目前，基金定投的基金投资理财方式备受青睐。基金选择定期定额投资方式类似于银行储蓄的零存整取，同时还可能获得更高的市场收益。基金的定期定额投资就是指每隔一段固定的时间（比如每月20号）以固定的金额（比如1 000元）投资于同一只开放式基金。其最大的优势是均化投资成本，平摊投资风险，避免投资者的主观性缺陷。另外，也可将每一段时间的闲散资金积累起来，在不知不觉中积攒一笔不小的财富。

在距离养老生活还较早时，可以将资金配置在积极型基金产品上，如股票型、偏股型基金。越临近养老期，越需要转向低风险的稳健型基金产品，如保本型基金、债券型基金等。在购买开放式基金时，首先要选择品牌度较高的基金公司，其次是选择基金品种。在选择基金时还可以选择多款多类型的基金产品进行投资组合，以低风险的产品为主的基金组合可以进一步降低整体投资风险水平。

（三）商业养老保险

商业养老保险最主要的特点是具有较高的保障水平，并且个人可以根据自身的能力和需求灵活地选择保障程度。商业养老保险是实现养老规划的主要投资方式，以人寿保险最为突出。

1. 传统型商业养老保险

传统型商业养老保险是指投保人在某一年开始定期缴纳一段时期的保险费，到合同约定的年龄开始，持续定期地领取一定保险金额的产品。传统型商业养老保险的预定利率是固定的，一般为2.0%～2.4%。从什么时间开始领、领取的数额都是投保时就可以明确设定的，可以免除不确定的风险，为退休后提供稳定的收入。传统型商业养老保险还可以起到较好的强制储蓄作用，只要按时定量交保费，养老安排就可以按计划执行。这一类型产品适合偏保守型的投资者。

在高利率时期购买固定利率的传统型商业养老保险险种，回报率非常高，辅助养老可谓事半功倍。但若是低利率时期购买传统型商业养老保险，从理财的角度来说并不划算，而如果投保人选择中途退保，则会被扣除较高的退保手续费，将会遭受较大的损失。

2. 分红型保险

在预期银行加息或持续通货膨胀的情况下，最好选择分红型保险。分红型保险是指保险公司在每个会计年度结束后，将上一个会计年度该类保险的可分配盈余，按一定比例以某种方式分配给保单受益人的一种保险。投保分红型保险不仅可以获得传统保单规定的保险保障，还可以参与保险公司投资和经营管理活动所得盈余的分配。

在购买分红型保险的时候，要正确分析自身保险的需求，并充分考虑个人风险承受能力情况。具有稳定收入来源，在一段时间内有持续投入的资金实力的投资者适合购买分红型保险；而收入不稳定，近期有大额开销计划的投资者要慎重选择分红型产品，因为分红保险的变现能力相对较差，若中途想要退保提现来应付不时之需，可能会损失大额本金。

3. 投资连结型保险

投资连结型保险简称投连险，是指包含保险保障功能，并至少在一个投资账户拥有一定资产价值的人身保险产品。保单的价值是由其投资基金在当时的投资表现决定的。投连险是一种长期投资的手段，但不设保底收益。保险公司只收取账户管理费，盈亏由客户全部自付，被称为“披着保险外壳的基金”。它是各种保险产品中投资风险最高的一类，适合有较强风险承受能力，拥有长期不使用的、充足的、闲置资金的人群投保。因风险与收益同在，它也是最有可能获得较高收益的一类保险。投连险一般是为长期寿险量身定做的，其缴费期一般长达20～30年。投保人应详细了解退保时保险公司要扣除的费用和投保人可退还份额等事宜，在购买时还要设定最合适的保障额度。

4. 万能寿险

万能寿险是一种缴费灵活、保额可调整的非约束性的保险。只要支付一定量的首期保费，一般可以按自己的实际情况灵活缴纳保费。即投保人可在任何时间支付任何金额的保险费，只要保单中积存的现金价值足以支付保单的各项保险成本和相关费用，保单就会持续有效。这一类型的保险产品在扣除部分初始费用和保障成本后，保费进入个人账户。个人账户部分也有保证收益，一般为2%～2.5%，有的也与银行一年期定期利率挂钩。万能寿险是长期的理财手段，偏重账户积累，较适合收入不稳定但收入较高人群选作养老金的积累方式。万能寿险的灵活性是一把双刃剑，应尽量注意避免出现下列情形：只交付了首期保费以至于投资基数太少，无法获得理想的投资收益；缴费未达到约定期限使万能寿险账户积累不充分，失去其保险强制储蓄的意义；投保前期就大量领取保单账户价值，账户价值未经充分增值，难以应对未来的需求。

（四）房产

“以房养老”已经被许多人认为是一种最有效的养老方式，即在临近退休时，努力完成购置房产的计划，为自己将来的养老买一套甚至更多的房产。在保证维持自己居住条件的前提下，尽量把多余的房屋出租出去赚取租金存入银行，留作自己将来的养老金。房产投资不仅可以收取房租，还有可能获得房价上涨带来的丰厚收益。但投资房产需要占用大量的资金，且在晚年生活发生意外需要大量现金时，房产及时变现能力较差，若低价出售会带来经济上的损失。所以投资房产的比例在养老计划中应当保持在合理的范围之内。

利用房产的“倒按揭”也是完成养老安排的一种方式。“倒按揭”也称作“反向住房抵押贷款”，是指老人将房屋产权抵押给保险公司，然后按月从保险公司领取现金直到身故，过世后房子由保险公司接收。上海试点推出的“以房自助养老”模式，其最初做法是：65岁以上的老年人可以将自己的产权房与市公积金管理中心进行房屋买卖交易，交易完成后，老人可一次性收取房款，房屋将由公积金管理中心再返租给老人。租期由双方约定，租金与市场等价，老人可按租期年限将租金一次性付给公积金管理中心，其他费用均由公积金管理中心交付。这两种方式的最大区别在于房屋交易的先后，其中“倒按揭”只是抵押，最终产权人还可以是抵押人，直到抵押人过世，房子才由保险公司接收，此时才算完成房屋交易。而“以房自助养老”是事先已完成产权人的变更，之后需向公积金管理中心租住该房屋。“以房养老”是养老规划的新模式，可以较好地解决“4-2-1”家庭的养老压力，但要真正推广起来，还有待人们养老观念的进一步转变。

任务三　成长与成熟家庭的养老规划案例分析

陈先生，40 岁，预计在 65 岁时退休。陈太太 35 岁，预计在 60 岁时退休。两人预期寿命为 90 岁。为了能够安享晚年，两人决定在退休前积累一笔资金。现在家庭每年的生活消费支出是 6 万元，打算能够在退休后拥有原来 80%的生活消费水平。另外，两人在达到法定退休年龄后都能够领取社会基本养老金，两人想利用这笔养老金提高自身的精神追求，比如进入老年大学学习艺术陶冶情操、定期旅游放松身心等。该家庭已经准备了 140 000 元的养老储备金。根据家庭财务等特征，理财规划师判断该家庭可以选择的预期投资收益率为 8%，但退休后为了绝对的稳健，选择退休后的投资收益率正好等于（抵御）通货膨胀率，即退休后的年生活费用不变。假定通货膨胀率为 3%。

养老规划设计与实施如下。

一、确定陈先生家庭的养老规划目标

陈先生家庭的两位主人公预计在 25 年后退休，退休后的生活时长以更长的 30 年为标准（按预期寿命 90 岁，陈先生的退休生活时长为 25 年，陈太太的退休生活时长为 30 年），这样便得到了养老规划目标中关键的时期因素。另外，两人打算拥有原来 80%的生活消费水平，即 48 000 元（60 000×80%）的消费水平。

二、核算陈先生家庭退休时刻总需求

当期的 48 000 元的消费水平，经历了 25 年经济市场的洗礼，在退休关键节点同等水平的消费额度已经增长至约 100 502 元［48 000×复利终值系数（$n=25$，$i=3\%$）］。因为在退休后选择绝对稳健的投资安排，所以投资收益率正好低于通货膨胀率，退休时刻的养老金总需求就为 30 倍的年度消费额度，约为 3 015 060 元。

三、核算陈先生家庭养老资金缺口

陈先生家庭自身拥有的养老资金主要来源于储备的专项养老金和退休后领取的社会基本养老金。其中，客户已表明社会基本养老金用于满足自身的精神追求，不会用于满足家庭生活消费需求。家庭原本储备的 140 000 元的专项养老金，通过准备期的合理投资安排，在退休时刻得到了长足的增值，按预期的年化 8%的投资收益率将增长至约 958 790 元［140 000×复利终值系数（$n=25$，$i=8\%$）］。所以养老金资金缺口约为 2 056 270 元（3 015 060－958 790）。

四、配置陈先生家庭养老规划产品

养老金资金缺口可以利用尽早规划给家庭带来时间红利，在长达二三十年的准备期内，拥有充分的操作空间。可以选择在基本养老保险的基础上，配置商业性的补充养老保险产品。可以将家庭每年的盈余资金进行投资组合等安排。这里我们先利用基金定投方式测算出家庭每年为此需要准备的资金额度。每年定投的资金额度即为年金，年金持续期是整个准备期，即 25 年，这笔年金期间的投资收益率取决于定投的基金产品的市场表现，假定以预期的 8%为年化收益率，那么这笔年金最终的目标是能够弥补 2 056 270 元的养老金资金缺口。所以这笔年金的每年的资金额度约为 28 127 元 [2 056 270 元÷普通年金终值系数（$n=25$，$i=8\%$）]。家庭每年拿出 28 127 元进行基金定投，且基金市场表现的年化收益率大于或等于 8%，就能够补足养老资金的缺口。

五、陈先生家庭养老规划的执行与反馈调整

养老规划一定要尽早规划，越早开始，给自身提供的操作空间就越大。当然基于养老规划的时间较长，更应该注重其间的震荡与波动，通过及时调整平稳度过突发状况，保证养老规划的顺利完成。可以利用养老规划设计框架，发现需要调整的部分，进行微调后重新设计形成新的养老规划安排。表 10－2 和表 10－3 可供参考。

表 10－2　客户养老规划基本情况表

客户年龄：	准备退休年龄： （可以根据现实设计提前退休或延迟退休）
准备期： （可能因退休年龄的变化而变化）	退休期： （可能因预期寿命的变化而变化）
退休前的投资收益率： （需匹配家庭风险特征，可能因家庭的重大变化而变化）	退休后投资收益率： （稳健为主，一般要能够抵御通货膨胀）
家庭社会基本养老金情况：	家庭已储备专项养老金情况：

表 10－3　养老规划养老金需求测算表

<table>
<tr><td>退休年龄：</td><td>预计寿命：</td><td>准备期时长：</td><td>退休养老期时长：</td></tr>
<tr><td colspan="2">退休当年每年需求的消费资金：</td><td colspan="2">退休当年养老资金总需求：</td></tr>
</table>

续表

退休年龄：	预计寿命：	准备期时长：	退休养老期时长：
准备资金在退休当年的额度：		退休当年的资金缺口：	
资金缺口的产品配置： （选择适合的养老规划产品、匹配家庭风险特征、区分退休前与退休后等）			

课后习题

一、单选题

1. 从2006年1月1日起，基本养老保险个人账户的缴费比率由本人缴费工资的11%调整为（　　）。

A. 7%　　B. 8%　　C. 9%　　D. 10%

2. 可以任意支付保险费以及任意调整死亡保险金给付金额的人寿保险是（　　）。

A. 传统寿险　　B. 分红型寿险

C. 投资连结型寿险　　D. 万能寿险

3. 基本养老保险是以（　　）手段来达到保障目的的。

A. 社会捐助　　B. 财政拨款

C. 社会福利　　D. 社会保险

4. 我国企业年金缴费由（　　）来负担。

A. 企业　　B. 政府财政和企业

C. 政府财政和个人　　D. 企业和个人

5. 基本养老保险是社会保障制度的重要组成部分，是社会保险最重要的险种之一，是世界各国较普遍实行的一种社会保障制度。下列有关基本养老保险特点的说法错误的是（　　）。

A. 由国家立法，强制实行，企业单位和个人都必须参加

B. 养老保险费用来源一般由国家、单位和个人三方，或单位和个人双方共同负担

C. 养老保险具有社会性，影响很大，享受人多且时间较长，费用支出庞大

D. 养老保险可以设置专门机构管理，也可以由企业自主管理

6. 投连险的特点不包括（　　）。

A. 具有保障和投资理财的双重功能

B. 有一个最低的现金价值

C. 保费结构和资金流向公开透明

D. 投资账户资金由保险公司的理财专家经营管理

7. 理财规划师要为董先生制定退休养老规划，在这个过程中，理财规划师考虑了种种影响董先生退休养老规划的因素，其中最不可能包括的因素是（ ）。

A. 董先生的退休时间　　B. 董先生儿子的结婚时间

C. 利率及通货膨胀率的长期趋势　　D. 董先生的工资成长能力

8. 为了保障客户在将来有一个自立、有尊严、高品质的退休生活，需从现在开始积极实施的理财规划是（ ）。

A. 现金规划　　B. 退休养老规划

C. 投资规划　　D. 风险管理和保险规划

9. 现实生活中有大量对个人的退休生活带来影响的因素，这些因素构成了对退休养老规划的需求，这些因素不包括（ ）。

A. 预期寿命的延长　　B. 提前退休

C. 市场利率波动　　D. 婚姻出现问题

10. 下列哪种投资产品最适合风险厌恶型投资者作为养老规划的一部分？（ ）

A. 股票　　B. 基金定投（保本基金）

C. 投资连结型保险　　D. 房产

11. “倒按揭”与“以房自助养老”的主要区别在于什么？（ ）

A. 租金支付方式　　B. 房屋产权的最终归属

C. 养老金的领取方式　　D. 房屋交易的先后顺序

12. 哪种国债类型以填制国库券收款凭证的方式发行，且不可上市流通、转让？（ ）

A. 记账式国债　　B. 无记名（实物）国债

C. 凭证式国债　　D. 特种国债

二、多选题

1. 下列有关企业年金与社会养老保险、商业养老保险的关系说法中，正确的有（ ）。

A. 企业年金是对基本养老保险的补充

B. 企业年金在很多方面受国家政策和基本养老保险的影响和制约

C. 从某种意义上说，企业年金具有一定的商业保险特征

D. 企业年金完全可以取代社会养老保险

E. 企业年金从本质上讲就是一种商业养老保险

2. 基本养老保险是由国家和社会根据一定的法律法规，为保障劳动者在达到国家规定的解除劳动义务的劳动年龄界限，或因年老丧失劳动能力退出劳动岗位后的基本生活而建立的一种社会保险制度。下列有关养老保险的说法正确的是（ ）。

A. 基本养老保险是在法律范围内老年人完全或基本退出社会劳动生活后才自动发生作用的

B. 基本养老保险费用完全由个人和单位共同负担

C. 基本养老保险的目的是保障老年人的基本生活需求，为其提供稳定可靠的生活来源

D. 基本养老保险是社会保险中最重要的险种之一，本质上也是一种商业保险

E. 基本养老保险是以社会保险为手段来达到保障目的的

3. 企业年金是客户退休后生活的收入来源之一。企业举办年金计划主要是因为企业年金计划可以给企业带来一些好处，这些好处表现在企业年金计划可以（　　）。

A. 给职工带来保障

B. 吸引人才

C. 为职工建立提前退休的机制

D. 为企业带来税收优惠

E. 为职工带来医疗保障

4. 理财规划师为客户进行退休养老规划时，要预测退休后的资金需求，往往是根据客户现在的家庭收支状况进行调整，调整的时候要（　　）。

A. 按照目前家庭人口数与退休后家庭人口数的差异，调整膳食和购买衣物的费用

B. 去除退休前可支付完毕的负担

C. 减去因工作而必须额外支出的费用

D. 加上退休后根据规划而增加的休闲费用，及因年老而增加的医疗费用

E. 参考过去年度的物价变化，设定通货膨胀率，测算出退休后的生活费用

5. 退休时所需准备的养老资金总额与（　　）有关。

A. 退休后第一年所需的生活费用　　B. 退休后的预期余寿

C. 费用上涨率　　D. 投资回报率

E. 距离退休时点的时长

6. 下列因素中，使得退休费用需求增加的是（　　）。

A. 退休生活目标提高　　B. 退休年龄提前

C. 通货膨胀率提高　　D. 通货膨胀率降低

E. 工作时间延长

7. 养老规划的步骤包括（　　）。

A. 确定养老规划目标　　B. 核算退休时刻总需求

C. 核算养老资金缺口　　D. 配置养老规划产品

E. 养老规划的执行与反馈调整

8. 下列哪些保险是人寿保险中适合用于养老规划的类型？（　　）

A. 传统型商业养老保险　　B. 分红型保险

C. 投资连结型保险　　D. 意外伤害保险

E. 万能寿险

9. 房产作为养老规划的投资方式，其优点包括哪些？（　　）

A. 可以收取房租增加收入　　B. 房价上涨可能带来丰厚收益

C. 房产投资门槛低　　D. 房产具有保值、增值功能

E. 房产变现能力强

10. 在进行养老规划时，应如何平衡投资产品的安全性、流动性和收益性？（　　）

A. 根据个人风险承受能力选择产品　　B. 优先考虑高收益产品

C. 确保资金在需要时能够迅速变现　　　D. 多元化投资以分散风险

E. 忽视市场波动，长期持有

11. 基金作为养老规划的投资产品，其优势包括哪些？（　　）

A. 风险收益程度适中　　　B. 基金定投可以均化投资成本

C. 基金选择灵活多样　　　D. 基金投资门槛低

E. 基金收益稳定无风险

三、案例分析题

王女士，35岁，某公司人事经理。丈夫张先生35岁，某公司的研发经理。两人育有一个6岁的女儿，刚上小学。王女士为了减轻女儿以后的赡养负担，决定在退休前积累一笔资金。她计划在60岁时退休，预期寿命为85岁。当前一般退休家庭平均每年的生活费用为85 000元，并且预计将来会以每年3%的速度增长，王女士希望能达到一般退休家庭的生活水平。假定年投资收益率为8%（不考虑通货膨胀，假定退休后的年生活费用不变），王女士已经准备了40 000元的养老金。请为该家庭进行养老规划分析，还可到现实市场中为王女士家庭寻找契合的养老规划产品并提出具体的规划建议。

项目十一　成长与成熟家庭的财产分配与传承规划

项目目标

知识目标

1. 理解财产分配与传承规划的意义
2. 理解财产分配与传承规划的步骤
3. 了解财产分配与传承的相关法律制度
4. 掌握财产分配与传承规划的设计原则
5. 掌握财产分配与传承规划的工具特征

能力目标

1. 能够正确认识财产分配与传承规划的重要意义
2. 能够正确理解财产分配与传承规划的设计原则
3. 能够合理使用财产分配与传承规划的工具
4. 能够依据相关法律制度分析解决现实问题
5. 能够设计与实施财产分配与传承规划

素养目标

1. 关爱自己，关爱他人
2. 尊老爱幼，保护妇女、儿童等弱势群体

案例引入

家族办公室的兴起

家族办公室起源于古罗马时期的家族主管（Domus）以及中世纪时期的总管家（Domo）。通常认为现代意义上的家族办公室出现于19世纪中叶，受一些抓住产业革命机会的大亨之托，一些金融专家、财税专家和法律专家联合起来，共同为其管理和保护家族的财富。随着行业的发展，具体的服务项目进一步涉及家族的日常财务、资产管理、子女教育、遗产规划等长期事务。

尽管家族办公室最早可以追溯到欧洲，但真正发展却是在19世纪的美国。1882年，43岁的美国标准石油创始人约翰·洛克菲勒（洛克菲勒家族第一代创始人）建

立了世界上第一个家族办公室，又被称为“5600 房间”，专业的团队不但设计了一系列体系化的家族信托为洛克菲勒家族进行财富规划，还为其家族提供法律、会计、家族事务以及慈善等所有家族服务。由于当时只服务于单一家族，因此被称为单一家族办公室。此后的 100 多年中，洛克菲勒家族办公室已传承了六代，不仅维持着整个家族的财富，也凝聚着家族的继承人。1979 年，洛克菲勒家族办公室开始服务于其他富豪，转变为联合家族办公室。

家族办公室有单一家族办公室和联合家族办公室两种类型。广义上而言，单一家族办公室是这样一种有组织的机构：只为单个家族监管财务以及生活方面的事务。因为单一家族办公室的业务只是建立在相关富豪家族的需求和喜好基础上，所以这种类型的家族办公室并没有一种统一的组织结构，在全球呈现出千姿百态。联合家族办公室的结构是对一种广泛存在的财富管理模式的有益延展。因此，联合家族办公室会与其富豪客户之间发展出相对更少见、更深入和更持久的关系，它们一般提供多种专业技术方面的服务。跟单一家族办公室比较起来，联合家族办公室主要着眼于利润和财富增值。

资料来源：理财规划师（CHFP）专业委员会．家族财富规划．6 版．北京：中国金融出版社，2021.

思考：基于家族财富，如何实现财富的保值、增值和有效传承？家族办公室能起到什么样的作用？我们自身又该如何做好财富管理？

任务一 认知财产分配与传承规划

一、财产分配与传承规划的意义

财产分配与传承规划是为了对个人及家庭财产进行合理合法配置的财务规划，同时也在为个人及家庭做好避险保障机制。财产分配规划强调的是将家庭财产在家庭成员之间进行合理分配而制订的财务计划。而传承规划则是指当事人在其健在的时候，重点利用遗产管理工具制定遗产分配方案，将拥有或控制的各种资产（含负债）进行安排。财产分配与传承规划的目的是，确保在自己去世或丧失行为能力时，能够实行家庭财产的代际相传或安全让渡。财产分配与传承在个人理财规划中起着至关重要的作用。通过提前设计与妥当安排家庭的财产分配与传承规划，可以在个人或家庭遭遇意外与风险时，做到有备应对，不至于乱了方寸。做好财产分配与传承规划，才可以避免发生继承人间因分产不均引起的家庭纷争，才可以无后顾之忧地发展事业。在一些设有遗产税、赠予税的国家和地区，还可以降低资产传承过程中的各项税捐负担。

为了做好未来可能的风险应对，需要对个人或家庭可能遭遇的不可预测的风险有所了解，主要包括以下几类。

（一）家庭经营风险或财富骤变风险

若家庭的主要收入来源于家庭成员共同从事的商业经营，那家庭的生活就与商业经营捆绑在一起。一旦家庭的经营主体遭受经营风险，收入受到影响，那么便会直接影响到家庭的正常生活。家庭的资产受到重创，家庭原有的规划安排（比如教育、休闲等）将受到冲击，可能将无法继续实现。家庭财富的骤变可能由于债务纠纷等突发状况导致财富骤降，也可能因为中奖或继承遗产等突发状况导致财富骤增。财富的骤变会给家庭生活带来震荡，打乱家庭原有的计划安排。

（二）家庭主要成员丧失劳动能力或收入能力的风险

家庭的主要经济支柱是构成家庭的核心成员。若家庭的某一核心成员丧失了劳动力，影响了其收入能力，那么家庭当期的消费支付能力将下降。若家庭的主要经济支柱陆续丧失了收入能力，即便是短暂的突发状况，也将直接影响家庭的正常生活。需要特别注意的突发状况包括意外事故、重大疾病、工伤、裁员等。

（三）离婚或再婚风险

离婚意味着夫妻关系的结束和个人家庭的解体，即将面临家庭财产的分割问题。财产的变化关乎个人切身利益，在现实生活中经常会发生这样的情况，即离婚时夫妻其中一方有转移、隐匿、变卖财产等侵害另一方财产权益的行为。一旦发生，先是一方的财产受到直接损失，进而影响其生活质量下降、收入能力减弱，最终产生不良后果。

再婚是离异或丧偶的男女重新组建家庭，即将面临新的家庭财产的形成。很多再婚人士特别是曾经有过离异经历且处于事业鼎盛时期的人，在其再婚时会特别关注其私人财产的保护和个人安全的保障，也会特别在意对方与自己结婚的动机，甚至产生怀疑。同时，再婚将引起较为复杂的家庭成员关系，为可能的遗产传承带来纷扰。因此，再婚本身也存在风险。

（四）家庭成员的新增与死亡的风险

家庭成员的变化将影响家庭财产使用主体的变化、分配主体的变化。比如家庭新生儿的诞生，财产的分配与将来遗产的继承都将有其该有的份额，进而影响其他成员财产分配或遗产继承的份额。某位家庭成员的死亡，将影响家庭成员的结构，影响其所在家庭的财产分配。同时，其死亡后，会产生遗产继承的问题。将其遗产分配后，可能会使其原所在家庭的其他成员的个人财产增加或减少，进一步影响家庭财产的分配。若死亡的该家庭成员未事先立好遗嘱，还可能引起家庭内部的矛盾与纠纷，影响家庭正常生活。现在，多数家庭并未建立事前立遗嘱的观念，或遗嘱含糊不清导致执行过程中出现财产被恶意侵吞或无法按遗嘱人真正意愿分配的情况。所以，为了不在家庭成员的病故或意外死亡时发生状况，家庭需要做好财产分配与传承工作。

（五）有关遗产法律和税制出台及变化的风险

从国际范围内来看，对财产分配与传承影响较大的是遗产税和赠予税两大税种。目前来看，我国暂未开征，不过有关房产税、遗产税的开征问题备受社会关注。随着经济的快速发展，遗产税的制定条件逐渐成熟，此方面的变化需要时刻关注。同时，有关财产方面的税收制度的变化也将对家庭的财产分配与传承带来影响，需要时刻关注。

二、财产分配与传承规划的步骤

（一）盘点评估家庭的财产价值

盘点评估家庭的财产价值是进行财产分配与传承规划的关键的第一步。通过对家庭进行全面的盘点与评估，可以对自己的财产种类和价值有个总体的了解。需要注意的是，既要盘点评估家庭资产，也要盘点评估家庭负债。资产价值应该以其目前的市值来核计，有些资产随市场的变化而变化，比如房价、股票等金融资产价格等。在评估财产价值时，既不要高估，也不要低估，更不能遗漏，比如家庭可能持有的无形资产（如版权）和负债（如消费贷款）项目。

（二）确定财产分配与传承规划的目标

在确定规划目标时，需要考虑客户的需求和期望，包括明确财产的分配对象、分配比例以及分配时机等。同时，还需要考虑财产的传承方式，是选择直接传承还是通过信托、基金会等方式进行间接传承。此外，规划目标还应考虑到税务优化、风险管理和资产保值增值等因素。

确定目标的过程中，理财规划师应与客户进行深入沟通，确保目标既符合客户的实际情况，又能满足其未来的需求。同时，理财规划师还应提供专业的建议，帮助客户制定合理的规划目标。

（三）制定财产分配与传承规划的方案

在制定了明确的规划目标后，接下来需要制定具体的财产分配与传承方案。方案应综合考虑客户的财产状况、家庭结构、税务状况、风险承受能力等因素。例如，对于现金和金融资产，可以选择通过遗嘱或信托进行分配；对于房产等实物资产，可以考虑通过买卖、赠予或继承等方式进行传承。

在制定方案时，理财规划师应提供多种选择，并详细解释每种选择的利弊，以便客户根据自己的实际情况和需求做出选择。同时，方案还应考虑到未来可能出现的变化，如家庭成员的变化、市场环境的变化等，以便在必要时进行调整。

（四）定期检查和适时调整

财产分配与传承规划并非一蹴而就的过程，而是需要随着时间的推移和情况的变化进行定期检查和适时调整。这主要是因为客户的财产状况、家庭结构、税务政策等因素都可能发生变化，而这些变化都可能影响到原有规划的有效性。

因此，理财规划师应定期与客户进行沟通，了解他们的最新情况和需求，并根据实际情况对规划进行调整。这包括对财产价值进行重新评估、对分配和传承目标进行重新审视、对方案进行必要的修改等。通过定期检查和适时调整，财产分配与传承规划始终与客户的实际情况和需求保持一致，从而实现规划的最佳效果。

三、财产分配与传承规则的一般知识

（一）夫妻共同财产

家庭财产结构日益复杂，表现形式也日益丰富。家庭开展商业经营或参与公司经营或合伙经营时，要考虑经营财产与家庭财产的严格分离，以防范经营风险对个人或家庭财产的侵犯。家庭基本的生活经营，也会存在因夫妻关系而产生夫妻共同财产，此类财产并不能完全归属于一方。在处理夫妻共同财产所有权的归属问题时，若存在企业投资权益（比如股权、合伙份额等），那么在进行财产分配、分割时便需要特别处理，明确财产的归属问题。

首先需要明确什么是归夫妻共同所有的夫妻共同财产，以及哪些财产应为归属于夫妻一方的个人财产。对于夫妻的共同财产，夫妻有平等的处理权。而对个人财产，个人有直接处理权。

夫妻在婚姻关系存续期间所得的下列财产，为夫妻的共同财产，归夫妻共同所有：

（1）工资、奖金、劳务报酬；

（2）生产、经营、投资的收益；

（3）知识产权的收益；

（4）继承或者受赠的财产，但遗嘱或者赠予合同中确定只归一方的财产除外；

（5）其他应当归共同所有的财产。

下列财产为夫妻一方的个人财产：

（1）一方的婚前财产；

（2）一方因受到人身损害获得的赔偿或者补偿；

（3）遗嘱或者赠予合同中确定只归一方的财产；

（4）一方专用的生活用品；

（5）其他应当归一方的财产。

知识链接

在我国《民法典》婚姻家庭编中，对婚姻关系存续期间的一些特别情况下的财产归属问题，进一步做出了明确的规定，具体见以下法条。

【第一千零六十四条】夫妻双方共同签名或者夫妻一方事后追认等共同意思表示所负的债务，以及夫妻一方在婚姻关系存续期间以个人名义为家庭日常生活需要所负的债务，属于夫妻共同债务。

夫妻一方在婚姻关系存续期间以个人名义超出家庭日常生活需要所负的债务，不属于夫妻共同债务；但是，债权人能够证明该债务用于夫妻共同生活、共同生产经营或者基于夫妻双方共同意思表示的除外。

【第一千零六十五条】男女双方可以约定婚姻关系存续期间所得的财产以及婚前财产归各自所有、共同所有或者部分各自所有、部分共同所有。约定应当采用书面形式。没有约定或者约定不明确的，适用本法第一千零六十二条、第一千零六十三条的规定。

夫妻对婚姻关系存续期间所得的财产以及婚前财产的约定，对双方具有法律约束力。

夫妻对婚姻关系存续期间所得的财产约定归各自所有，夫或者妻一方对外所负的债务，相对人知道该约定的，以夫或者妻一方的个人财产清偿。

【第一千零六十六条】婚姻关系存续期间，有下列情形之一的，夫妻一方可以向人民法院请求分割共同财产：

一方有隐藏、转移、变卖、毁损、挥霍夫妻共同财产或者伪造夫妻共同债务等严重损害夫妻共同财产利益的行为；

一方负有法定扶养义务的人患重大疾病需要医治，另一方不同意支付相关医疗费用。

（二）遗嘱

遗嘱是指人生前在法律允许的范围内，按照法律规定的方式对其遗产或其他事务所作的个人处理，并于创立遗嘱人死亡时发生效力的法律行为。自然人在设立遗嘱时可以选择设立以下的遗嘱形式，包括自书遗嘱、代书遗嘱、打印遗嘱、录音遗嘱、口头遗嘱、公证遗嘱等。

自书遗嘱由遗嘱人亲笔书写，签名，注明年、月、日。代书遗嘱应当有两个以上见证人在场见证，由其中一人代书，并由遗嘱人、代书人和其他见证人签名，注明年、月、日。打印遗嘱应当有两个以上见证人在场见证。遗嘱人和见证人应当在遗嘱每一页签名，注明年、月、日。以录音录像形式立的遗嘱，应当有两个以上见证人在场见证。遗嘱人和见证人应当在录音录像中记录其姓名或者肖像，以及年、月、日。遗嘱人在危急情况下，可以立口头遗嘱。口头遗嘱应当有两个以上见证人在场见证。危急情况消除后，遗嘱人能够以书面或者录音录像形式立遗嘱的，所立的口头遗嘱无效。公证遗嘱由遗嘱人经公证机构办理。

需要注意的是，如果自然人在生前设立有数份遗嘱，内容又相抵触的，以最后的遗嘱为准。

关于遗嘱的详细介绍参见本项目任务二。

知识链接

在我国《民法典》继承编中，对遗产继承的顺序进行了相关的规定说明。

【第一千一百二十三条】继承开始后，按照法定继承办理；有遗嘱的，按照遗嘱继承或者遗赠办理；有遗赠扶养协议的，按照协议办理。

【第一千一百二十七条】遗产按照下列顺序继承：

（一）第一顺序：配偶、子女、父母；

（二）第二顺序：兄弟姐妹、祖父母、外祖父母。

继承开始后，由第一顺序继承人继承，第二顺序继承人不继承；没有第一顺序继承人继承的，由第二顺序继承人继承。

本编所称子女，包括婚生子女、非婚生子女、养子女和有扶养关系的继子女。

本编所称父母，包括生父母、养父母和有扶养关系的继父母。

本编所称兄弟姐妹，包括同父母的兄弟姐妹、同父异母或者同母异父的兄弟姐妹、养兄弟姐妹、有扶养关系的继兄弟姐妹。

任务二　财产分配与传承规划的设计与工具使用

一、财产分配规划的设计原则

财产分配规划是确保个人或家庭的财富在不同时期、在不同家庭成员间进行科学合理的分配。在确定基本的规划目标并进行财产分配规划设计时，需要遵循以下原则。

（一）风险隔离原则

在做家庭财产分配规划时，财产的基本安全是首要的。尤其对于多婚多子女家庭、跨国婚姻家庭、婚前双方拥有大量财产的家庭，或者本身参与各种形式经营活动的家庭，做好风险的隔离更为重要。因此，家庭需要对婚前和婚后财产通过财产分配工具的运用，进行不同的财产安排，保障个人财产的安全，以及更好地履行对其他家庭成员的义务。对参与各种经营活动的客户，还需要在经营风险和家庭财产之间设立防火墙以抵御经营风险对家庭财产的侵扰，从而保证家庭成员的正常生活不受影响。

（二）合情合法原则

在做家庭财产分配规划时，财产的分配既要合法又要合情。合法是指不违反与财产分配有关的法律规定。比如，法律规定婚姻双方对夫妻共同财产享有平等的权利和义务。在进行规划建议时，不得为了迎合一方需求而损害另一方的利益，这种行为可能为其带来法律责任。合情是指财产分配要合乎情理，从协调客户及其家庭成员间的关系入手，并考虑各家庭成员主要是夫妻二人对家庭的付出和贡献，这样可以减少财产分配方案在实施中可能遇到的障碍。

在合情合法地进行财产分配时，不得出现以下三种错误倾向：一是认为财产在谁手里就归谁所有的错误倾向；二是认为夫妻一方没有经济收入或收入较小就不分或少分财产的错误倾向；三是想以多占得财产作为同意离婚的交换条件的错误倾向。

（三）照顾妇女和儿童原则

在家庭生活中，妇女在多数情况下是一个弱势群体，抚育未成年子女更是家庭生活的中心问题。所以，在财产分配规划的制订过程中，要充分考虑妇女与儿童的问题。另外，为了防止因夫妻离异而影响未成年子女的学习与生活，在分割夫妻共同财产时，对子女的利益要予以重点考虑。同时，还要注意不要侵害到未成年子女的合法财产，比如未成年人通过赠予获得的财产、通过特殊技能获得的酬金或奖金。要将未成年子女的合法财产作为子女的个人财产。

（四）有利方便原则

在共同共有关系终止时，对共有财产的分割，有协议的按协议处理；没有协议的，应当根据等分原则处理，同时考虑共有人对共有财产的贡献大小，适当照顾共有人生活的实际需要等情况。分割夫妻共同财产时，原则上应当均等分割。当然，根据生活的实际需要和财产的来源，具体处理时也可以有所差别。

坚持有利方便原则，要求夫妻离婚分割财产时，不应损害财产的效用、性能和经济价值。对于一些用于满足个人专业或职业需求的特殊物品，如个人从事某个职业所需的书籍、器具等，应归个人所有以发挥该物品的使用价值。对于一些特定物品，如奖章及类似的其他特定物品，离婚时应将这些特定物品分给获得者一方，同时相应考虑对另一方给予适当的经济补偿，或相应多分一些其他财产作为补偿。对于共同财产中的生产资料，分割时应该尽可能分给需要该生产资料，并能够发挥该生产资料效用的一方，从而利于生产与发展，保证生产活动的正常进行。

（五）不得损害国家、集体和他人利益的原则

夫妻在离婚分割财产时，不得把属于国家、集体和他人所有的财产当作夫妻共同财产进行分割，不得借分割夫妻共同财产之名损害其他人的利益。对合伙经营的企业，夫妻作为合伙人与他人合伙，在离婚分割共同财产时，不能擅自分割合伙财产，必须从合伙财产中扣除其他合伙人的财产份额，属于夫妻共同财产的部分才能分割。对于夫妻双方通过约定分割共同财产的，人民法院应当进行审查。如果该约定合法有效，分割夫妻共同财产应当遵从其约定；如果该约定损害了国家、集体和他人利益，该约定无效。对夫妻双方把共同财产约定归一方所有，或把共同债务约定由一方承担，但未告知债权人，从而损害债权人利益的，该约定对夫妻双方有效，对债权人不产生法律效力。

二、财产分配规划的工具

（一）夫妻财产约定公证

家庭财产分配首先涉及的是夫妻之间的财产分配。我国夫妻财产约定公证制度，对夫妻双方在财产权属方面给予了很大的空间。夫妻财产约定公证在我国由公证处进行，是依法对夫妻或“准夫妻”各自婚前或婚后财产、债务的范围及权利归属问题所达成的协议的真实性、合法性给予证明的活动。公证处凭着自身特有的证明效力，介入夫妻财产约定领域，可以更好地保护夫妻各方的财产权，起到预防和减少夫妻双方发生财产纠纷的作用。

1. 夫妻财产约定公证的意义

夫妻财产约定协议申请公证的，公证人员可以从法律专业角度对约定协议的合法性予以把关，充分审查约定内容是不是法律所允许的财产权利，约定是否出于双方自愿、有没有损害第三人合法权益，同时也让夫妻双方知道什么财产是可以约定的，什么财产是不可以约定的，财产约定以后会有什么法律后果等。

经过公证的夫妻财产约定协议，可以为有关财产登记主管机关提供有效的登记依据。经过公证处公证后的夫妻财产约定协议是真实的、合法的、有效的。因此，登记机

关可以直接采用，而对于未经公证的约定协议，登记机关不仅要额外增加审查的负担，而且加大了由于登记错误而承担责任的风险。

2. 夫妻财产约定公证的种类

（1）婚前财产约定公证。

进行婚前财产约定公证的双方不仅包括未婚男女，还包括有意愿进行公证的夫妻，由公证机构依法对他们各自的婚前财产和债务的范围、权利义务归属问题所达成的协议的真实性、合法性给予证明。

（2）婚后财产约定公证。

婚后财产约定公证是指夫妻双方约定婚后财产实行何种财产制度及所得财产的分配方法、原则等内容，并由公证机关依法进行公证的行为。

根据我国法律的规定，婚后共同财产是在夫妻关系存续期间取得的收入，它的界定不考虑夫妻各方的收入差距，也不管是单方还是双方获得的生产经营所得。只要夫妻关系存在，夫妻任一方的收入、知识产权的收益、未说明赠予财产归单方所有的赠予及法定继承所得的财产，都应视为共同所有。

然而，随着社会的不断发展，夫妻双方共同参与投资企业的越来越多，如果双方对夫妻财产未做约定，即使双方各自投资，也应视为以夫妻共同财产投资，如果一方参与创办企业，也有可能因承担无限连带责任而波及家庭财产。另外，对于一方或双方为再婚的夫妻来说，他们对事务的处理一般都较为理智，他们不仅要考虑如何维护正常的夫妻关系，还要考虑各自的财产权属问题，特别是有了子女的一方或双方，处理好夫妻财产权属问题，既有利于稳定夫妻关系，又有利于维持正常的家庭关系和子女关系。所以，夫妻间进行婚后财产约定也是必要的。

3. 夫妻财产约定公证注意事项

约定内容不得违反法律的规定。夫妻不应借约定来逃避债务，夫妻发生对外重大债务时有可能会想方设法逃避债务，也有可能会选择通过夫妻财产约定来实现其逃避债务的目的。但这种做法明显是违反法律规定的，不仅会导致夫妻财产协议无效，还可能会承担相应的民事责任。

执行约定时需要注意约定的对外效力。如果夫妻一方将创立个人合伙经营或私营企业，该类经营个人须承担无限连带责任，为防止经营失败给家庭带来的风险，夫妻双方通常约定将婚后部分财产如房产、汽车等贵重财产归另一方所有，这种约定是合法的。但要注意，在日常的经营活动中，对夫妻二人的婚后财产约定内容从事经营的一方应告知第三人，否则该约定对第三人无效。这种告知最好是书面形式，以防止发生纠纷时因不能举证而带来的风险。

要尽量将法律未明确的重要事项在具体的约定中加以明确。这些内容包括夫妻财产约定的生效、变更或撤销约定的程序等，同时要了解夫妻财产约定适用的相关法律，避免在公证书中出现引用法律错误的情况。

最后，应注意到约定财产的静态性和动态性问题。这里说的财产静态性，是指约定书中涉及的某项具体财产，如现存的房屋、汽车、银行存折等，这些财产是现实已存在的特定物，在夫妻财产约定书中，表现为静态财产。财产动态性是指在夫妻财产约定书中约定的某项财产随着夫妻关系的存续而发生增值、减值、消灭、所有权的转移等情况。因此，在制定夫妻财产约定时要注意处理好静态性和动态性的矛盾问题。

（二）婚姻家庭信托

夫妻财产的约定公证，是为了使家庭财产权属清晰，以减少财产分配中产生的纠纷。然而，一旦婚姻关系中有恶意的一方，或者其他有恶意的第三人对财产进行侵犯，财产所有者的权益还是得不到保障，这部分财产也无法发挥对个人及家庭的保障功能。婚姻家庭信托正是基于这种需要应运而生。

1. 婚姻家庭信托的特征

婚姻家庭信托是指在家庭存续期间，选择使用信托工具对家庭财产进行配置及特定目标的分配。信托具有良好的隔离风险、规避风险的特征，还能保持自身的独立性。建立信托资产后，其既可以将财产独立于家庭及个人，又可以保持所有者所有权不变。由于信托财产和委托人本人的其他财产、受托人的固有财产和受益人的个人财产均是隔离的，具有独立性，因此信托工具本身就具备了规避风险的功能。委托人将个人名下合法的财产放入信托成为信托财产后，信托财产在信托存续期间，无论是委托人、受托人、受益人，还是他们的债权人，对信托财产都不能任意支配。此外，受托人拥有的固有财产和信托财产，两者分列账户，专款专用，相互之间不可混用。不同委托人或同一委托人不同信托账户的信托财产之间也不能相互混用、交易，必须保持绝对的独立性。这样，纳入信托的财产就不会受到其他财产所受风险的波及，进而使受益人的利益得到安全保障，使委托人达成自己的心愿。

在家庭经济出现危机时，信托能够起到保障家庭基本生活、规避离异配偶或其再婚配偶恶意侵占财产等作用。通过信托的专款专用的特征，可以妥善管理夫妻双方或者一方的生活，当家庭、事业遭受挫折或打击时，还可以通过信托为自己留有“保底”“翻身”的一笔资金。

2. 婚姻家庭信托的种类

（1）离婚赡养信托。

这是一种专门以离异配偶为受益人的信托。当夫妻关系结束时，一方需要向离异配偶支付赡养费，他可以用部分财产设立离婚赡养信托，以离异配偶为受益人，这样离异配偶可以不断地收到赡养费却不能动用全部信托财产。委托人既可以履行赡养义务，避免日后和离异配偶发生财务纠纷，又可以设置特殊条款，防止离异配偶的再婚配偶对这部分财产的恶意侵占。

（2）风险隔离信托。

风险隔离信托是基于婚姻家庭所面临的财务风险而设立的。例如，为防止合伙制带来的无限连带责任风险，事先将一部分家族财产通过信托安排实现与委托人其他财产的隔离，设立风险隔离信托后，一旦发生经营风险，置于信托保护之下的财产可以免于被追索的危险。通过配置风险隔离信托工具，可以将家庭财产与公司财产明晰划分，避免家庭企业的危机直接影响到家庭生活。

（3）子女教育信托。

子女教育信托是由父母设立，以子女教育金为信托财产的家庭信托。这一信托产品的主要意义在于使子女教育金处于信托保护状态，防止家庭财务危机对子女教育形成不利影响。除此之外，受托人对教育金的直接管理还可以防止受益人对资金的滥用。有些家庭中的子女在青少年时期便到海外留学，其本身不具有完善的自控能力，并不能合理地使用大量资金。此时利用子女教育信托产品便可以解决此类问题。子女教育信托具有专项资金保障的特性和风险隔离的特征。同时，产品的教育金由专业人士或专业机构管理，具有较高收益率。

三、财产传承规划的设计原则

财产传承规划旨在确保家庭财富能够顺利传承给下一代，其设计原则主要有以下两个。

（一）保证财产传承规划的可变动性

财产传承规划是依据家庭的现状与当期的需求制定的，从制定到生效将有一段不确定的时间。在这段时间内，家庭的财务状况、家庭的结构、家庭的规划目标处于不断变化之中，因此其规划也将会需要调整。要保证财产传承规划具有可变动性，再结合家庭的实时变化与最新需求，对规划进行不断的修改，以保证它能满足不同时期家庭的真正需求。

（二）保证财产传承规划的现金流动性

财产传承规划一旦启动，进行规划内遗产传承时，要先用于支付相关的遗产税及遗产处置费用，如办理遗产评估的费用、遗产管理人报酬、丧葬费等，还清其所欠债务后，剩余部分才可以分配给受益人。所以，如果客户遗产中的现金类资产数额不足，反而会导致其家人陷入债务危机。要避免这种情况发生，其遗产的构成中要预留充足的现金类资产以满足支出。遗产中现金类资产构成的来源通常有银行存款、存单、可变现的有价证券等。

四、财产传承规划的工具

（一）遗嘱

遗嘱是财产传承规划中常见且重要的规划工具。遗嘱又称指定继承、遗嘱继承，是指由被继承人生前所设立的遗嘱，在遗嘱继承开始之后，按照遗嘱内容指定继承人及继承遗产的种类、数量的继承方式。遗嘱继承是与法定继承相对应的一种继承方式。我国《民法典》继承编规定，自然人可以依照本法规定立遗嘱处分个人财产，并可以指定遗嘱执行人。自然人可以立遗嘱将个人财产指定由法定继承人中的一人或者数人继承，由于遗嘱继承可以直接体现被继承人生前对其财产进行处分的意愿，因此遗嘱继承更能体现被继承人私有财产在法律上被尊重，也有利于保护私人财产的所有权。被继承人有立遗嘱的自由，也就是公民有生前处分其离世后财产的自由。

1. 遗嘱的特征

遗嘱是一种单方行为的产物。遗嘱仅仅是遗嘱人自己的意思反映，并不需要征得其他人的同意。只要设立人一方的意思就可以决定它的成立，他人并不能形成对遗嘱内容的影响，也不能影响遗嘱的成立和效力。

立遗嘱必须是立遗嘱人生前亲自独立实施的民事行为。立遗嘱是遗嘱人生前对自己的财产做出的处分行为。只能由遗嘱人独立自主地做出，不能由他人的意思辅助或代理。

遗嘱在遗嘱人死亡后才能生效。遗嘱虽是由遗嘱人生前设立的，但只有在遗嘱人死亡时才能发生效力。在遗嘱人死亡之前，遗嘱不能得到执行。遗嘱具有可变性、可撤销性，在遗嘱生效前，遗嘱人可以随时变更或者撤回遗嘱。

遗嘱具有一定的形式。遗嘱要按照一定的形式设立，法律对遗嘱的形式有明确的规定。一旦遗嘱形式不符合法律规定，则遗嘱不能发生效力，遗嘱中的财产处分计划也就不能得到执行。

遗嘱是处分财产的行为。遗嘱是遗嘱人自由处理自己财产的意思表达，因而是处分财产的行为。如果没有财产处分的意思或者意思表示或者与财产处分有关的内容表达，不属于真正意义上的遗嘱。

2. 遗嘱的种类

公证遗嘱是经过国家公证机关办理了公证手续的遗嘱。遗嘱人必须亲自到有管辖权的公证机关或请公证人员到现场办理遗嘱公证，不能委托他人代为办理。公证遗嘱必须采用书面的形式。如遗嘱人亲笔书写遗嘱，要在遗嘱上签名或盖章，并注明年、月、日，公证人员对遗嘱审查后认为合法有效的，予以公证；如遗嘱人口头叙述遗嘱，要由公证人员进行笔录，经过公证人员向遗嘱人宣读并确认无误后，由公证人员和遗嘱人共同签名盖章，并注明设立遗嘱的地点和年、月、日。公证人员对遗嘱经过审查后认为合法有效的，予以公证，出具遗嘱公证证明书，公证书由公证机关和遗嘱人分别保存。

自书遗嘱是由遗嘱人亲自书写的遗嘱，须由遗嘱人亲笔书写遗嘱的全部内容，且遗嘱人须亲自签名，并注明年、月、日。自书遗嘱的形式简单易行，具有较强的保密性，是最常用的遗嘱形式。自书遗嘱既不能由他人代笔，也不能打印。

代书遗嘱是委托他人代笔书写的遗嘱。代书遗嘱须由遗嘱人口述遗嘱内容，由他人代书。同时，遗嘱人应当指定两个以上的见证人在场见证，代书人可以作为见证人之一。最后，代书人宣读遗嘱，遗嘱人认定无误后，由代书人、其他见证人和遗嘱人在遗嘱上签名并注明年、月、日。

录音遗嘱是指用带有录音、录像功能的设备记载遗嘱内容的遗嘱。录音或录像设备中所录制的须是遗嘱人口述的遗嘱内容。同时，须有两个以上见证人见证，见证人的见证证明也应当录制在录制遗嘱的录音或录像设备上。最后，录音遗嘱设立后，应将录制遗嘱的存储设备封存，并由见证人共同签名，注明年、月、日。

口头遗嘱是遗嘱人仅用口述的方式所立的对其遗产进行处分的遗嘱。由于只有在不能以其他方式设立遗嘱的危急情况下才可以立口头遗嘱，所以口头遗嘱一般是在特殊的危急情况下设立的。危机情况一旦解除，遗嘱人能够用书面或者录音形式订立其他形式遗嘱的，所立的口头遗嘱便无效。另外，口头遗嘱同样要求须由两个以上见证人在场见证。

3. 遗嘱的功能与风险

使用遗嘱工具的功能可以归结为以下三点。第一，设立遗嘱能够更全面、充分地保护公民的财产所有权。遗嘱不仅保护了财产所有人生前的使用权利，也延续到其死后的财产分配传承的权利，遗嘱人可以选择自己认为最可靠的、最信赖的人作为遗产的继承人。第二，设立遗嘱有利于发挥家庭养老育幼的作用，促使晚辈继承人孝敬老人，共同承担供养老人、养育子女、扶助幼小弟妹。第三，设立遗嘱有利于减少和预防纠纷。遗嘱权利人预先设立好遗产继承人各自应得的遗产份额，在其死后依遗嘱执行其意愿，有利于解决矛盾，促进家庭成员内部的互助团结，减少和预防纠纷。

使用遗嘱工具的风险可以归结为以下两点。第一，遗嘱的效力风险。由于遗嘱执行时遗嘱人已经死亡，遗嘱的真实性、完整性等会带来争议，遗嘱是有被推翻的可能的。个人只要认为自己有权继承遗产却被排除在外，都可以到法庭申诉。因此产生遗嘱的效力风险。第二，设立遗嘱执行人的风险。遗嘱在设立时可以设立遗嘱执行人，目的是在遗嘱人死亡后，能够顺利地执行其所立的遗嘱。遗嘱由遗嘱执行人来保管，但遗产通常还是由遗嘱继承人持有，遗产的传承容易在继承人之间产生纠纷，也容易出现遗产被侵吞导致遗产得不到很好的执行。

（二）遗嘱信托

遗嘱信托是指委托人预先以立遗嘱的方式，将财产规划的内容，包括设立信托后遗产的管理、分配、运用及给付等内容，全部详订于遗嘱中。等到遗嘱生效时，再将信托财产转移给受托人，由受托人依据信托的内容管理处分信托财产。遗嘱信托同样在委托人死亡后才生效。

遗嘱信托配合各种理财投资工具，能创造出为高端富裕家族量身定做的财产传承规划方案，可弥补传统赠予及遗嘱制度的缺陷，如继承人或受赠人财产管理能力有限、财产分配公平性的争议、遗产保全不易等。当然，遗嘱信托是在传统财产规划方式运作下，加入信托制度予以辅助，使得财产规划更趋完整和更有保障。

1. 遗嘱信托的分类

遗嘱信托业务可分为执行遗嘱信托和管理遗产信托两类。执行遗嘱信托是受托人在受托之后，在遗嘱人死亡后，根据遗嘱，代遗嘱人办理债权的收取和债务清偿、遗嘱中规定的有关物品的交付以及遗产的处理和分割等事宜。执行遗嘱信托大多是因为立遗嘱人财产较多，遗产的分割处理关系比较复杂，且缺少可靠执行人等原因而成立。管理遗产信托是受托人受遗嘱人的委托，在一定时期内代为管理遗产的信托业务。运用信托管理遗产，可达成一定程度的税务筹划。同时，信托制度中信托财产的独立性、财产分配的公平性、管理运用的专业化等特征还有利于促进家庭和谐、减少社会问题等。

2. 遗嘱信托的功能

遗嘱信托可以延伸个人意志，妥善规划财产，使财产永续传承。借助遗嘱信托这个工具，委托人可以将对财产的规划延伸到身后的遗产管理，使财产在受托人的保管下，不会被继承人轻易挥霍殆尽，而能代代相传。

遗嘱信托可以通过受托人的专业知识及技术来对遗产分配进行合理规划。通常，遗产受托人应具有一定的专业管理能力和专业技能，可以使遗产得到有效的保值、合理的配置和安全的传承，从而使遗产发挥其最优功效。

遗嘱信托可以避免因遗产而产生的纷争。事先做好财产传承规划，除可将财产依自身意志在不违反法律规定的前提下进行自由分配外，各继承人的可分得财产也因此而清楚透明，可避免相关人争夺遗产的情形发生。

遗嘱结合信托，可避免传统继承事务处理的缺点。传统继承方式下常发生不动产由多人共同持有的情形，增加了财产处分的困难而且容易产生纠纷，通过遗嘱信托就可以解决遗产共有不易处分的缺点，实现客户照顾后代的心愿，并且可以保证财产持续传承。

（三）人寿保险信托

人寿保险信托是以保险金或人寿保险单作为信托财产，由委托人和信托机构签订人寿保险信托合同，保险公司将保险赔偿款或期满保险金交付于受托人，由受托人依信托合同约定的方式管理、运用信托财产，并于信托终止时，将信托资产及运作收益交付信托受益人。

1. 人寿保险信托的意义

购置人寿保险的目的在于被保险人的遗属可以在将来得到生活赡养费。购置人寿保险后，一旦被保险人死亡，遗属可获得保险赔偿。但实际生活中，经常会发生遗属因缺乏独立经营管理保险赔偿金的能力，将赔偿款挥霍浪费掉，或是保险赔偿金被其他人侵吞等现象，这样就不能实现死者生前办理人寿保险的目的。而作为承保人，保险公司的职责也只是交付赔款，至于赔款的用途和处置，保险公司概不负责。为了解决购置人寿保险的本意和其实际作用相脱节的问题，人寿保险信托便应运而生。人寿保险信托弥补了保险业务的不足，使被保险人对遗属日后的生活更加放心。

2. 人寿保险信托的功能

（1）财产风险隔离。

委托人将财产转移至受托人处，则该信托财产的所有权为受托人所有，由信托财产而产生的信托收益归受益人，此种法律上所有权与受益权分立的原则，其优点在于委托人不但可免管理之责而且可免于被债权人追索。而受托人的债权人也无法对信托财产实施主张，因为受托人仅有名义上的所有权，而无实质上的所有权。至于受益人的债权人，则因为受益人实质上的所有权是依照信托规定享受信托收益的权利，所以受益人的债权人不能直接对该财产本身有任何主张，至多能代受益人请求受托人依照信托约定配发信托收益。

（2）专业财产管理。

通过专业的财产管理服务，可以减轻自行管理运营的负担，尤其是资本市场瞬息万变，如果没有一定的专业知识并充分占有资讯，则很难进行有效管理。而通过专业的投资管理，既能保证信托财产的安全，同时也能为委托人和受益人增加一定的信托财产，使其产生足以支付保险费的财产利益，省去逐期缴纳保险费的烦琐手续。

（3）家庭生活保障。

如果受益人是未成年人、身心障碍者、老年人、疾病患者或无行为能力者时，就可能出现无法妥善管理、支配保险金，或者挥霍保险金的情况。同时，还可能造成家庭纠纷、受益人对立等社会问题。通过保险金信托的运用，由专业信托机构妥善管理运用信托财产（保险金），可以避免保险金遭到不当运用，使受益人最大限度地享受保险金的利益。

（4）规避经营风险。

人寿保险信托还可以运用在企业中，除了信托所具有的风险隔离、财产保全等独特优势之外，还可以在企业合伙人或股东之间相互投保人寿保险信托，一旦出现意外就可以用人寿保险信托所产生的信托收益购买其企业股权，防止企业经营股权外流，规避企业经营风险。

任务三　财产分配与传承规划案例分析

张先生，45 岁，张太太，42 岁，两人育有两个孩子，儿子 16 岁，上高一，女儿 10 岁，上小学。张先生最开始在一家软件公司工作，在其 36 岁那年，与他人一起创业，开设了一家属于自己的软件公司。自此，张先生工作节奏更快了，收益也明显提升了，只是会出现收益不均衡的情况。在张先生创业后，张太太也辞去了原有的工作，找了一个相对清闲些的后勤岗位的工作，收入下降了，但可以更好地照顾家庭。通过两人的努力，家庭的经济条件不断改善。现在已经拥有了一套三居室的房产，一辆家用代步的轿车，更是拥有金融市场的投资性资产近 2 000 万元。

张先生现有公司经营状况一般，现在有一个新方向的投资机会，张先生与合伙人考虑再创新一个领域。张先生考虑大儿子已经上高中，想支持孩子大学出国留学，万一投资新领域后形势变了，出现亏损，再需要动用家庭资产进行债务偿还或资金融通，担心影响孩子的教育，影响家庭的生活。另外，据张先生了解，如果企业设置成合伙制，那么企业合伙人对债务具有连带责任。同时，企业经营所得本来在婚姻存续期间也是属于夫妻共同财产，那么妻子对合伙企业的债务同样具有偿还责任。为了更好地保证家庭生活的稳定性，以及一些特殊时间段的家庭成员的特定需求，张先生应该如何规划，选择哪些有效的工具进行财产的分配，甚至是在张先生终老后的财产的传承呢？

财产分配与传承规划设计如下。

一、财产分配规划的设计

张先生首先要考虑利用已有的家庭财富来做好家庭生活稳定的保障、家庭成员需求的保障。基于财产分配规划设计原则之一的风险隔离的原则，张先生需要做好家庭财产的风险隔离，尤其是对夫妻共同财产进行风险隔离。基于财产分配规划设计原则之一的照顾妇女和儿童的原则，张先生需要特别关注到他的妻儿，妻子虽然有份工作，但收入水平、成长性都较低，孩子们更是需要稳定的生活和接受教育。

张先生担心动用家庭财产投资新领域，可能出现事业不顺，影响家庭生活。此时选择夫妻财产约定公证中的婚后财产约定公证工具进行风险隔离，便可以解决这个后顾之忧。在投资成立新公司之前，夫妻双方将家庭财产进行婚后财产约定，并到公证处完成公证。当然这份协议的内容也要及时告知给公司的主要合作伙伴等相关利益人。比如2 000万元的资产，其中的1 000万元作为妻子一方的财产。投资新公司的资金则可以来自归属于张先生一方的财产。

为了呈现照顾妇女和儿童的效果，家庭可以建立婚姻家庭信托，比如子女教育信托。即找到一家优质的信托公司，签订一份子女教育信托合同。由信托公司作为受托人，将归属于张先生一方财产的部分额度作为信托财产转移到信托的名下，受益人为张先生的孩子。此时，对于剩下的资金，张先生可以放心地用于投资。万一投资失败，危机发生，也不会波及家庭，影响到孩子。

二、财产传承规划的设计

张先生家庭还可以进一步考虑身后事，因为该家庭的主要经济来源是张先生主要在经营的私营企业。一旦张先生离世，企业的经营将面临很大的不确定性，家庭生活的稳定将直接受到威胁。

张先生家庭可以考虑让大儿子接手家族企业，在张先生百年后能由其直系亲属接手企业股份的这份遗产。因为张先生有两个孩子，可以考虑在遗产分配时，将企业股份以及企业的所有权、经营权由其中一个孩子继承，另外一个孩子可以分配更多其他的资产。此时，提前设立一份遗嘱，可以避免在遗产继承时发生不必要的纠纷。

为了更大地发挥张先生遗产的效用，避免出现因不懂资产管理而肆意挥霍，导致败光家产等情况，张先生还可以考虑建立遗嘱信托，比如在遗嘱信托中，约定好哪笔资金是妻子的生活基金、哪笔是孩子的教育基金、哪笔是孩子的创业基金等。让遗嘱与信托结合，让专业的信托机构管理资产，并且将自身的遗产按自己生前的意愿用到对应的“刀刃”上。另外，如果张先生购买了人寿保险的话，还可以考虑配置人寿保险信托。人寿保险信托也能够起到风险隔离、规避经营风险的作用。当张先生去世后，保险公司支付的大额保险金交由专业的信托公司管理，用到张先生生前约定好的去处。

最后，张先生家庭在使用遗嘱、遗嘱信托、人寿保险信托等相关工具进行财产传承规划设计时，也要时刻关注财产传承规划的设计原则，要保证规划的可变动性和现金流动性。

课后习题

一、单选题

1. 离婚时，用于家庭生活的债务，应由（　　）。

A. 男方偿还　　　　B. 女方偿还

C. 双方偿还　　　　　　　　　　　　　D. 有负担能力的一方偿还

2. 下列关于遗嘱信托的说法，错误的是（　　）。

A. 遗嘱信托可以是口头形式

B. 遗嘱信托在委托人过世后生效

C. 遗嘱信托可以规避因遗产分配产生的纷争

D. 遗嘱信托可以得到专业人员的遗产管理

3. 石某的父亲于2018年去世，石某依照法定继承取得遗产房屋一套。2021年石某与叶某结婚，婚后双方居住在石某的房屋中，2023年双方因感情不和离婚，对该房屋的权属发生争议。该房屋所有权应（　　）。

A. 属于夫妻共同财产　　　　　　　　B. 属于石某的个人财产

C. 属于夫妻按份共有财产　　　　　　D. 属于叶某的个人财产

4. 财产分配与传承规划的主要目的是什么？（　　）

A. 最大化投资收益

B. 确保家庭财产的代际相传或安全让渡

C. 规避所有税务

D. 提前消费享受

5.《民法典》中关于夫妻共同财产的规定中，以下哪项不属于夫妻共同财产？（　　）

A. 工资、奖金

B. 继承或受赠的财产（除非明确指定归一方）

C. 一方专用的生活用品

D. 知识产权的收益

6. 遗嘱继承中，若未立遗嘱，遗产将如何分配？（　　）

A. 全部归国家所有　　　　　　　　　B. 按法定继承顺序分配

C. 归配偶一人所有　　　　　　　　　D. 归子女平均分配

7. 家庭成员的哪一变化将直接影响家庭财产的分配？（　　）

A. 家庭成员的学历提升　　　　　　　B. 家庭成员的职位晋升

C. 家庭成员的死亡　　　　　　　　　D. 家庭成员的旅行计划

8. 下列哪项不属于《民法典》中规定的夫妻个人财产？（　　）

A. 一方的婚前财产

B. 知识产权的收益

C. 遗嘱或赠予合同中确定只归一方的财产

D. 一方因受到人身损害获得的赔偿

9. 在家庭财产分配规划中，为了抵御经营风险对家庭财产的侵扰，应当遵循以下哪项原则？（　　）

A. 合情合法原则　　　　　　　　　　B. 风险隔离原则

C. 照顾妇女和儿童原则　　　　　　　D. 有利方便原则

10. 夫妻双方在财产分配规划中，对财产权属的约定可以通过哪种方式使其具有更强的法律效力？（　　）

A. 口头协议
B. 夫妻自行签订书面协议
C. 夫妻财产约定公证
D. 邻居见证

11. 婚姻家庭信托的主要目的是什么？（　　）
A. 增加投资收益
B. 规避税务
C. 隔离风险并保障家庭财产
D. 方便家庭成员间资金流转

12. 在制定夫妻财产约定时，下列哪项做法是错误的？（　　）
A. 双方自愿约定财产归属
B. 约定内容不得违反法律规定
C. 为逃避债务而进行财产约定
D. 约定财产增值部分的分配方式

13. 遗嘱的设立需要在什么情况下才能实现？（　　）
A. 遗嘱人生前
B. 遗嘱人死亡后
C. 遗嘱人指定时间
D. 继承人同意后

14. 下列哪种遗嘱形式不需要见证人？（　　）
A. 公证遗嘱
B. 自书遗嘱
C. 代书遗嘱
D. 录音遗嘱

二、多选题

1. 以下哪些选项为个人财产？（　　）
A. 婚前以夫妻一方个人名义购买的房子，夫妻共同使用经过 8 年以上
B. 婚后夫妻一方以个人的年终奖做的投资
C. 婚前一方出版小说获得的稿费
D. 结婚后，一方以个人名义购买的电视机
E. 结婚后，一方投资创建经营的企业

2. 财产分配的原则包括（　　）。
A. 风险隔离原则
B. 照顾子女和女方利益原则
C. 不损害国家、集体利益的原则
D. 有利于生活、方便生活的原则
E. 合情合法原则

3. 财产分配和传承规划的步骤为（　　）。
A. 计算和评估客户的财产价值
B. 确定财产分配和传承的规划目标
C. 制定财产分配与传承规划方案
D. 定期检查和修改

4. 以下哪些情况下财产传承规划应有所修改？（　　）
A. 子女的出生
B. 房产的出售
C. 住址的变更
D. 结婚或离异
E. 传承规划的目标变化

5. 一般制定财产传承规划的原则包括（　　）。
A. 保证财产传承规划的可变性
B. 确保财产传承规划的现金流动性
C. 财产传承规划的格式化
D. 财产传承规划的统一性
E. 财产传承规划的固定性

6. 个人或家庭在做财产分配与传承规划时，需要考虑的风险包括（　　）。
A. 家庭经营风险
B. 夫妻中一方或双方丧失劳动能力或经济能力的风险
C. 离婚或再婚风险
D. 家庭成员去世的风险
E. 新的有关遗产的税制出台及变化的风险

7. 财产传承规划工具主要有（　　）。
A. 遗嘱
B. 遗嘱信托
C. 人寿保险信托
D. 婚前财产约定公证
E. 婚后财产约定公证

8. 下列哪种遗嘱形式需要两个以上见证人在场见证？（　　）
A. 自书遗嘱
B. 口头遗嘱
C. 录音录像遗嘱
D. 公证遗嘱
E. 代书遗嘱

9. 下列哪些属于《民法典》中规定的夫妻共同债务？（　　）
A. 夫妻一方以个人名义为家庭日常生活需要所负的债务
B. 夫妻一方在婚姻关系存续期间以个人名义超出家庭日常生活需要所负的债务，但债权人能证明该债务用于夫妻共同生活
C. 夫妻一方因赌博所负的债务
D. 夫妻一方因受到人身损害获得的赔偿
E. 夫妻双方共同签名所负的债务

10. 遗嘱的有效形式包括哪些？（　　）
A. 自书遗嘱
B. 代书遗嘱
C. 口头遗嘱
D. 录音录像遗嘱
E. 公证遗嘱

11. 下列哪些情况可能引发家庭财产的重新分配？（　　）
A. 家庭成员的出生
B. 家庭成员的死亡
C. 家庭成员的学历提升
D. 夫妻离婚
E. 家庭成员的职位晋升

12. 遗嘱信托相比传统遗嘱制度有哪些优势？（　　）
A. 弥补传统遗嘱制度中继承人财产管理能力不足的缺陷
B. 确保遗产分配的公平性
C. 实现遗产的税务筹划
D. 简化遗产处理流程
E. 完全避免遗产纠纷

三、案例分析题

1. 2020 年，梁立先生夫妇二人因病先后去世。他们的长子梁果 28 岁，在外地负责

打理家庭企业。幼子梁仁14岁尚在读书。梁先生夫妇生前立下遗嘱，将家庭财产中的3处房产留给幼子。按照遗嘱，梁仁的日常生活由梁先生的弟弟梁行来打理，生活费则由梁果支付。3年后，梁先生的弟弟未经任何人同意，借口支付梁仁的生活费，将梁先生留下的3处房产卖掉2处，并将所得据为己有。未成年人梁仁的合法权益遭到侵害。

请问，当初梁先生在订立遗嘱时，如何设计可以避免这类风险的发生？在订立遗嘱时应该考虑哪些因素？梁先生应该如何订立遗嘱以更好地保证家庭的稳定生活，确保两个儿子之间不出现纠纷？

2. 杨先生和王女士是大学同学，两人毕业后就结婚了，杨先生自己开办了一家网络公司，效益很好。为了支持杨先生的工作，王女士舍弃自己的专业，做起了家庭主妇，照顾家庭，教育、辅导两个孩子。随着杨先生的生意越做越大，应酬越来越多，夫妻二人聚少离多，逐渐失去了共同语言，相互不理解，出现了冷战的局面。两年后，杨先生提出协议离婚，杨先生提出两个孩子可以跟王女士一起生活，每月支付两个孩子至18周岁的生活费用和一切教育费用。同时考虑到王女士的收入状况及再择业的困难，也为了补偿王女士这几年来对自己的支持和对家庭的付出，杨先生提出每月向王女士支付赡养费5万元，持续10年。王女士同意离婚，但害怕杨先生不能履行每月支付的协议，要求杨先生一次性给付自己的赡养费和孩子的生活教育费用。杨先生则担心王女士一下子拿到这么多钱，没有能力管理，而且担心她的再婚配偶会挪用或侵吞这部分财产，两人就此问题产生了纠纷。

请问，应该如何利用财产分配与传承工具协调解决此问题？

参考文献

［1］ 廖旗平．个人理财［M］．4版．北京：高等教育出版社，2025.

［2］ 康建军，王波．个人理财［M］．2版．北京：中国人民大学出版社，2024.

［3］ 高泽金，郑兴．个人理财实务［M］．3版．大连：东北财经大学出版社，2021.

［4］ 陈玉罡．个人理财：理论、实务与案例［M］．2版．北京：北京大学出版社，2020.

［5］ 韩良智．Excel在财务管理中的应用（微课版）［M］．6版．北京：清华大学出版社，2024.

［6］ 理财规划师（CHFP）专业委员会．家族财富规划［M］．6版．北京：中国金融出版社，2021.

附　录

复利终值系数表

利率	1	2	3	4	5	6	7	8	9	10	11	12	13	14	15
1%	1.010 0	1.020 1	1.030 3	1.040 6	1.051 0	1.061 5	1.072 1	1.082 9	1.093 7	1.104 6	1.115 7	1.126 8	1.138 1	1.149 5	1.161 0
2%	1.020 0	1.040 4	1.061 2	1.082 4	1.104 1	1.126 2	1.148 7	1.171 7	1.195 1	1.219 0	1.243 4	1.268 2	1.293 6	1.319 5	1.345 9
3%	1.030 0	1.060 9	1.092 7	1.125 5	1.159 3	1.194 1	1.229 9	1.266 8	1.304 8	1.343 9	1.384 2	1.425 8	1.468 5	1.512 6	1.558 0
4%	1.040 0	1.081 6	1.124 9	1.169 9	1.216 7	1.265 3	1.315 9	1.368 6	1.423 3	1.480 2	1.539 5	1.601 0	1.665 1	1.731 7	1.800 9
5%	1.050 0	1.102 5	1.157 6	1.215 5	1.276 3	1.340 1	1.407 1	1.477 5	1.551 3	1.628 9	1.710 3	1.795 9	1.885 6	1.979 9	2.078 9
6%	1.060 0	1.123 6	1.191 0	1.262 5	1.338 2	1.418 5	1.503 6	1.593 8	1.689 5	1.790 8	1.898 3	2.012 2	2.132 9	2.260 9	2.396 6
7%	1.070 0	1.144 9	1.225 0	1.310 8	1.402 6	1.500 7	1.605 8	1.718 2	1.838 5	1.967 2	2.104 9	2.252 2	2.409 8	2.578 5	2.759 0
8%	1.080 0	1.166 4	1.259 7	1.360 5	1.469 3	1.586 9	1.713 8	1.850 9	1.999 0	2.158 9	2.331 6	2.518 2	2.719 6	2.937 2	3.172 2
9%	1.090 0	1.188 1	1.295 0	1.411 6	1.538 6	1.677 1	1.828 0	1.992 6	2.171 9	2.367 4	2.580 4	2.812 7	3.065 8	3.341 7	3.642 5
10%	1.100 0	1.210 0	1.331 0	1.464 1	1.610 5	1.771 6	1.948 7	2.143 6	2.357 9	2.593 7	2.853 1	3.138 4	3.452 3	3.797 5	4.177 2
11%	1.110 0	1.232 1	1.367 6	1.518 1	1.685 1	1.870 4	2.076 2	2.304 5	2.558 0	2.839 4	3.151 8	3.498 5	3.883 3	4.310 4	4.784 6
12%	1.120 0	1.254 4	1.404 9	1.573 5	1.762 3	1.973 8	2.210 7	2.476 0	2.773 1	3.105 8	3.478 5	3.896 0	4.363 5	4.887 1	5.473 6
13%	1.130 0	1.276 9	1.442 9	1.630 5	1.842 4	2.082 0	2.352 6	2.658 4	3.004 0	3.394 6	3.835 9	4.334 5	4.898 0	5.534 8	6.254 3
14%	1.140 0	1.299 6	1.481 5	1.689 0	1.925 4	2.195 0	2.502 3	2.852 6	3.251 9	3.707 2	4.226 2	4.817 9	5.492 4	6.261 3	7.137 9
15%	1.150 0	1.322 5	1.520 9	1.749 0	2.011 4	2.313 1	2.660 0	3.059 0	3.517 9	4.045 6	4.652 4	5.350 3	6.152 8	7.075 7	8.137 1
16%	1.160 0	1.345 6	1.560 9	1.810 6	2.100 3	2.436 4	2.826 2	3.278 4	3.803 0	4.411 4	5.117 3	5.936 0	6.885 8	7.987 5	9.265 5
17%	1.170 0	1.368 9	1.601 6	1.873 9	2.192 4	2.565 2	3.001 2	3.511 5	4.108 4	4.806 8	5.624 0	6.580 1	7.698 7	9.007 5	10.538 7
18%	1.180 0	1.392 4	1.643 0	1.938 8	2.287 8	2.699 6	3.185 5	3.758 9	4.435 5	5.233 8	6.175 9	7.287 6	8.599 4	10.147 2	11.973 7
19%	1.190 0	1.416 1	1.685 2	2.005 3	2.386 4	2.839 8	3.379 3	4.021 4	4.785 4	5.694 7	6.776 7	8.064 2	9.596 4	11.419 8	13.589 5
20%	1.200 0	1.440 0	1.728 0	2.073 6	2.488 3	2.986 0	3.583 2	4.299 8	5.159 8	6.191 7	7.430 1	8.916 1	10.699 3	12.839 2	15.407 0

复利现值系数表

利率	1	2	3	4	5	6	7	8	9	10	11	12	13	14	15
1%	0.990 1	0.980 3	0.970 6	0.961 0	0.951 5	0.942 0	0.932 7	0.923 5	0.914 3	0.905 3	0.896 3	0.887 4	0.878 7	0.870 0	0.861 3
2%	0.980 4	0.961 2	0.942 3	0.923 8	0.905 7	0.888 0	0.870 6	0.853 5	0.836 8	0.820 3	0.804 3	0.788 5	0.773 0	0.757 9	0.743 0
3%	0.970 9	0.942 6	0.915 1	0.888 5	0.862 6	0.837 5	0.813 1	0.789 4	0.766 4	0.744 1	0.722 4	0.701 4	0.681 0	0.661 1	0.641 9
4%	0.961 5	0.924 6	0.889 0	0.854 8	0.821 9	0.790 3	0.759 9	0.730 7	0.702 6	0.675 6	0.649 6	0.624 6	0.600 6	0.577 5	0.555 3
5%	0.952 4	0.907 0	0.863 8	0.822 7	0.783 5	0.746 2	0.710 7	0.676 8	0.644 6	0.613 9	0.584 7	0.556 8	0.530 3	0.505 1	0.481 0
6%	0.943 4	0.890 0	0.839 6	0.792 1	0.747 3	0.705 0	0.665 1	0.627 4	0.591 9	0.558 4	0.526 8	0.497 0	0.468 8	0.442 3	0.417 3
7%	0.934 6	0.873 4	0.816 3	0.762 9	0.713 0	0.666 3	0.622 7	0.582 0	0.543 9	0.508 3	0.475 1	0.444 0	0.415 0	0.387 8	0.362 4
8%	0.925 9	0.857 3	0.793 8	0.735 0	0.680 6	0.630 2	0.583 5	0.540 3	0.500 2	0.463 2	0.428 9	0.397 1	0.367 7	0.340 5	0.315 2
9%	0.917 4	0.841 7	0.772 2	0.708 4	0.649 9	0.596 3	0.547 0	0.501 9	0.460 4	0.422 4	0.387 5	0.355 5	0.326 2	0.299 2	0.274 5
10%	0.909 1	0.826 4	0.751 3	0.683 0	0.620 9	0.564 5	0.513 2	0.466 5	0.424 1	0.385 5	0.350 5	0.318 6	0.289 7	0.263 3	0.239 4
11%	0.900 9	0.811 6	0.731 2	0.658 7	0.593 5	0.534 6	0.481 7	0.433 9	0.390 9	0.352 2	0.317 3	0.285 8	0.257 5	0.232 0	0.209 0
12%	0.892 9	0.797 2	0.711 8	0.635 5	0.567 4	0.506 6	0.452 3	0.403 9	0.360 6	0.322 0	0.287 5	0.256 7	0.229 2	0.204 6	0.182 7
13%	0.885 0	0.783 1	0.693 1	0.613 3	0.542 8	0.480 3	0.425 1	0.376 2	0.332 9	0.294 6	0.260 7	0.230 7	0.204 2	0.180 7	0.159 9
14%	0.877 2	0.769 5	0.675 0	0.592 1	0.519 4	0.455 6	0.399 6	0.350 6	0.307 5	0.269 7	0.236 6	0.207 6	0.182 1	0.159 7	0.140 1
15%	0.869 6	0.756 1	0.657 5	0.571 8	0.497 2	0.432 3	0.375 9	0.326 9	0.284 3	0.247 2	0.214 9	0.186 9	0.162 5	0.141 3	0.122 9
16%	0.862 1	0.743 2	0.640 7	0.552 3	0.476 1	0.410 4	0.353 8	0.305 0	0.263 0	0.226 7	0.195 4	0.168 5	0.145 2	0.125 2	0.107 9
17%	0.854 7	0.730 5	0.624 4	0.533 7	0.456 1	0.389 8	0.333 2	0.284 8	0.243 4	0.208 0	0.177 8	0.152 0	0.129 9	0.111 0	0.094 9
18%	0.847 5	0.718 2	0.608 6	0.515 8	0.437 1	0.370 4	0.313 9	0.266 0	0.225 5	0.191 1	0.161 9	0.137 2	0.116 3	0.098 5	0.083 5
19%	0.840 3	0.706 2	0.593 4	0.498 7	0.419 0	0.352 1	0.295 9	0.248 7	0.209 0	0.175 6	0.147 6	0.124 0	0.104 2	0.087 6	0.073 6
20%	0.833 3	0.694 4	0.578 7	0.482 3	0.401 9	0.334 9	0.279 1	0.232 6	0.193 8	0.161 5	0.134 6	0.112 2	0.093 5	0.077 9	0.064 9

期初年金终值系数表

利率	1	2	3	4	5	6	7	8	9	10	11	12	13	14	15
1%	1.010 0	2.030 1	3.060 4	4.101 0	5.152 0	6.213 5	7.285 7	8.368 5	9.462 2	10.566 8	11.682 5	12.809 3	13.947 4	15.096 9	16.257 9
2%	1.020 0	2.060 4	3.121 6	4.204 0	5.308 1	6.434 3	7.583 0	8.754 6	9.949 7	11.168 7	12.412 1	13.680 3	14.973 9	16.293 4	17.639 3
3%	1.030 0	2.090 9	3.183 6	4.309 1	5.468 4	6.662 5	7.892 3	9.159 1	10.463 9	11.807 8	13.192 0	14.617 8	16.086 3	17.598 9	19.156 9
4%	1.040 0	2.121 6	3.246 5	4.416 3	5.633 0	6.898 3	8.214 2	9.582 8	11.006 1	12.486 4	14.025 8	15.626 8	17.291 9	19.023 6	20.824 5
5%	1.050 0	2.152 5	3.310 1	4.525 6	5.801 9	7.142 0	8.549 1	10.026 6	11.577 9	13.206 8	14.917 1	16.713 0	18.598 6	20.578 6	22.657 5
6%	1.060 0	2.183 6	3.374 6	4.637 1	5.975 3	7.393 8	8.897 5	10.491 3	12.180 8	13.971 6	15.869 9	17.882 1	20.015 1	22.276 0	24.672 5
7%	1.070 0	2.214 9	3.439 9	4.750 7	6.153 3	7.654 0	9.259 8	10.978 0	12.816 4	14.783 6	16.888 5	19.140 6	21.550 5	24.129 0	26.888 1
8%	1.080 0	2.246 4	3.506 1	4.866 6	6.335 9	7.922 8	9.636 6	11.487 6	13.486 6	15.645 5	17.977 1	20.495 3	23.214 9	26.152 1	29.324 3
9%	1.090 0	2.278 1	3.573 1	4.984 7	6.523 3	8.200 4	10.028 5	12.021 0	14.192 9	16.560 3	19.140 7	21.953 4	25.019 2	28.360 9	32.003 4
10%	1.100 0	2.310 0	3.641 0	5.105 1	6.715 6	8.487 2	10.435 9	12.579 5	14.937 4	17.531 2	20.384 3	23.522 7	26.975 0	30.772 5	34.949 7
11%	1.110 0	2.342 1	3.709 7	5.227 8	6.912 9	8.783 3	10.859 4	13.164 0	15.722 0	18.561 4	21.713 2	25.211 6	29.094 9	33.405 4	38.189 9
12%	1.120 0	2.374 4	3.779 3	5.352 8	7.115 2	9.089 0	11.299 7	13.775 7	16.548 7	19.654 6	23.133 1	27.029 1	31.392 6	36.279 7	41.753 3
13%	1.130 0	2.406 9	3.849 8	5.480 3	7.322 7	9.404 7	11.757 3	14.415 7	17.419 7	20.814 3	24.650 2	28.984 7	33.882 7	39.417 5	45.671 7
14%	1.140 0	2.439 6	3.921 1	5.610 1	7.535 5	9.730 5	12.232 8	15.085 3	18.337 3	22.044 5	26.270 7	31.088 7	36.581 1	42.842 4	49.980 4
15%	1.150 0	2.472 5	3.993 4	5.742 4	7.753 7	10.066 8	12.726 8	15.785 8	19.303 7	23.349 3	28.001 7	33.351 9	39.504 7	46.580 4	54.717 5
16%	1.160 0	2.505 6	4.066 5	5.877 1	7.977 5	10.413 9	13.240 1	16.518 5	20.321 5	24.732 9	29.850 2	35.786 2	42.672 0	50.659 5	59.925 0
17%	1.170 0	2.538 9	4.140 5	6.014 4	8.206 8	10.772 0	13.773 3	17.284 7	21.393 1	26.199 9	31.823 9	38.404 0	46.102 7	55.110 1	65.648 8
18%	1.180 0	2.572 4	4.215 4	6.154 2	8.442 0	11.141 5	14.327 0	18.085 9	22.521 3	27.755 1	33.931 1	41.218 7	49.818 0	59.965 3	71.939 0
19%	1.190 0	2.606 1	4.291 3	6.296 6	8.683 0	11.522 7	14.902 0	18.923 4	23.708 9	29.403 5	36.180 2	44.244 5	53.840 9	65.260 7	78.850 2
20%	1.200 0	2.640 0	4.368 0	6.441 6	8.929 9	11.915 9	15.499 1	19.798 9	24.958 7	31.150 4	38.580 5	47.496 6	58.195 9	71.035 1	86.442 1

期末年金终值系数表

利率	1	2	3	4	5	6	7	8	9	10	11	12	13	14	15
1%	1.000 0	2.010 0	3.030 1	4.060 4	5.101 0	6.152 0	7.213 5	8.285 7	9.368 5	10.462 2	11.566 8	12.682 5	13.809 3	14.947 4	16.096 9
2%	1.000 0	2.020 0	3.060 4	4.121 6	5.204 0	6.308 1	7.434 3	8.583 0	9.754 6	10.949 7	12.168 7	13.412 1	14.680 3	15.973 9	17.293 4
3%	1.000 0	2.030 0	3.090 9	4.183 6	5.309 1	6.468 4	7.662 5	8.892 3	10.159 1	11.463 9	12.807 8	14.192 0	15.617 8	17.086 3	18.598 9
4%	1.000 0	2.040 0	3.121 6	4.246 5	5.416 3	6.633 0	7.898 3	9.214 2	10.582 8	12.006 1	13.486 4	15.025 8	16.626 8	18.291 9	20.023 6
5%	1.000 0	2.050 0	3.152 5	4.310 1	5.525 6	6.801 9	8.142 0	9.549 1	11.026 6	12.577 9	14.206 8	15.917 1	17.713 0	19.598 6	21.578 6
6%	1.000 0	2.060 0	3.183 6	4.374 6	5.637 1	6.975 3	8.393 8	9.897 5	11.491 3	13.180 8	14.971 6	16.869 9	18.882 1	21.015 1	23.276 0
7%	1.000 0	2.070 0	3.214 9	4.439 9	5.750 7	7.153 3	8.654 0	10.259 8	11.978 0	13.816 4	15.783 6	17.888 5	20.140 6	22.550 5	25.129 0
8%	1.000 0	2.080 0	3.246 4	4.506 1	5.866 6	7.335 9	8.922 8	10.636 6	12.487 6	14.486 6	16.645 5	18.977 1	21.495 3	24.214 9	27.152 1
9%	1.000 0	2.090 0	3.278 1	4.573 1	5.984 7	7.523 3	9.200 4	11.028 5	13.021 0	15.192 9	17.560 3	20.140 7	22.953 4	26.019 2	29.360 9
10%	1.000 0	2.100 0	3.310 0	4.641 0	6.105 1	7.715 6	9.487 2	11.435 9	13.579 5	15.937 4	18.531 2	21.384 3	24.522 7	27.975 0	31.772 5
11%	1.000 0	2.110 0	3.342 1	4.709 7	6.227 8	7.912 9	9.783 3	11.859 4	14.164 0	16.722 0	19.561 4	22.713 2	26.211 6	30.094 9	34.405 4
12%	1.000 0	2.120 0	3.374 4	4.779 3	6.352 8	8.115 2	10.089 0	12.299 7	14.775 7	17.548 7	20.654 6	24.133 1	28.029 1	32.392 6	37.279 7
13%	1.000 0	2.130 0	3.406 9	4.849 8	6.480 3	8.322 7	10.404 7	12.757 3	15.415 7	18.419 7	21.814 3	25.650 2	29.984 7	34.882 7	40.417 5
14%	1.000 0	2.140 0	3.439 6	4.921 1	6.610 1	8.535 5	10.730 5	13.232 8	16.085 3	19.337 3	23.044 5	27.270 7	32.088 7	37.581 1	43.842 4
15%	1.000 0	2.150 0	3.472 5	4.993 4	6.742 4	8.753 7	11.066 8	13.726 8	16.785 8	20.303 7	24.349 3	29.001 7	34.351 9	40.504 7	47.580 4
16%	1.000 0	2.160 0	3.505 6	5.066 5	6.877 1	8.977 5	11.413 9	14.240 1	17.518 5	21.321 5	25.732 9	30.850 2	36.786 2	43.672 0	51.659 5
17%	1.000 0	2.170 0	3.538 9	5.140 5	7.014 4	9.206 8	11.772 0	14.773 3	18.284 7	22.393 1	27.199 9	32.823 9	39.404 0	47.102 7	56.110 1
18%	1.000 0	2.180 0	3.572 4	5.215 4	7.154 2	9.442 0	12.141 5	15.327 0	19.085 9	23.521 3	28.755 1	34.931 1	42.218 7	50.818 0	60.965 3
19%	1.000 0	2.190 0	3.606 1	5.291 3	7.296 6	9.683 0	12.522 7	15.902 0	19.923 4	24.708 9	30.403 5	37.180 2	45.244 5	54.840 9	66.260 7
20%	1.000 0	2.200 0	3.640 0	5.368 0	7.441 6	9.929 9	12.915 9	16.499 1	20.798 9	25.958 7	32.150 4	39.580 5	48.496 6	59.195 9	72.035 1

期初年金现值系数表

利率	1	2	3	4	5	6	7	8	9	10	11	12	13	14	15
1%	1.000 0	1.990 1	2.970 4	3.941 0	4.902 0	5.853 4	6.795 5	7.728 2	8.651 7	9.566 0	10.471 3	11.367 6	12.255 1	13.133 7	14.003 7
2%	1.000 0	1.980 4	2.941 6	3.883 9	4.807 7	5.713 5	6.601 4	7.472 0	8.325 5	9.162 2	9.982 6	10.786 8	11.575 3	12.348 4	13.106 2
3%	1.000 0	1.970 9	2.913 5	3.828 6	4.717 1	5.579 7	6.417 2	7.230 3	8.019 7	8.786 1	9.530 2	10.252 6	10.954 0	11.635 0	12.296 1
4%	1.000 0	1.961 5	2.886 1	3.775 1	4.629 9	5.451 8	6.242 1	7.002 1	7.732 7	8.435 3	9.110 9	9.760 5	10.385 1	10.985 6	11.563 1
5%	1.000 0	1.952 4	2.859 4	3.723 2	4.546 0	5.329 5	6.075 7	6.786 4	7.463 2	8.107 8	8.721 7	9.306 4	9.863 3	10.393 6	10.898 6
6%	1.000 0	1.943 4	2.833 4	3.673 0	4.465 1	5.212 4	5.917 3	6.582 4	7.209 8	7.801 7	8.360 1	8.886 9	9.383 8	9.852 7	10.295 0
7%	1.000 0	1.934 6	2.808 0	3.624 3	4.387 2	5.100 2	5.766 5	6.389 3	6.971 3	7.515 2	8.023 6	8.498 7	8.942 7	9.357 7	9.745 5
8%	1.000 0	1.925 9	2.783 3	3.577 1	4.312 1	4.992 7	5.622 9	6.206 4	6.746 6	7.246 9	7.710 1	8.139 0	8.536 1	8.903 8	9.244 2
9%	1.000 0	1.917 4	2.759 1	3.531 3	4.239 7	4.889 7	5.485 9	6.033 0	6.534 8	6.995 2	7.417 7	7.805 2	8.160 7	8.486 9	8.786 2
10%	1.000 0	1.909 1	2.735 5	3.486 9	4.169 9	4.790 8	5.355 3	5.868 4	6.334 9	6.759 0	7.144 6	7.495 1	7.813 7	8.103 4	8.366 7
11%	1.000 0	1.900 9	2.712 5	3.443 7	4.102 4	4.695 9	5.230 5	5.712 2	6.146 1	6.537 0	6.889 2	7.206 5	7.492 4	7.749 9	7.981 9
12%	1.000 0	1.892 9	2.690 1	3.401 8	4.037 3	4.604 8	5.111 4	5.563 8	5.967 6	6.328 2	6.650 2	6.937 7	7.194 4	7.423 5	7.628 2
13%	1.000 0	1.885 0	2.668 1	3.361 2	3.974 5	4.517 2	4.997 5	5.422 6	5.798 8	6.131 7	6.426 2	6.686 9	6.917 6	7.121 8	7.302 5
14%	1.000 0	1.877 2	2.646 7	3.321 6	3.913 7	4.433 1	4.888 7	5.288 3	5.638 9	5.946 4	6.216 1	6.452 7	6.660 3	6.842 4	7.002 1
15%	1.000 0	1.869 6	2.625 7	3.283 2	3.855 0	4.352 2	4.784 5	5.160 4	5.487 3	5.771 6	6.018 8	6.233 7	6.420 6	6.583 1	6.724 5
16%	1.000 0	1.862 1	2.605 2	3.245 9	3.798 2	4.274 3	4.684 7	5.038 6	5.343 6	5.606 5	5.833 2	6.028 6	6.197 1	6.342 3	6.467 5
17%	1.000 0	1.854 7	2.585 2	3.209 6	3.743 2	4.199 3	4.589 2	4.922 4	5.207 2	5.450 6	5.658 6	5.836 4	5.988 4	6.118 3	6.229 3
18%	1.000 0	1.847 5	2.565 6	3.174 3	3.690 1	4.127 2	4.497 6	4.811 5	5.077 6	5.303 0	5.494 1	5.656 0	5.793 2	5.909 5	6.008 1
19%	1.000 0	1.840 3	2.546 5	3.139 9	3.638 6	4.057 6	4.409 8	4.705 7	4.954 4	5.163 3	5.338 9	5.486 5	5.610 5	5.714 7	5.802 3
20%	1.000 0	1.833 3	2.527 8	3.106 5	3.588 7	3.990 6	4.325 5	4.604 6	4.837 2	5.031 0	5.192 5	5.327 1	5.439 2	5.532 7	5.610 6

期末年金现值系数表

利率	1	2	3	4	5	6	7	8	9	10	11	12	13	14	15
1%	0.990 1	1.970 4	2.941 0	3.902 0	4.853 4	5.795 5	6.728 2	7.651 7	8.566 0	9.471 3	10.367 6	11.255 1	12.133 7	13.003 7	13.865 1
2%	0.980 4	1.941 6	2.883 9	3.807 7	4.713 5	5.601 4	6.472 0	7.325 5	8.162 2	8.982 6	9.786 8	10.575 3	11.348 4	12.106 2	12.849 3
3%	0.970 9	1.913 5	2.828 6	3.717 1	4.579 7	5.417 2	6.230 3	7.019 7	7.786 1	8.530 2	9.252 6	9.954 0	10.635 0	11.296 1	11.937 9
4%	0.961 5	1.886 1	2.775 1	3.629 9	4.451 8	5.242 1	6.002 1	6.732 7	7.435 3	8.110 9	8.760 5	9.385 1	9.985 6	10.563 1	11.118 4
5%	0.952 4	1.859 4	2.723 2	3.546 0	4.329 5	5.075 7	5.786 4	6.463 2	7.107 8	7.721 7	8.306 4	8.863 3	9.393 6	9.898 6	10.379 7
6%	0.943 4	1.833 4	2.673 0	3.465 1	4.212 4	4.917 3	5.582 4	6.209 8	6.801 7	7.360 1	7.886 9	8.383 8	8.852 7	9.295 0	9.712 2
7%	0.934 6	1.808 0	2.624 3	3.387 2	4.100 2	4.766 5	5.389 3	5.971 3	6.515 2	7.023 6	7.498 7	7.942 7	8.357 7	8.745 5	9.107 9
8%	0.925 9	1.783 3	2.577 1	3.312 1	3.992 7	4.622 9	5.206 4	5.746 6	6.246 9	6.710 1	7.139 0	7.536 1	7.903 8	8.244 2	8.559 5
9%	0.917 4	1.759 1	2.531 3	3.239 7	3.889 7	4.485 9	5.033 0	5.534 8	5.995 2	6.417 7	6.805 2	7.160 7	7.486 9	7.786 2	8.060 7
10%	0.909 1	1.735 5	2.486 9	3.169 9	3.790 8	4.355 3	4.868 4	5.334 9	5.759 0	6.144 6	6.495 1	6.813 7	7.103 4	7.366 7	7.606 1
11%	0.900 9	1.712 5	2.443 7	3.102 4	3.695 9	4.230 5	4.712 2	5.146 1	5.537 0	5.889 2	6.206 5	6.492 4	6.749 9	6.981 9	7.190 9
12%	0.892 9	1.690 1	2.401 8	3.037 3	3.604 8	4.111 4	4.563 8	4.967 6	5.328 2	5.650 2	5.937 7	6.194 4	6.423 5	6.628 2	6.810 9
13%	0.885 0	1.668 1	2.361 2	2.974 5	3.517 2	3.997 5	4.422 6	4.798 8	5.131 7	5.426 2	5.686 9	5.917 6	6.121 8	6.302 5	6.462 4
14%	0.877 2	1.646 7	2.321 6	2.913 7	3.433 1	3.888 7	4.288 3	4.638 9	4.946 4	5.216 1	5.452 7	5.660 3	5.842 4	6.002 1	6.142 2
15%	0.869 6	1.625 7	2.283 2	2.855 0	3.352 2	3.784 5	4.160 4	4.487 3	4.771 6	5.018 8	5.233 7	5.420 6	5.583 1	5.724 5	5.847 4
16%	0.862 1	1.605 2	2.245 9	2.798 2	3.274 3	3.684 7	4.038 6	4.343 6	4.606 5	4.833 2	5.028 6	5.197 1	5.342 3	5.467 5	5.575 5
17%	0.854 7	1.585 2	2.209 6	2.743 2	3.199 3	3.589 2	3.922 4	4.207 2	4.450 6	4.658 6	4.836 4	4.988 4	5.118 3	5.229 3	5.324 2
18%	0.847 5	1.565 6	2.174 3	2.690 1	3.127 2	3.497 6	3.811 5	4.077 6	4.303 0	4.494 1	4.656 0	4.793 2	4.909 5	5.008 1	5.091 6
19%	0.840 3	1.546 5	2.139 9	2.638 6	3.057 6	3.409 8	3.705 7	3.954 4	4.163 3	4.338 9	4.486 5	4.610 5	4.714 7	4.802 3	4.875 9
20%	0.833 3	1.527 8	2.106 5	2.588 7	2.990 6	3.325 5	3.604 6	3.837 2	4.031 0	4.192 5	4.327 1	4.439 2	4.532 7	4.610 6	4.675 5